高等院校人力资源管理系列规划教材

人员素质与能力测评

张艳萍　刘艳红◉主编

赵永乐◉主审

电子工业出版社·

Publishing House of Electronics Industry

北京·BEIJING

内 容 简 介

本书共 3 篇 11 章，分别为人员测评基础篇（第 1～3 章）、人员测评技术篇（第 4～8 章）、人员测评实施检验篇（第 9～11 章）。全书以人员测评经典理论为基础，多层次、多维度地阐述了人员测评体系、人员测评方法、人员测评实施及检验等多方面的内容。如何掌握人员测评指标标准体系设计的工具和方法？如何在实际工作中熟练使用各种人员测评工具？如何实施人员测评并对测评质量进行检验？如何撰写一份完美的人员测评报告为人事决策提供参考？本书将会逐一呈现。

本书还提供了大量实操案例和技能训练，同时使用前沿理论知识、新的资料及大量图表对理论进行了很好地诠释。

"特别提示""即时案例""相关链接""牛刀小试"等特色模块化设计和自测题等环节，使本书不仅适用于师生使用，也能够满足人力资源相关工作人员及对人力资源感兴趣的人士、研究者、咨询师和培训师的学习、借鉴需要。

图书在版编目（CIP）数据

人员素质与能力测评 / 张艳萍，刘艳红主编. —北京：电子工业出版社，2017.8
高等院校人力资源管理系列规划教材
ISBN 978-7-121-32306-5

Ⅰ. ①人⋯　Ⅱ. ①张⋯　②刘⋯　Ⅲ. ①人员测评－高等学校－教材　Ⅳ. ①C962

中国版本图书馆 CIP 数据核字（2017）第 181867 号

策划编辑：姜淑晶
责任编辑：王凌燕
印　　刷：北京虎彩文化传播有限公司
装　　订：北京虎彩文化传播有限公司
出版发行：电子工业出版社
　　　　　北京市海淀区万寿路 173 信箱　邮编　100036
开　　本：787×1092　1/16　印张：18　字数：461 千字
版　　次：2017 年 8 月第 1 版
印　　次：2021 年 8 月第 5 次印刷
定　　价：46.00 元

凡所购买电子工业出版社图书有缺损问题，请向购买书店调换。若书店售缺，请与本社发行部联系，联系及邮购电话：（010）88254888，88258888。

质量投诉请发邮件至 zlts@phei.com.cn，盗版侵权举报请发邮件至 dbqq@phei.com.cn。

本书咨询联系方式：（010）88254199，sjb@phei.com.cn。

前　言

人才资源是当前经济社会发展的第一资源，也是我国实现人才强国战略的关键所在。

人员测评技术是人才评价的科学手段，是人才评价方法的现代化形式。借助人员测评技术，不仅可以帮助组织深入分析员工，做好选、用、育、留等工作，也可以帮助员工探析自身的内在潜质，为自身的职业生涯规划打下良好的基础。

《人员素质与能力测评》是高等院校人力资源管理系列规划教材之一。本书系统地介绍了人员素质与能力测评的基本内容，紧密围绕人员测评是什么、测什么、怎么测、怎么用这四个问题全面展开，具体阐述了人员测评的基本概念、理论基础、测评工具及实践。全书以人员测评经典理论为基础，多层次、多维度地阐述了人员测评体系、人员测评方法、人员测评实施及检验等多方面的内容。

本书共 3 篇 11 章。人员测评基础篇包括人员测评导论、人员测评的基本理论、人员测评指标标准体系设计；人员测评技术篇包括书面信息分析法、心理测量法、人员笔试测评法、面试测评法和人才评价中心技术；人员测评实施检验篇包括人员测评的组织实施、人员测评质量分析、人员测评结果的报告与运用。

如何掌握人员测评指标标准体系设计的工具和方法？如何在实际工作中熟练使用各种人员测评工具？如何实施人员测评并对测评质量进行检验？如何撰写一份完美的人员测评报告为人事决策提供参考？对于这些问题，本书将会逐一解答。

本书提供了大量实操案例和技能训练，同时使用前沿理论知识、新的资料及大量图表对理论进行了很好的诠释，使内容通俗易懂。"特别提示""即时案例""相关链接""牛刀小试"等特色模块的设计和自测题等环节，既突出了师生在教材应用上的方便，又可以辅助自学者更快地领会与掌握相关知识与技能。

本书不仅适合高等院校人力资源管理专业及其他相关专业的师生使用，也能够满足不同层次的企业管理者及对人力资源感兴趣人士、研究者、咨询师和培训师的学习、借鉴需要。

本书总体框架由张艳萍和刘艳红共同拟定，最后由张艳萍负责统筹定稿。具体分工如下：张艳萍负责第 2、3、7、8、9、11 章的编写；刘艳红负责第 1、4、5、6、10 章的编写。

本书在编写的过程中，参考和引用了国内外学者的大量著作，囿于篇幅，未能一一列举，特向所有著作者表示感谢！本书得以与读者见面，还要感谢河海大学赵永乐教授提出的修改意见！由于我们的理论知识和实践经验有限，错误和疏漏之处在所难免，恳请各位专家、学者、企业界人士和广大学者予以批评指正，欢迎大家随时与我们联系！

张艳萍

目　录

Contents

第 2 篇　人员测评技术篇

第 3 篇　人员测评实施篇

第 1 篇

人员测评基础篇

1

第1章　人员测评导论

学习目标

📖　一般掌握
- ■　人员测评的相关概念和主要类型。
- ■　人员测评的发展历程。

📖　重点掌握
- ■　人员测评在人力资源管理中的应用。
- ■　人员测评的流程。

学习导航

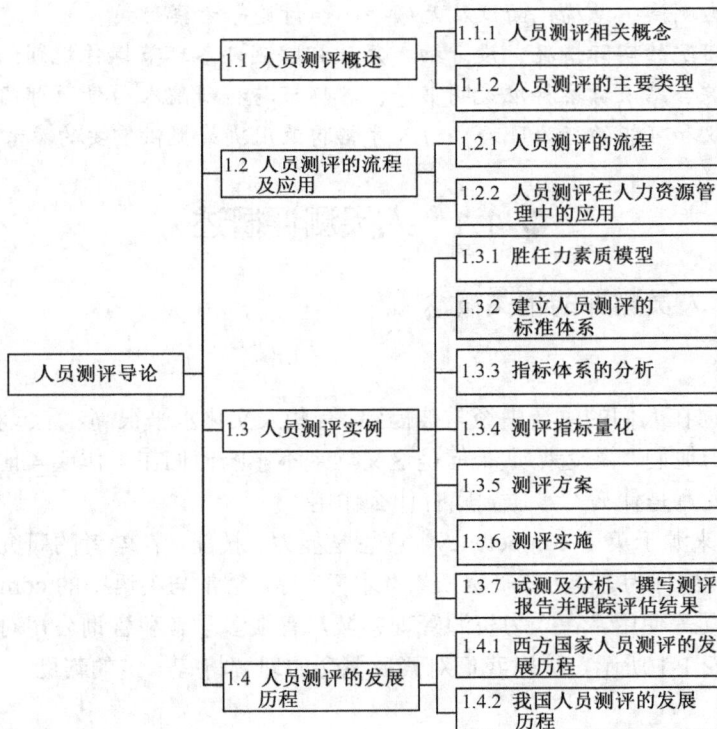

田 导入案例

> 国内某电力投资集团下属的科研院是中国能源产业多学科、综合性科研机构。该科研院是集团决策支持、咨询服务、科技成果转化与人才聚焦平台。作为集团的新技术研发中心、新兴科技产业孵化中心、高端人才引进培养中心，集团对该科研院的专业技术与管理人员的素质、能力、知识水平等都提出了更高的要求。
>
> 该科研院刚刚成立不久，如何在最快的时间面向社会招聘最适合的关键人才，成为人力资源部门面临的一个很大的挑战。
>
> （1）招聘量大，人力资源部门人手不足，如何快速、精准地获取与岗位匹配的最佳人才？
>
> （2）面对水平参差不齐的求职者，如何透过简历真正认识他们？
>
> （3）如何节约招聘成本，减低招聘风险？
>
> 资料来源：http://www.hrtest.org/product/html/?130.html.

田 案例点评

要想招到合适的人才，科研院需要全方位考虑所需要的人才特质，明确其相关工作行为，最终确定人员素质测评方案，具体步骤如下。

（1）充分了解科研院的发展历程及现状、企业文化、未来战略发展目标及各部室发展计划对人才的需求，梳理岗位素质模型，明确招聘标准。

（2）界定相关工作行为要求，定制化设计招聘测评解决方案，主要包括个性风格测试、价值观测试、能力测试、结构化面试及无领导小组讨论等考察形式。

（3）根据科研院的实际情况，设计初、复试招聘测评各环节操作规划细则、人才评价操作指导手册、综合结果考察标准说明书等，各环节与科研院人力资源部门紧密配合，考核后提供用人建议和可能的行为风险，为人才招聘录用决策提供重要的参考依据。

➲ 1.1　人员测评概述

➤ 1.1.1　人员测评的相关概念

1. 人员素质

"素质"这个词在人们的生活中经常被提到，有些人文化水平很高，看起来"很有素质"，但周围的人都认为他们"很没素质"，但是这又丝毫不影响他们在工作或其他方面优异的表现。那么，素质究竟是什么？素质到底有什么作用？

"素质"一词来源于英语 competency，意思是能力、技能。在学者的研究与企业的管理实践领域，素质又被称为"能力"、"资质"、"才干"等，常常与英语中的 competence、skill、ability、talent 等同等使用。在人力资源管理领域，有很多学者和咨询公司对这个词给予了一定的解释，如表 1-1 所示，这对我们对素质概念的理解将有一定的帮助。

表 1-1　人员素质相关概念

概念提出者	素 质 概 念
理查德·J. 马洛比利 （Mirabile, Richard J.）	素质是与工作的高绩效相联系的知识、技能、能力或特性，如解决问题、分析思维、领导等
美国管理协会	在一项工作中，与达成优良绩效相关的知识、动机、特征、自我形象、社会角色与技能
美国盖洛普公司	在外部条件给定的前提下，一个人能否成功，关键在于能否准确识别并全力发挥个人的天生优势，这种优势是由人的才干、技能与知识组成的，而核心是才干，即个人所展现的自发而持久的并且能够产生效益的思维、感觉与行为模式

　　参照上述学者和咨询公司对素质的解释，综合来看，素质就是指个体为完成某项活动或任务所具备的基本条件和基本特点，是行为的基础与根本因素。具体包括：体力、精力和健康状况等一般性的生理素质；相关知识、文化等知识素质；智能、人格等心理素质。而人员素质是指员工从事某项事情（行为）所需具备的知识、技巧、品质及工作能力。现代企业人员素质是指由主要员工的基本素质、专业素质和政治素质构成的员工综合素质。

知识扩展

人员素质的构成

　　人员素质的构成可以从素质的内在层次和人员测评的可操作性两方面进行划分。按素质的内在层次可将素质划分为遗传素质（神经类型、体形特点和基本体质等）、生成素质（体力、体质、精力和健康状况等）和习得素质（知识、态度、技能和价值观等）。按人员测评的可操作性可将素质划分为生理素质、心理素质和知识素质，具体如图 1-1 所示。

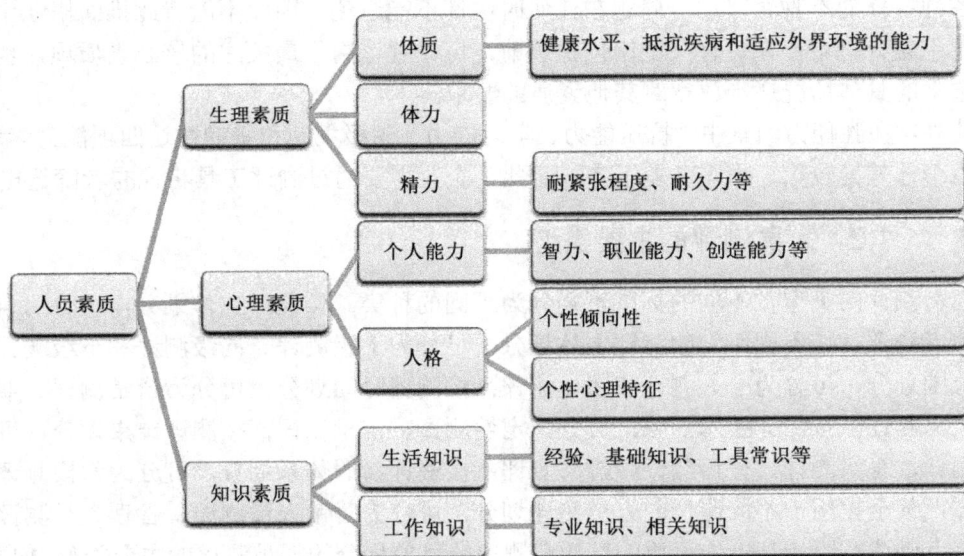

图 1-1　按人员测评的可操作性划分素质的类型

2．人员测评

人员测评是指测评者采用科学的测量方法和手段对被测评者的生理素质、心理素质和知识素质进行测量和评价的过程。人员测评包括"测"和"评"两层含义。"测"指测试，是以量化的方式对人的能力水平及倾向、个性特点和行为特征等进行测量。"评"指评价，是以定性化的方式对人的能力水平及倾向、个性特点和行为特征等进行评价。目前很多企业在校园招聘中的竞争愈演愈烈，如果招聘人员知道企业关注的胜任力和毕业生具备的素质的差异所在，就知道了在筛选中要重点关注哪些素质，哪些素质可以放宽要求，做到心中有数、收放自如。图 1-2 是某调研机构对校园招聘的大数据进行挖掘、分析后，从中找出了一些毕业生的共性及企业对人才需求的关注点。

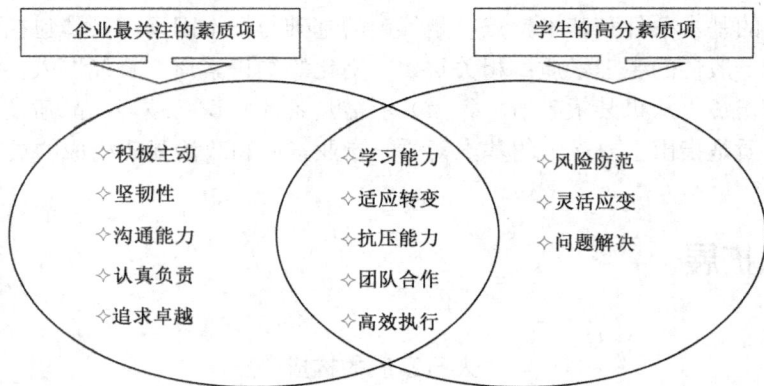

图 1-2　企业最关注的素质项和学生的高分素质项

从整体胜任力情况可以看出，学生只有学习能力、适应转变、抗压能力、团队合作、高效执行几项素质与企业要求相符。但企业理想的人才需求和市场上实际的人才素质水平存在各种各样的不吻合，这一问题在任何时候都不能避免，因此不能就此推断毕业生的就业准备不充分。企业在进行关键岗位筛选前，可设置该岗位最关注的核心素质项，也可根据候选人的具体情况适当放宽对其他素质的要求。

此外，在胜任力因素中，抗压能力、学习能力、积极主动和坚韧性这四项能力素质上，毕业生个体差异较大，水平参差不齐。对此，企业需要通过测评工具将优秀者筛选出来。

➔ 1.1.2　人员测评的主要类型

人员测评的类型按不同的标准可划分为不同的种类。按测评主体划分，可分为自我测评和他人测评；按不同级别的测评主体划分，可分为上级测评、同级测评和下级测评；按测评范围划分，可分为个人测评和团体测评；按测评时间划分，可分为日常测评、期中测评、期末测评；按测评技术划分，可分为定性测评、定量测评；按测评结果划分，可分为分数测评、等级测评、评语测评、符号测评；按测评参照体系划分，可分为常模测评和标准测评；甚至按用于不同岗位的人员测评划分，可分为营销人员测评、管理人员测评等。下面重点讲述按照最基本的素质的性质和测评的目的划分的人员测评的主要类型，如表 1-2 所示。

表 1-2　人员测评的分类

分 类 方 式	素质测评类型
素质的性质	生理素质测评
	心理素质测评
	知识素质测评
测评的目的	选拔型测评
	配置型测评
	考核型测评
	诊断型测评
	开发型测评

1. 按人员素质的性质划分

按人员素质的性质划分是一种常用的分类方法，与人员素质结构有关，具体有以下三种测评类型。

（1）生理素质测评。生理素质测评主要是指对体质、体力及精力的测评，大多以医学仪器设备测量为主。但有些生理素质测评也可以运用观察、自评、笔试等方式来完成。

（2）心理素质测评。心理素质测评是指对个体心理特征及其倾向性的测评，按人员素质结构又可细分为能力测评和人格测评。其中，能力测评包括一般智力测评、职业能力测评和创造能力测评。

相关链接

众所周知，到哪儿开车都得有驾驶证。而说起每个司机考驾驶证的经历，恐怕一言难尽。曾有人为了驾驶证学车 14 年，其毅力让人感动。但学车 14 年仍没有拿到驾驶证，又让不少网友觉得其"智商是不是有问题"。据说在德国，考试机会只有 5 次，如果考了 3 次还没通过，学员就会被送去参加智商和判断力测试。如果通过了测试，那么还有两次考试机会；如果没通过，那只能说明这个人不适合开车。

（3）知识素质测评。知识素质测评是指对人员已掌握的知识的测评，包括测评人员对知识掌握的深度、广度和灵活运用的程度。

在实际工作中，要想初步、大体地了解员工的知识素质，可以查阅学籍档案或面试；若要深入地了解员工的知识素质，则可以采用笔试或实际操作等方式。

2. 按素质测评的目的划分

按测评的目的划分，人员测评可分为五种类型。这五种类型是相对而言的，在实际的测评工作中既要综合发挥其作用，又要有所侧重。

（1）选拔型测评。选拔型测评是一种以选拔优秀人才为目的的素质测评，是一种"矮个之中拔高个"或"高个之中选高个"的相对性测评。与其他类型的测评相比，选拔型测评的主要特点如下：

①强调测评的区分功能，即要把不同素质、不同水平的人区别开来。

②测评标准刚性强，即测评标准应该精确，不能含糊不清。

③测评过程强调客观性，即尽可能实现测评方法的数量化和规范化。

④测评指标具有灵活性。

其他测评指标都是从测评目标分解而来的，选拔性测评的指标则允许有一定的灵活性，它以客观、便于操作与相关性为前提，甚至可以是一些表面上看起来与测评标准不相干的指标。

选拔型测评是人力资源管理活动中经常开展的一种素质测评，其具体操作流程如图 1-3 所示。

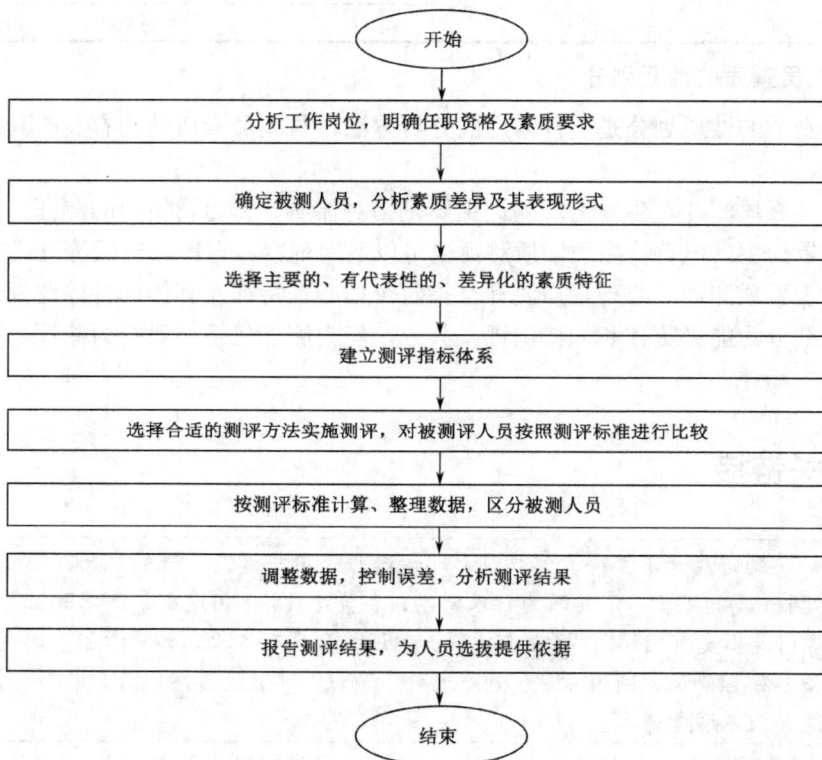

图 1-3   选拔型测评操作流程

在运用选拔型测评时，要保证测评过程对每个被测人员都是公平、公正的，并能够准确地衡量出每位被测人员的差异；还要保证测评的结果具有可比性，否则选拔型测评就失去了意义。

相关链接

如何选拔优秀的客服人员

举贤网人才研究院关于客服人员的素质模型的研究中，总结了职业化客服人员的重要素质，一共包括八个方面，分别是积极倾听、客服知识、客服职业价值倾向、冲突处理和问题解决、服务导向、沟通表达、心理适应性和耐心。其中，客服知识、冲突处理与问题解决、沟通表达是区分优秀客服人员和普通客服人员的重要因素。

资料来源：http://news.xinhuanet.com/hr/2013-02/05/c_124326695.htm，有删改。

（2）配置型测评。配置型测评是以人力资源合理配置为目的的素质测评，其宗旨是"人职相配，人事相宜，人尽其才，才尽其用"。与其他类型的素质测评相比，配置型测评主要具备针对性、客观性、严格性三大特点。配置型测评操作流程如图 1-4 所示。

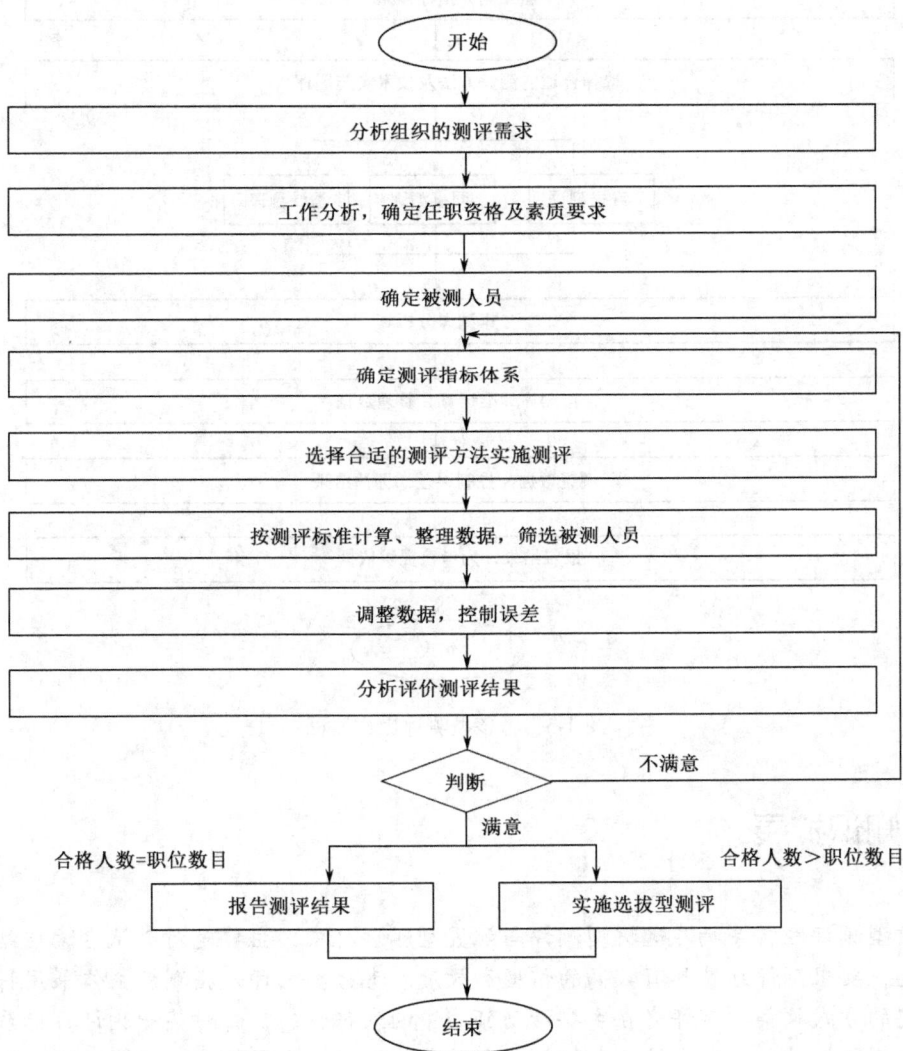

图 1-4　配置型测评操作流程

（3）考核型测评。考核型测评又称鉴定型测评，以鉴定、验证被测人员是否具备某种（些）素质及其具体程度为目的，如绩效考核就是典型的考核型测评，该种测评类型经常穿插在选拔型测评或配置型测评的过程中。与其他类型的素质测评相比，考核型测评的特点主要体现在高概括性、高可信度、强实用性这三个方面。考核型测评操作流程如图 1-5 所示。

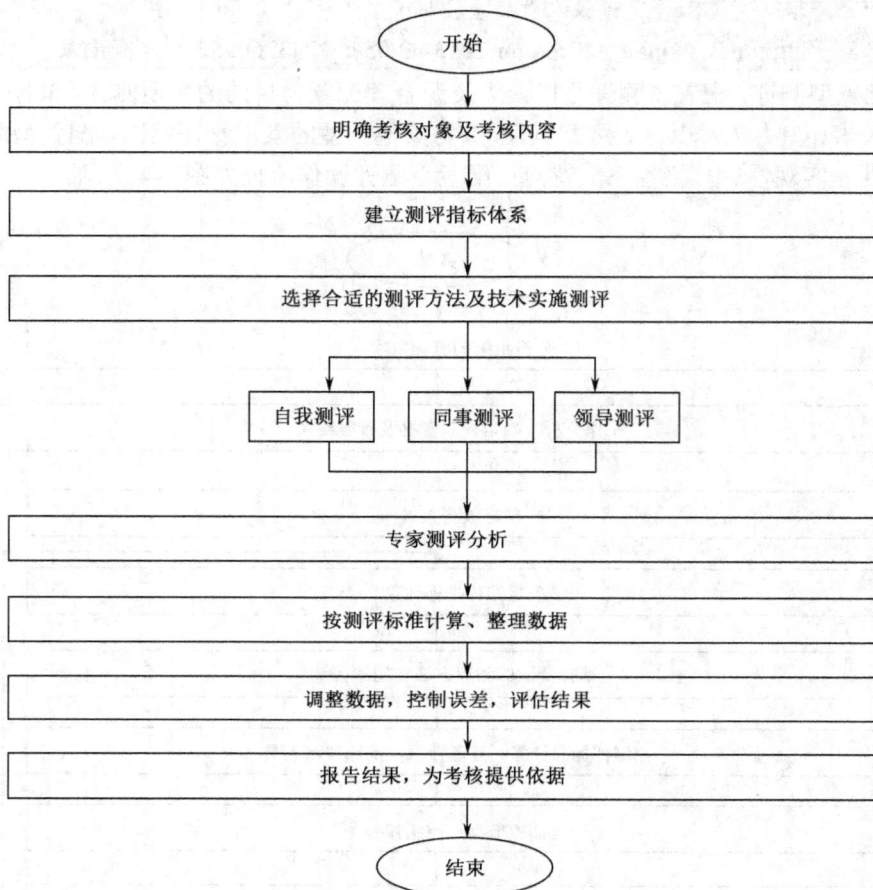

图 1-5 考核型测评操作流程

知识扩展

考核型测评经常穿插在选拔型测评与配置型测评之中，主要是对测试者素质结构与水平的鉴定，要求测评结果具有较高的信度和效度。考核型测评是指测评主体采用科学方法通过一定的方式收集被测评者在主要活动领域中的表征信息，针对某一测评目标系作出量值或价值判断的过程，或直接从表征信息中引发与判断人才具备的某些特征的过程。

（4）诊断型测评。诊断型测评是以了解人员素质现状或寻求问题的原因为目的的素质测评。与其他类型的测评相比，诊断型测评主要具备内容广泛性、内容精细性、系统性、结果保密性四个特点。诊断型测评操作流程如图 1-6 所示。

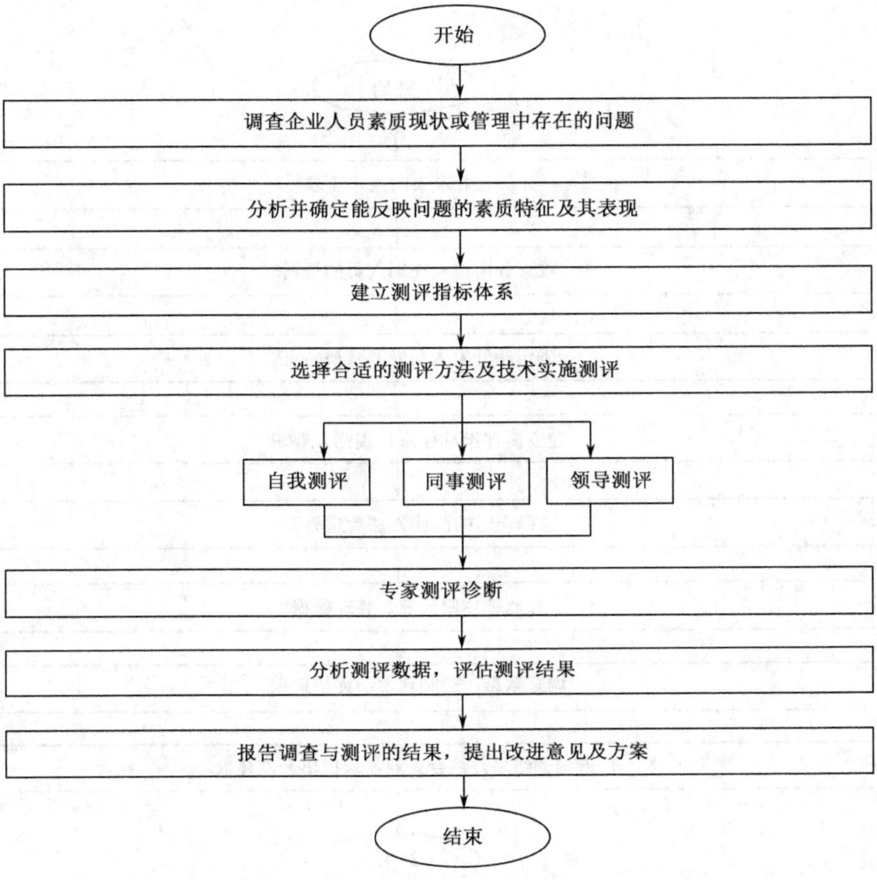

```
                        ┌─────────┐
                        │  开始   │
                        └────┬────┘
                             │
        ┌────────────────────┴────────────────────┐
        │     调查企业人员素质现状或管理中存在的问题     │
        └────────────────────┬────────────────────┘
                             │
        ┌────────────────────┴────────────────────┐
        │     分析并确定能反映问题的素质特征及其表现      │
        └────────────────────┬────────────────────┘
                             │
        ┌────────────────────┴────────────────────┐
        │              建立测评指标体系               │
        └────────────────────┬────────────────────┘
                             │
        ┌────────────────────┴────────────────────┐
        │         选择合适的测评方法及技术实施测评        │
        └────────────────────┬────────────────────┘
                             │
        ┌─────────┬─────────┬─────────┐
        │  自我测评 │  同事测评 │  领导测评 │
        └─────────┴─────────┴─────────┘
                             │
        ┌────────────────────┴────────────────────┐
        │                专家测评诊断               │
        └────────────────────┬────────────────────┘
                             │
        ┌────────────────────┴────────────────────┐
        │          分析测评数据，评估测评结果          │
        └────────────────────┬────────────────────┘
                             │
        ┌────────────────────┴────────────────────┐
        │      报告调查与测评的结果，提出改进意见及方案    │
        └────────────────────┬────────────────────┘
                             │
                        ┌────┴────┐
                        │  结束   │
                        └─────────┘
```

图 1-6　诊断型测评操作流程

在组织管理中，常常遇到这样或那样的问题，需要从人员素质测评方面查找原因，这就需要实施诊断型测评。诊断型测评比较全面和细致，希望通过寻根问底的测评探究问题产生的根源，这种测评不一定公开结果，主要供管理人员参考。

（5）开发型测评。开发型测评是基于人员素质的可塑性，以开发人员素质为目的的测评。与考核型测评不同，开发型测评侧重于素质发展潜力的测评，为人力资源的开发提供科学的可行性依据。与其他类型的测评相比，开发型测评主要具备探查性、配合性、促进性三大特点。开发型测评操作流程如图 1-7 所示。

由于开发型测评能够科学、客观地评价人才的数量与质量，是发现人才的最基本方法，因此可以通过人员测评来强调个人的优势和劣势，尤其是可以挖掘被测的潜在人员发展能力，侧重这一目标的测评也经常结合明确的开发目的进行，如希望通过测评来提升团队的沟通效率和质量。

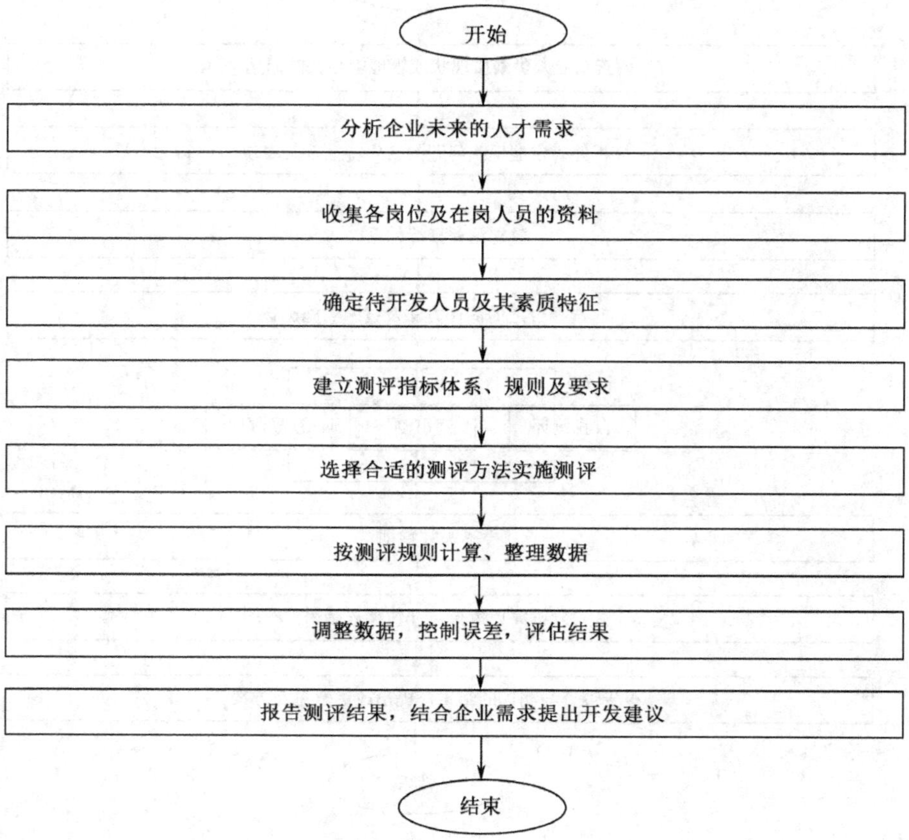

图 1-7　开发型测评操作流程

⊃ 1.2　人员测评的流程及应用

⇢ 1.2.1　人员测评的流程

　　事实上，在企业人力资源平衡的前提下，企业里没有无用的人，只有放错位置的人。只有了解企业员工能够做什么、倾向于做什么，明确某个职位需要哪些技能基础，才能有效实现人岗匹配，从而进一步实现个人与组织的双赢。人员测评通过科学的方法对个体的行为和内在素质进行分析，为人事决策提供可靠、客观的依据，为人事决策提供参考性建议，是人事决策的基本工具。人员测评对企业人力资源的有效开发与利用、个人择业与事业发展都有着十分重要的意义。人员测评是企业人力资源管理的起点，是企业人力资源科学配置的基础，是加强企业竞争能力的保障。那么究竟如何进行人员测评呢？人员测评流程如图 1-8 所示。

```
                                          ┌──────────┐
                                          │   开始   │
                                          └──────────┘
                                    ┌──────────────────────────────┐
                         ┌──────────│   确定测评目标、被测人员      │
                         │          └──────────────────────────────┘
                         │          ┌──────────────────────────────┐
                    ┌────────┐ ─────│        成立测评小组          │
                    │前期准备│      └──────────────────────────────┘
                    └────────┘ ─────┌──────────────────────────────┐
                         │          │      建立测评指标体系        │
                         │          └──────────────────────────────┘
                         │          ┌──────────────────────────────┐
                         └──────────│      拟订测评实施方案        │
                                    └──────────────────────────────┘
                                    ┌──────────────────────────────┐
                         ┌──────────│        动员被测人员          │
                         │          └──────────────────────────────┘
                         │          ┌──────────────────────────────┐
                    ┌────────┐ ─────│   指导被测人员操作测评工具   │
                    │实施测评│      └──────────────────────────────┘
                    └────────┘ ─────┌──────────────────────────────┐
                         │          │    协调、控制测评过程        │
                         │          └──────────────────────────────┘
                         │          ┌──────────────────────────────┐
                         └──────────│    收集、记录测评数据        │
                                    └──────────────────────────────┘
    ┌──────┐                        ┌──────────────────────────────┐
    │人员  │             ┌──────────│    统计、分析测评数据        │
    │测评  │             │          └──────────────────────────────┘
    │流程  │        ┌────────┐ ─────┌──────────────────────────────┐
    └──────┘        │统计分析│      │        区分被测人员          │
                    └────────┘ ─────└──────────────────────────────┘
                         │          ┌──────────────────────────────┐
                         └──────────│  分析测评的有效性、可靠性    │
                                    └──────────────────────────────┘
                    ┌────────┐      ┌──────────────────────────────┐
                    │统计分析│──────│  撰写测评报告，提供决策建议  │
                    └────────┘      └──────────────────────────────┘
                    ┌────────┐      ┌──────────────────────────────┐
                    │检验反馈│──────│ 调查结果，总结经验，完善指标 │
                    └────────┘      └──────────────────────────────┘
                                          ┌──────────┐
                                          │   结束   │
                                          └──────────┘
```

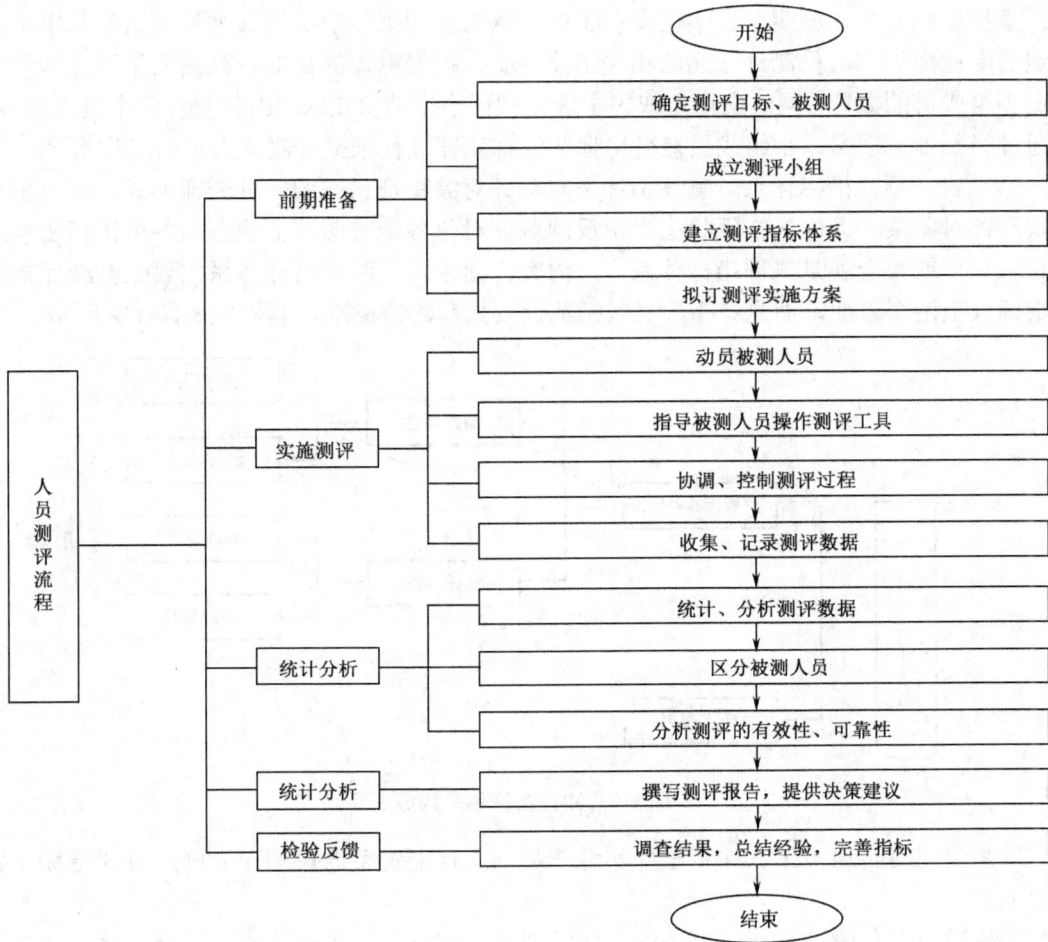

图 1-8　人员测评流程

1. 前期准备

人员测评因不同的目标而有不同的内容和形式，相关人员在实施测评前需要做好充分的准备工作，从而为实施过程、评价过程奠定基础，确保测评达到良好的效果。前期准备阶段的主要工作内容有：确定测评目标、被测人员，成立测评小组，建立测评指标体系和拟订测评实施方案。

（1）确定测评目标、被测人员。通常情况下，测评目标包括以选拔为目标、以诊断为目标、以培训为目标、以配置为目标和以考核为目标。根据不同的测评目标确定具体的测评内容和被测评人员是人员测评的第一步。测评内容应根据所选拔岗位的任职素质要求确定，通常以工作分析、职务说明为依据，针对不同职务、不同岗位、不同企业特征的特殊要求来确定测评内容，如某公司对普通员工、储备干部和骨干员工有侧重点地分别进行配置型测评。

（2）成立测评小组和培训测评人员。在实施人员测评前，应该根据测评的内容成立测评小组，配置相应的工作人员，并对所有测评人员进行培训。选择测评人员时，相关要求为：坚持原则，公正严明，做事认真；了解被测人员的工作情况及其大致的素质水平；有一定的专业知识和人员测评方面的相关工作经验；根据测评的目的、被测人员等具体情况确定小组成员的数量，同时应指定或民主选出测评小组的负责人，由其负责整个测评过程。可通过组长外派学习、小组成员接受培训和演练测评过程来提升测评人员的工作水平。

（3）建立测评指标体系。测评指标是对测评对象特征状态的一种表征形式。一个指标反映测评对象某一方面的特征状态，由反映测评对象各个方面特征状态的各个指标所构成的有机整体或集合就是测评指标体系。从内容方面来说，测评指标体系主要包括测评指标和指标权重两个方面，而测评指标又包括测评要素和测评标准，其构成如图1-9所示。

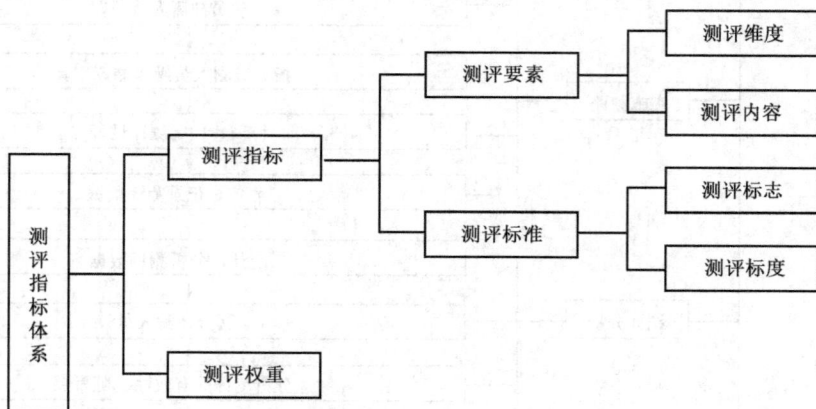

图 1-9　测评指标体系构成

以某公司对普通员工、储备干部和骨干员工进行配置型选拔测评为例，测评指标和标准如下。

①普通员工。测评指标：对企业文化的理解、执行力、工作技能、综合素质、外向性倾向，重点测评对企业文化的理解和执行力。标准：认可企业文化，技能满足岗位需求，具备执行力，综合素质优秀。

②储备干部。测评指标：对企业文化的理解、工作技能、综合素质、外向性倾向、可培养潜质，重点测评可培养潜质。标准：对企业文化有一定的理解，技能满足岗位需求；具备一定的分析能力和方案制定能力；具备一定的管理意识；综合素质优秀，可通过3~6个月成长为公司骨干员工。

③骨干员工。测评指标：对企业文化的理解、管理能力、人员培养能力、发展潜质，重点测评管理能力和人员培养能力。标准：对企业文化能够理解、运用及传播，具备良好的分析能力和方案制定能力；能够协助团队成员开展工作，具备一定的管理能力和人员培养能力。

④拟订测评实施方案。拟订测评实施方案包括以下内容：测评目的、测评对象、测评指标体系、测评的方法和工具、测评的组织管理、测评的实施、测评活动的日程安排和预算测评费用等。

2．实施测评

（1）动员被测人员。人员测评前的动员活动可在不影响日常工作的前提下进行，先由测评领导小组的负责人向每位中层干部做动员，时间不要过长，要有鼓动性，然后由中层干部回本单位进行动员。测评前动员必须由各单位、各部门的领导亲自负责，以加强测评的权威性。

（2）指导被测人员操作测评工具。测评人员要确保自己了解测评规范，也要让被测人员了解测评的目的和实施规范，其工作主要包括宣读或引导阅读测评指导语和指导被测人员正确使用测评工具。

运用人员测评工具，需要特别注意效度和信度的关系，注意测量的可操作性和经济性。信度指的是测量的可靠性或一致性，即一个人在一段时间前后进行的两次测验结果之间的差异必须在一定的范围之内，超过一定限度测验的可靠性就会很差；效度指的是测量的有效性或正确性，即测验必须测量到它想测量的东西，否则无效。

（3）协调、控制测评过程。整个测评过程可能会受到现场各种因素的影响，尤其会受到人们心理因素的干扰。因此，在测评过程中除了要协调好各种条件外，还需要控制好人的各种心理效应，如首因效应、光环效应等，以减少测评误差，尽可能保证测评的准确性。

测评时要让被测人员在较好的环境中开展被测评工作，这样才能使被测人员集中注意力，思维敏捷，从而提高测评准确性和测评速度。

还应注意测评人文环境，即保持整个测试的气氛良好，主试的态度要保持温和，无论被测人员有什么特点和反应，都要表现出支持，不要对被测人员的反应表现出任何倾向性，否则会对被测人员产生暗示，从而影响测量结果的客观性。

（4）收集、记录测评数据。实施测评是为了获得有利于素质评价的充分、准确的信息，所以在实施测评过程中，测评者要实时、准确地记录测评数据。

记录数据要遵守真实性、代表性、准确性和及时性等原则，可采取定性、定量及二者相结合的方式，也可以采取录音机和摄像机等现代技术进行现场录音和摄像。

3．统计分析和报告结果

获得测评数据后，需要对其做统计处理，并对数据所反映的结果加以分析，最后形成素质测评报告。

统计测评数据就是运用统计学方法将零散的原始数据进行加工整理，从而获得能够反映被测人员素质水平的总分数。在实际工作中，常用的数据统计方法主要有累加法、算术平均法、加权综合法和指数连乘法四种，可根据实际需要和测评目标选择使用。

报告测评结果是人员测评工作中极为重要的一个环节，形成的文件即人员测评报告，它是人员测评项目准备与设计、实施过程、数据处理等各个环节的最终反映。测评报告可以分为个体报告和总体报告。一份良好的个体测评结果报告要具有结构性、逻辑性、详尽性和客观性等特点，以便令测评对象和相关人员能够充分理解报告的内容，并能够依据报告做出相应的人事决策，提高决策的科学性和有效性。如果一个企业有大量员工参加了某项人才测评，就需要向企业提交一份总体报告。

4. 检验反馈

测评的最后阶段是将测评结果准确地反馈给测评对象本人、上司或其他相关人员，并根据测评的目的，利用测评结果开展工作。

组织实施人员测评活动往往与人员招聘、内部晋升、培训开发、绩效考核等活动相结合。测评结果得出后，要根据测评目的，将测评结果应用于实际工作中，如招聘用人决策、培训需求调查、职业发展规划等。

✈ 1.2.2 人员测评在人力资源管理中的应用

人员测评作为一种新型的鉴别评价人才的方法体系，通过科学的评价技术、严密的测评过程和客观的评分标准，对被测评者素质的结构形式、成熟程度及发展趋势进行综合性测评，以判断其能力类型与未来岗位要求的契合程度，从而为人力资源管理提供有价值的参考性信息。因此，人员测评为越来越多的企业人力资源部门所接受，其在人力资源管理各环节中的应用也越来越普遍，具体应用如表1-3所示。

表1-3 人员测评在人力资源管理中的应用

人力资源管理模块	素质测评的应用
人员招聘	1. 通过测评，了解应聘者各方面素质状况是否与岗位要求和任职资格一致，以确保第一关的人岗匹配； 2. 通过测评，建立素质测评指标体系，提高招聘工作的科学性，使招聘工作有依有据； 3. 通过测评，能够很好地预测员工的素质，减少用人风险，并在一定程度上降低成本
培训开发	1. 通过人员测评，能够较全面地了解员工各方面的素质，据此明确员工需要接受哪方面的培训，使培训有效性得到提升； 2. 通过人员测评，根据培训需求确定培训内容，能够在增强企业员工素质的同时避免培训浪费，降低培训成本
绩效考评	1. 使用人员测评技术建立素质测评指标体系，可以获得科学的绩效评价指标； 2. 运用人员测评技术，可以更准确地获得所需信息，使得绩效考评标准更加科学
薪酬设计	1. 通过人员测评工作，一方面能够确定每位员工的目标、内在需要和个人品质倾向，据此确定薪酬发放形式； 2. 通过素质测评，可以把员工分成不同技能级别和能力级别的，据此设计薪级和薪距，真正达到薪酬体系吸引和保留企业核心员工、激励员工、使员工的能力不断得到开发的企业目标，进而提高员工工作的满意度，最大限度地激励员工
员工晋升	企业通过人员测评，可以很好地了解员工的素质及胜任能力，这样就可以把一些优秀的员工配置到更好的岗位上，实现晋升，极大地激发员工的工作积极性

资料来源：李南. 人员测评在人力资源管理中的应用研究[J]. 企业管理，2014：125.

人员测评在人力资源管理的各个环节都得到了普遍应用，所以我们更应该科学地使用人员测评技术，使人员测评的作用得到最大限度的发挥，促进企业的发展。但在人员测评技术不断发展的过程中也存在认知观念错误、技术水平落后、专业人才缺乏、测评依据不科学等问题。对于这些问题，我们不能选择逃避，而是应该正视它们，通过相应的对策解决这些问题，完善人员测评体系。

➲ 1.3 人员测评实例

BD 公司销售代表人员测评体系设计

BD 公司是一家中型化妆品零售企业，公司的销售部门在今年以校园招聘的方式引进了一大批新人，但是由于新人对公司销售业务的细节不是很理解，因此公司决定对新人进行入职培训。在此之前，需设计一个销售人员测评体系对已有员工进行人员测评，用以确定优秀的销售人员所应具备的各项特征，以便更好地为新员工塑型，使其具备良好的销售人员品质，最后在所有人中选出表现良好的人员作为销售代表，为公司占领市场更好地奉献力量。

BD 公司运用胜任素质模型确定目标岗位的测评指标，运用层次分析法量化指标，给各个指标赋予不同的权重。根据各个测评指标的特点，选用不同的测评工具和方法加以测试，做到了岗位和测评指标的匹配、测评工具与测评指标的匹配。通过各种测评工具的组合使用，全面测量被测人员的素质特征，然后根据各个指标的得分和各指标的权重计算出总分，以各项得分最高者组合出一套新的销售代表最佳特征表，然后将这张表的相关内容作为培训内容，并以达到这张表的各项指标为目标，来设计新员工的培训科目，达到此次人员测评的目的——将测评结果运用于培训项目的设计。

✈ 1.3.1 胜任力素质模型

根据对销售代表工作说明书中任职资格的分析，可以确定一个优秀的销售人员应该具备的各项能力，包括销售代表应该具备的知识、相应的能力及职业素养，如表 1-4 所示为销售代表的胜任力素质模型，同时给部分素质下了一个定义，如表 1-5 所示。

表 1-4　销售代表的胜任力素质模型

素质类别	素质名称	测评方式
知识	公司知识	笔试
	产品知识	
	销售知识	
	客户信息	
能力	亲和力	先面试，通过后情景模拟
	判断能力	
	沟通能力	
	观察能力	
	人际交往能力	
	市场拓展能力	
	情绪控制和应变能力	
职业素养	能够承受挫折	先进行 16 种人格因素（16 Personality Factor，16PF）问卷测试，满足要求后用麦克利兰需求动机进行测验
	严谨认真，有责任心	
	乐观向上，有事业心	
	坚韧不拔，有耐心	
	诚信意识	
	团队意识	
	奉献精神	

表 1-5　销售代表素质定义

素质名称	定义	行为表现
产品知识	包括产品的名称、性能与特点、销售状态，与其他公司产品相比的优劣势、价格特点等	精通公司所有产品的详细资料，并能对未来产品的规划与设计提出合理化建议
判断能力	能够判断客户说的话或做出的动作的潜在含义，进而决定是否继续进行产品介绍的一种能力	1. 通过客户的话语指导他所要表达的意思； 2. 通过客户的动作明白他的意图，做出相应的决定； 3. 根据市场行情预测市场走向，为相关部门决策提供依据
能够承受挫折	也可称为耐受力、承压能力、自我控制能力和意志力等，指人们在巨大的压力环境下克服外部和自身的困难并且坚持完成指定任务的一种能力	

➔ 1.3.2　建立人员测评的标准体系

根据表 1-4 和表 1-5 可以建立人员测评的标准体系，具体过程如下。

1. 明确测评目标

明确测评的客体及测评与选拔的范围，即企业销售部门的全部新进员工。

2. 确定测评项目

以 BD 公司企业销售部门的四大主要职责范围为基础，确定测评项目，具体如下：通晓与销售相关的公司、产品、销售、客户知识，具有良好的亲和力、敏锐的市场观察力、较强的市场拓展能力和商务谈判能力及客户关系维系与管理能力，有强烈的进取心、诚信意识、团队意识、服务意识及不怕挫折的坚韧之心。

3. 确定测评与选拔标准体系的结构

能力是人体之中生产某种使用价值时所运用的体力和智力的总和，而每个人的能力又是由各种素质要素组合而成的综合体，根据这一原理，BD 公司制定出了一个表示人员素质及其功能行为的各个方面相互联系、相互制约的要素体系即胜任力素质模型，如表 1-4 所示，依次通过测量个体在各个素质要素上表现出来的差异来全面衡量人的能力。针对不同人的测评结果，采取不同的方案，进行培训准备，争取培养出优秀的销售代表，从而提高企业的竞争力。

➔ 1.3.3　指标体系的分析

运用访谈法了解一个优秀的销售代表应该具备的各方面的能力和素质要求，以及作为一个销售代表应该具备的异于其他工作人员的特殊素质与能力要求（合理的猜测）。这些特殊要求是：性格外向，有良好的沟通协调技巧，善于和人交谈，尤其是陌生人；有很强的抗挫折能力，有百折不挠、坚定不移的精神；有很好的洞察和判断能力及良好的市场预测能力。鉴于此，可得到销售代表胜任力素质模型的指标，并结合上面提到的相关素质要求，得到整个体系构成，在指标量化模块中确定各个指标的权重。

✈ **1.3.4 测评指标量化**

为了让测评更具科学性、客观性和可靠性,BD 公司采用层次分析法确定一级指标的权重,运用对偶比较法确定二级指标的权重。层次分析法把专家的经验认识和理性的分析结合起来,并且将测评指标进行两两对比分析,即直接分析法,使比较过程中的不确定因素得到很大程度的降低。具体步骤如下。

1.建立层次结构模型

在人员素质模型的基础上,将有关的各个因素按照不同属性自上而下地分解成若干层次,同一层的各因素从属于上一层的因素或对上层因素有影响,同时又支配下一层的因素或受到下层因素的作用。第一层为目标层,第二层为指标层。

2.构造对比矩阵

从层次结构模型的第二层开始,对于从属于上一层每个因素的同一层因素,参照斯塔相对重要性等级表(见表 1-6),用成对比较法进行成对比较,直到底层。测评指标权重确定一览表如表 1-7 所示。

表 1-6 斯塔相对重要性等级表

相对重要程度	定 义	说 明
1	同等重要	两者对所属测评目标贡献相等
3	略为重要	据经验一个比另一个测评的结果稍微重要
5	基本重要	据经验一个比另一个测评的结果更为重要
7	绝对重要	一个比另一个测评的结果更为重要,其优势已被时间证明

表 1-7 测评指标权重确定一览表

指标＼权重＼指标	知 识	能 力	职业素养	W_i(权重)
知识	1	1/5	1/3	0.12
能力	5	1	3	0.63
职业素养	3	1/3	1	0.25
总值	9	1.53	4.33	

知识这一指标的各二级指标的权重确定如表 1-8 所示。BD 公司销售代表的人员测评指标体系如表 1-9 所示。

表 1-8 知识各指标的权重确定

指标＼指标	公司知识	产品知识	销售知识	客户信息
公司知识		4	3	2
产品知识	0		3	2
销售知识	1	1		1
客户信息	2	2	3	
总分	3	7	9	5
权重	0.125	0.291	0.375	0.209

表 1-9　BD 公司销售代表的人员测评指标体系

模块结构	项目	标志与标度		
知识（12）	产品知识（1.5）	清楚了解产品功能、操作、维护、特性等知识（1.5）	基本了解（1）	不太了解（0.5）
	营销知识（3.5）	通晓目标市场、消费者行为及心理等营销知识（3.5）	基本了解（2）	不太了解（1）
	公司知识（4.5）	明了行业发展趋势，能基于公司战略规划及战略步骤给公司提供财务建议和决策支持，保证战略目标的顺利实现（4.5）	基本了解（2）	不太了解（0）
	客户信息（2.5）	了解客户本身的业务，能准确把握客户内部的关系权利结构（2.5）	基本了解（1）	不太了解（0）
能力（63）	亲和力（5）	在与人交往中态度积极乐观，能够耐心解决同事或客户遇到的问题（5）	态度比较积极乐观，能够耐心地解决同事或客户遇到的问题（3）	态度一般，有时不能解决问题（1）
	判断能力（9.5）	通过客户的话语、动作明白客户意图，预测市场发展趋势（9.5）	基本明白（5）	不太明白（1）
	沟通能力（12）	接受、传递信息能力强，通晓专业词汇，能够虚心接受意见（12）	一般（8）	差（2）
	洞察能力（9.5）	在与客户接触中，及时明白客户意图，并及时改变销售策略（9.5）	基本明白（7）	不太明白（2）
	市场拓展能力（8）	了解相关知识，有效地收集市场信息，拓展市场（8）	基本了解（5）	不太了解（2）
	人际交往能力（9.5）	具有灵活的人际交往技巧和方式，善于表达和倾听，能够换位思考，获得他人的信赖与支持（9.5）	较灵活（7）	不太灵活（3）
	情绪控制和应变能力（9.5）	能够冷静应对突发事件，善于化解突发矛盾（9.5）	较冷静，化解矛盾能力一般（7）	情绪控制力较弱，化解矛盾能力较差（3）
职业素养（25）	挫折承受力（3）	能够克服压力和困难，坚持完成任务（3）	抗压能力一般，任务完成状况较好（2）	抗压能力弱，有时不能完成任务（1）
	严谨认真、有责任心（5）	责任心强，努力认真，能够很好地完成工作任务（5）	能基本完成本职工作，较努力认真（2）	责任心不强，推诿责任（0）
	乐观向上、有事业心（4）	充满自信，富有进取心，能自我激励（4）	进取心一般，对工作成就期望一般（2）	进取心差，不指望获得什么成就（1）
	诚信意识（2）	能够以诚实、善良的心态行使权利、履行义务（2）	诚信意识一般（1）	诚信意识淡薄（0）
	耐心（6）	非常有耐心，不厌其烦（6）	比较有耐心（3）	缺乏耐心（0）
	团队意识（5）	能够自觉融入团队，与团队成员高效完成工作（5）	可以融入团队，但完成工作质量一般（2）	团队融入力差，不太合群（0）

✈ 1.3.5　测评方案

针对本岗位的岗位要求及胜任素质模型，本次人员测评要对所有新人进行知识、人格和能力测验，具体包括笔试、16PF 测验、面试、麦克利兰需求动机测验和情景模拟等测评方法，以此来了解一个优秀的销售代表应该具备的知识水平、工作能力和人格特征，进行有效的人员甄选，从而使整个培训能够有的放矢，有效地进行销售人员的培训课程设计，进行人员培训。

✈ 1.3.6　测评实施

通过以上五种测评手段，得到被试者的各项得分后，首先依据非补偿性模型确定被试者，即被试者在每个维度都必须达到一定的标准，任何一方面的缺陷都将使被试者被淘汰；然后依据层次分析法得到的各权重，计算出最后每个被试者的得分。依照被试者总分的高低加以排序，从高到低进行人员的选拔，直到被选人数达到计划数量，之后组织该批人员进行培训。销售代表测评时间安排如表 1-10 所示，测评流程如图 1-10 所示。

表 1-10　销售代表测评时间安排

测评时间		测 评 内 容
2017 年 3 月 1 日	8：00—10：00	进行笔试，测试专业知识（上机笔试后当场出成绩，不合格者直接淘汰）
	10：00—10：30	笔试合格者休息 30 分钟，工作人员为面试及情景模拟相关事宜做充分准备
	10：30—13：30	面试结束后歇息 30 分钟，通过者参加情景模拟测验，得出初选结果
2017 年 3 月 2 日	8：00—9：30	16PF 人格测试（上机测试，当场出成绩，不合格者直接淘汰）
	9：50—11：00	麦克利兰需求动机测验（上机测试，满足要求者作为培训和候选人，参加选拔）
2017 年 3 月 3 日		公布受训者名单，安排相关的培训事宜

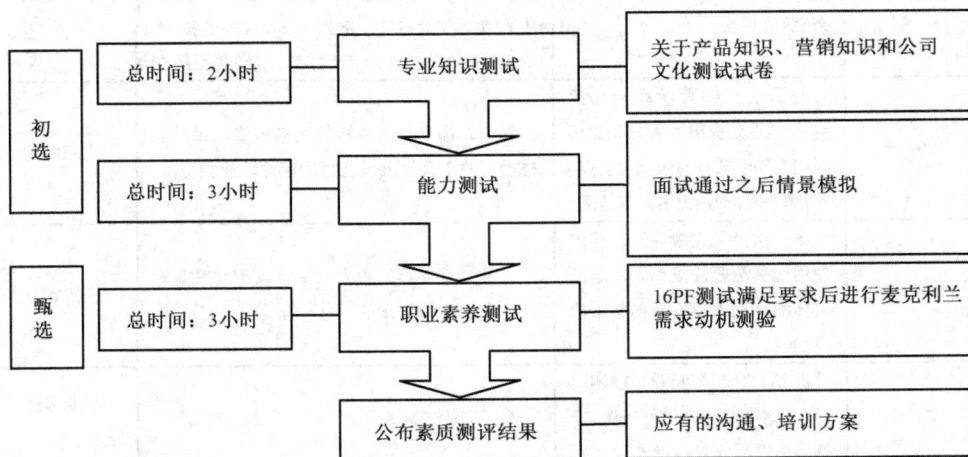

图 1-10　销售代表素质测评流程

✈ 1.3.7　试测及分析、撰写测评报告并跟踪评估结果

综合分析上述数据和图表，将本次素质测评实施的具体情况形成书面报告，提交人力

资源部，作为人事培训选拔的参考。

跟踪考核基层销售人员培训的工作表现，评估本次素质测评的实际成效，以便改进素质测评的流程和方法。

⊃ 1.4 人员测评的发展历程

人员测评是一个现代观念，但是与之相关的活动早已有之，无论在国内还是国外、东方还是西方，人员测评的思想和方法十分丰富。因此，分析当代西方人员测评与选择的发展历程，了解近代中国人员测评的轨迹，对于深入理解和研究人员测评的理论与方法是十分必要的。

→ 1.4.1 西方国家人员测评的发展历程

现代人员测评是建立在相关学科理论基础之上的科学的测评，因此它的产生与相关学科理论的发展与成熟直接相关。在学科理论当中，首先是测量理论的发展。20 世纪初期至中期，经过以比奈等为代表的一批心理测量学家们的努力，建立起了经典测量理论的基本框架。后来随着人员测评在军事上的成功运用和管理科学的有力促进，不断地发展和完善。西方国家人员测评的发展历程如表 1-11 所示。

表 1-11 西方国家人员测评的发展历程

时 间		测评工具	测评内容	用 途
20世纪初期	1905 年	法国人比奈与西蒙完成了世界上第一个智力测验量表：比奈-西蒙量表	由于智力的发展并不是随着实际年龄的增长而不断增长的，因此人们开始引入智商（Intelligence Quotient，IQ）的概念：IQ=智力年龄/实际年龄×100。例如，一个 4 岁的孩子，如果只有 2 岁孩子的智力年龄，其智商就是 50	智力测试
	1909 年	美国波士顿大学教授弗兰克·帕森斯提出了人与职业相匹配是职业选择的焦点的观点，开始职业咨询，提出人职匹配	每个人都有自己独特的人格模式，每种人格模式的个人都有与之相适应的职业类型	人职匹配
	1917 年	第一次世界大战期间，美国使用团体测验选拔军人，这是人员测评在人事方面的第一次成功尝试	通过测量官兵的智力水平可以帮助军队对官兵进行选拔和分派	选拔和分派
	1927 年	世界上第一个职业兴趣测验诞生。这个测验的名称叫做"斯特朗男性职业兴趣量表"	测试职业兴趣	职业选择，人才选拔
	1939 年	韦克斯勒成人智力量表（离差智商）	主持这种测验时，要求被测者训练有素，经验丰富。成人智力量表包括语言量表和操作量表两部分。前者包括常识、理解、算术、类似、记忆广度、词汇解释六个分测验，后者包括符号替代、图形补充、图形设计、连环图系、物形配置五个分测验	在招聘时主要用于高级人员的挑选工作

续表

时　　间		测评工具	测评内容	用　　途
20世纪中期	1940年	美国明尼苏达大学心理学家哈撒韦和精神科医生麦金利编制的《明尼苏达多项人格测验》（Minnesota Multiphasic Personality Inventory，MMPI）	该量表内容包括健康状态、情绪反映、社会态度、心身性症状、家庭婚姻问题等26类题目，可鉴别强迫症、偏执狂、精神分裂症、抑郁性精神病等	用于测试正常人的人格类型，也可以用于区分正常人和精神疾病患者
	20世纪四五十年代	世界上第一个评价中心出现	心理测验技术包括：纸笔测验、面试、情景模拟，测评效果更加可靠有效	人员测评的应用对象从一般员工拓展到中高层管理人员
	1959年	霍兰德职业兴趣测试	霍兰德认为，个人职业兴趣特性与职业之间应有一种内在的对应关系。根据兴趣的不同，人格可分为研究型（I）、艺术型（A）、社会型（S）、企业型（E）、传统型（C）、现实型（R）六个维度，每个人的性格都是这六个维度的不同程度的组合	职业兴趣测试

20世纪五六十年代以来，西方国家人才测评思想和方法日新月异，开发出了名目繁多、内容丰富的测评技术，主要有智力测验、能力测验、性向测验、成就测验、情景模拟等。这些技术呈现出了一定的客观性和科学性，在西方社会得到了广泛应用。现在无论政府机关选拔公务员，还是公司企业录用新员工，抑或个人进行职业生涯设计，均要实施严格的测评。

1.4.2　我国人员测评的发展历程

人员测评技术虽然产生于西方，但我国早期的人员测评思想要比西方早几千年。我国人才测评最早可以追溯到尧舜时代，那时帝王决定继承者时就已迸发出贤与能的思想火花。到了西周，皇帝用"试射"来选拔人才，测评项目包括其行为是否合乎礼仪、动作是否合乎乐律、射中的次数有多少，这是我国人才测评的雏形。自隋始至清朝中期推行的科举考试则是世界上规模最大的人才测评实践。

1. 我国古代人员测评的发展历程

我国古代积累了丰富的人员测评思想，但严格来说，这些思想由于社会历史条件、经济发展水平和文化心理的局限，决定了它们是零散的、经验性的且是以定性测评为主的。表1-12是我国古代人员测评实践的整个发展历程。

表 1-12　我国古代人员测评实践的发展历程

时　　间		测评实践	测评内容	用　　途
中国古代	商周	世卿世禄制	世禄世卿，就是最高统治者按血缘关系的远近分封自己的亲属；中央和地方的各级权力分别掌握在大大小小的贵族手中，而且世代相传，不能随意任免。这种世禄世卿制度是与当时的宗法制和分封制互为一体的，其主要特征是嫡长子继承王位，余子分封，逐级逐层类推下去，形成一个金字塔式的权力结构体系	实行世禄世卿制选拔官员

续表

时　间		测评实践	测评内容	用　途
中国古代	战国、秦	军功、俸禄制	战国时各国任用官吏时给予官吏薪俸的制度。到战国中期，随着封建官僚制度的建立，国君对各级官吏的报酬，一般已不采用分封土地的办法，而是以一定数量的粮食作为俸禄，有时赏给部分钱币或黄金。以官位的高低定俸禄的多少	官僚俸禄制度，便于国君用利害关系控制各级官吏
	汉	举荐（察举）制	察举制不同于先秦时期的世官制和隋唐时建立的科举制，它的主要特征是由地方长官在辖区内随时考察、选取人才并推荐给上级或中央，经过试用考核再任命官职。	中国古代选拔官吏的一种制度
	魏晋南北朝	九品中正制	1. 三国时期，魏吏部尚书陈群制定； 2. 中正官有郡中正与州中正之分； 3. 测评标准：家世、道德、才能； 4. 将士人分为"上上、上中、上下、中上、中中、中下、下上、下中、下下"共九品	魏晋南北朝时期重要的选官制度
	隋唐至明清	科举制	科举即设科举人，历代科举制的科目设置不尽相同，但总的来说，包括常科和制科两种。常科，如进士科、明经科、秀才科等，是依规定要按时举行的固定的考试类型；制科，是由皇帝为满足某种临时需要或选拔某种特殊人才而下诏举行的一种人事选拔方式。 科举的方法，开始为试策，后发展为口试、贴经、墨义、策问、诗赋、经义论策与制义等。科举对象，唐代规定为生徒、乡贡和皇帝制举的人物	中国古代通过考试选拔官吏的制度

综上所述，古代中国对心理与教育测量和测验的贡献是多方面的，这些都是中华民族文化遗产中一颗颗璀璨的明珠。然而，现代人才测评却是在西方文化中产生，并随着国门的打开而传入中国的。

2．人员测评技术引进阶段

现代意义上的人才测评技术产生于西方。清末，随着心理学这门科学从西方传入中国，我国师范学院的学者在 20 世纪 20 年代相继建立了心理学实验室，开始运用心理测试方法测量评鉴考生，这标志着我国科学心理测验的奠基。著名社会工作者邹韬奋等人曾在上海、南京、武汉、济南等地开展"一星期职业指导运动"，邹韬奋编译了《职业智能测验法》、《职业指导》，刘湛恩编译了《职业自审表》，引起社会轰动，这一段时间是我国引进西方人员测评技术的重要时段，如表 1-13 所示。

表 1-13　人员测评技术引进历程

时　间	测评工具
1916 年	樊炳清把比奈–西蒙量表引入中国，随后一些学者进行了多次修订，1936 年修订后仍然采用的是年龄量表
1917 年	蔡元培在北京大学成立心理学实验室
1949—1979 年	我国在人员测评技术的研究和应用方面基本处于停滞状态
1979 年	1979 年以后人事测量工作开始迅速发展。1979 年，北京大学的吴天敏教授对中国的比奈量表进行了第三次修订，采用离差智商

3. 改革开放以来我国人员测评的发展

新中国成立后由于种种原因，心理学有很长一段时间被视为"伪科学"，人才测评与心理测验领域更是无人问津。1949—1979 年，我国在人才测评技术研究和应用方面基本处于停滞状态，直到 20 世纪 80 年代才开始兴起，这十多年的发展过程，可以分为以下三个阶段。

（1）复苏阶段（1980—1988 年）。此阶段的特点是从恢复心理测验开始，首先消化、吸收国外先进的测验技术和做法。就智力测验来说，1982 年，吴天敏修订出版了"中国比奈测验"，林传鼎、张厚粲等修订了韦氏儿童智力量表。在人格测验方面，宋维真等修订了明尼苏达多项人格问卷，陈仲庚、龚耀先等分别修订了艾森克人格问卷。不过，这个时期心理测验的应用主要局限于教育领域，在社会经济领域的运用很少。当时只有少数心理学工作者和测评专家开始在社会经济领域开展人才测评的应用研究。如中科院心理所徐联仓修订了测量领域行为的 PM 量表，并在企业管理人员的测评中加以应用，取得了较好的成效；又如原杭州大学心理系受浙江省委组织部的委托，在机关干部中开展了人才素质测评的研究与应用，得到了政府有关部门的认可。这些研究与运用为我国人才测评事业的发展起了一定的推动作用。

（2）初步应用阶段（1989—1994 年）。此阶段的一个显著特点是国家公务员录用考试制度开始建立。1989 年 1 月，中共中央组织部、国家人事部联合下发了《关于国家行政机关补充工作人员实行考试办法的通知》，要求县以上国家行政机关补充非领导职务的工作人员时，要按照德才兼备的标准，公开考试，严格考核，择优录用。

从此以后，所有想进入公务员队伍的人必须经过客观化考试，这标志着国家机关用人制度中开始应用现代人才测评技术。至 1992 年年底，全国 29 个省、国务院 3 个部门都不同程度地采用了人才测评方法补充人员，取得了良好的效果。

这使得人才测评在社会上引起了广泛关注。与此同时，我国在高级官员的任用中也开始借用人才测评技术。北京、上海、四川、湖南等许多省市都开始用现代人才测评技术来选拔厅局级领导，测评手段包括纸笔测验、结构化面试、文件框、情景模拟等。由于这种选拔方式比较客观公正，深受社会各界的欢迎和认可。

（3）繁荣发展阶段（1995 年至今）。近年来，全国各地都普遍建立了人才市场。区域性人才市场主要有上海人才市场、南方人才市场等大型的人才服务市场，许多地级以上城市也都纷纷建立起小的人才市场。这使得各类用人机构都有了相对灵活的用人自主权，个人也有了更多的择业自由和机会。人才交流的日益普遍促进了现代人才测评技术的更快发展。

从某种意义上讲，人才市场类似于商品市场，商品交换必须以其价值和使用价值为基础，人才交流同样必须有价值尺度。传统的人才价值尺度是学历、工作经验和职称等，这些指标通常只能说明某些问题，并不能客观准确地反映人才的真正价值。例如，学历更多地反映了一个人受教育的程度，即使它在一定程度上可以模糊地反映科技人才的价值大小，但对于管理人才的价值高低则几乎无法体现。

因此，要客观、准确地反映人才的价值，必须借助人才测评技术。与此相对应，随着人才测评的应用需求不断扩大，新的人才测评手段不断发展，从事人才测评研究和服务的机构也不断增多。所有这些都象征着我国人才测评事业已进入繁荣发展阶段。

总之，人员测评是适应经济和社会对人力资源开发的需要而逐步发展起来的。我国现代企业的人员测评正在蓬勃发展，但是仍有很多不足之处，需要不断地进行修订和改进。

课后测试题

一、单项选择题

1. 按人员素质的性质划分，可以将素质测评分为生理素质测评、心理素质测评和（　　）。
A. 能力测评　　　　　B. 人格测评　　　　C. 职业能力测评　　　　D. 知识素质测评

2. 以人力资源的合理配置为目的的素质测评是（　　）。
A. 配置型测评　　　　B. 鉴定型测评　　　C. 诊断型测评　　　　D. 选拔型测评

3. 以鉴定与验证测评对象是否具备某种素质或具备程度大小为目的的素质测评是（　　）。
A. 诊断型测评　　　　　B. 开发型测评　　　C. 配置型测评　　　　D. 鉴定型测评

4. 九品中正制是（　　）发明的。
A. 曹丕　　　　　　　B. 曹操　　　　　　C. 左雄　　　　　　　D. 陈群

5. 科举制正式确立和形成的朝代是（　　）。
A. 隋朝初期　　　　　B. 唐朝末期　　　　C. 唐朝前期　　　　　D. 隋朝末期

6. 世界上第一个具有应用价值的心理测验是法国心理学家比奈制定的（　　）。
A. 智力测验　　　　　B. 能力测验　　　　C. 个性测验　　　　　D. 心理测试

7. 1917 年，（　　）在北大成立了心理学实验室。
A. 樊炳清　　　　　　B. 蔡元培　　　　　C. 刘湛恩　　　　　　D. 吴天敏

8. 科举制是中国古代（　　）时期的人才选拔制度。
A. 战国　　　　　　　B. 商周　　　　　　C. 魏晋南北朝　　　　D. 隋唐至明清

9. 察举制的确立是在（　　）。
A. 汉　　　　　　　　B. 先秦　　　　　　C. 隋唐　　　　　　　D. 夏

10. 人员测评是一项系统性工程，其操作流程大致可分为前期准备、实施测评、统计分析、报告结果和（　　）五个步骤。
A. 检验反馈　　　　　　　　　　B. 确定测评目标、被测人员
C. 成立测评小组　　　　　　　　D. 建立测评指标体系和拟订测评实施方案

二、简答题

1. 什么是人员素质及人员测评？
2. 人员测评的主要类型有哪些？
3. 简述人员测评的流程。
4. 简述改革开放以来我国人员测评的发展历程。

三、案例分析题

A 集团人力资源总监王先生最近压力非常大，因为公司内部出了大问题：前段时间总部的销售总监突然辞职，并带走了大量高端客户，投奔竞争对手。这名销售总监是王先生参与招聘进来的，刚刚任职不到一年，个人能力很强，工作期间带领销售团队为公司的快速发展做出了很大贡献。正在管理层庆幸遇到一个好帮手的时候，毫无预警地出现了上面的事情。总部领导非常重视这件事，责令人力资源部对招聘和人才培养工作做出检讨。

王先生几天来一直在思考，自己制定的招聘流程到底哪里出了问题呢？一般来说，公司的中高层管理人员招聘会经历以下几个阶段：联系猎头公司，提出职位要求；随后根据猎头公司提供的简历，对候选人进行初步筛选；通过初筛的候选人会接受首轮素质测试，测试的内容包括相关专业知识、对工作相关信息的掌握、更新情况等；随后，公司会对所有候选人进行评价中心考核，对人员素质进行全面评价；第三轮的面试则主要了解应聘者先前的工作经历，以及一般人际沟通等情况。对该销售总监的招聘过程也是如此，应该说整个招聘过程考虑得非常周全，对应聘者的素质可以进行较好的理解，招聘的准确性一直较高。

案例讨论：

你认为该集团的管理人员测评可能存在哪些问题？

四、技能操作题

请你根据所学知识，针对一家公司进行调研，看其是否在人力资源管理中运用素质测评技术，如果有的话，素质测评工作是否存在问题？测评流程是否合理？

第2章 人员测评的理论基础

学习目标

📖 一般掌握
- ■ 人员测评的素质论基础。
- ■ 人员测评的方法论基础。
- ■ 人员测评的统计学基础。

📖 重点掌握
- ■ 人员测评的量化形式。
- ■ 几种常见的胜任力模型。
- ■ 人员测评的胜任力模型的设计方法。

学习导航

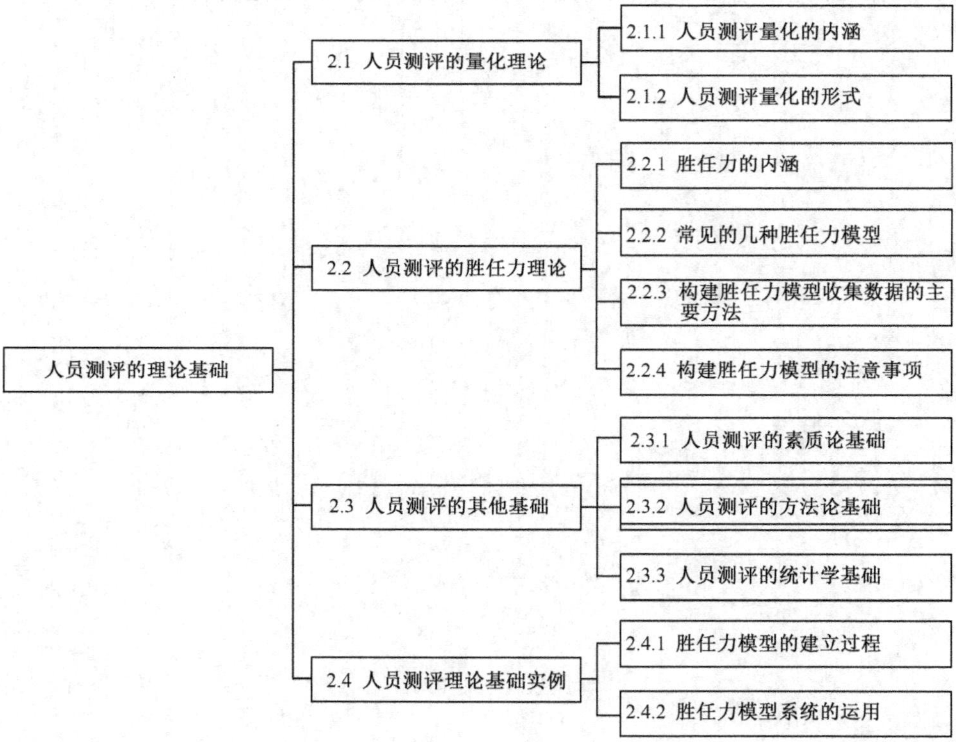

```
人员测评的理论基础
├─ 2.1 人员测评的量化理论
│    ├─ 2.1.1 人员测评量化的内涵
│    └─ 2.1.2 人员测评量化的形式
├─ 2.2 人员测评的胜任力理论
│    ├─ 2.2.1 胜任力的内涵
│    ├─ 2.2.2 常见的几种胜任力模型
│    ├─ 2.2.3 构建胜任力模型收集数据的主要方法
│    └─ 2.2.4 构建胜任力模型的注意事项
├─ 2.3 人员测评的其他基础
│    ├─ 2.3.1 人员测评的素质论基础
│    ├─ 2.3.2 人员测评的方法论基础
│    └─ 2.3.3 人员测评的统计学基础
└─ 2.4 人员测评理论基础实例
     ├─ 2.4.1 胜任力模型的建立过程
     └─ 2.4.2 胜任力模型系统的运用
```

田 导入案例

　　许晴晴是黑土重金属有限公司的一名仓储人员，她性格谨慎，工作仔细，任劳任怨，大家都很喜欢她。许晴晴也很好学，她努力进修，获得了仓库管理方面的学位，于是被领导提拔做了仓库副主管。

　　但是，许晴晴个性温柔，做普通职员的时候，她的细心与亲和力让她的工作备受称赞。但作为仓库负责人，她的性格却让她不好意思开口拒绝别人不合理的要求。这种性格在她晋升到管理层时变成了最大的工作缺陷。她分派任务和评估时往往拉不下面子，一些分派不下去的任务，她只好亲自做，加班完成。

　　这样一来人们便形成了习惯，久而久之许晴晴自己也觉得非常辛苦，对下属的考核也成了走过场，并且整个仓库小组死气沉沉，大家感觉是在吃大锅饭，虽然不好说什么，但工作没有激情，人浮于事。

　　这让许晴晴感到非常苦恼。

　　当了一年的副主管后，许晴晴感觉自己不能胜任，提出调回原来工作岗位的要求。领导再三考虑，认为她是一个优秀的基层员工晋升管理干部的典型，不能随便换掉，便没有答应许晴晴的请求，但领导同时也看到了她在领导能力方面的欠缺和弱点，因此，选派她参加了领导力培训班。

　　经过一段时间的强化训练，许晴晴的领导能力得到了一定程度的提高，但是性格缺陷终究无法克服，结果，她只能继续待在不能胜任的位置上，继续充当一个自己不快乐、下属也满腹牢骚的副主管。

　　资料来源：中国人力资源开发网。

田　案例点评

　　"干得好，做领导。"在目前的中国社会和企业里，这仍是一条人才"成长"的主要渠道！这种做法的最大弊端就是忽略了人性差异，把很多技术出色但并不适合当干部的员工放在他们并不喜欢也非其特长的管理岗位上，其结果是，组织少了一位优秀的职员，多了一位平庸的干部！

⊃ 2.1　人员测评的量化理论

⤷ 2.1.1　人员测评量化的内涵

1. 人员测评量化的定义

　　量化是指给事物的性质赋予相应的数值，即以数字形式表示事物，也就是人们常说的定量、数量化。

　　人员测评量化，就是通过素质测量法则，以数字形式来描述素质测评的过程，把个体稳定的行为特征空间与某一向量空间建立同态关系，将素质测评中不便综合处理的行为特征信息进行统一的数学处理。简单来说，就是采用科学的测量技术来揭示素质的数量和质量特征。

知识链接

人员测评主要通过调查、测验等方法获得人员测评数据。这些测评数据一般包含三个方面：一是受测人一般认知能力的控制，主要反映个人的智慧水平；二是受测人社会成熟水平，主要反映对其事业成就有重要方向的激励或调节因素；三是受测人行为风格的控制，主要反映受测人适合从事哪类工作。其中认知能力与社会成熟水平以分数形式将个人能力具体量化，而对行为风格则做定性分析。

2．人员测评量化的作用

人员测评量化的作用如图 2-1 所示。

图 2-1　人员测评量化的作用

（1）规范认识。人员测评将素质作为客观的认识对象，通过量化使人们对其某一属性、特征、关系的认识更加规范、简洁明了，从而更深刻地把握本质。

（2）理性测评。借助量化手段，素质测评能够从测评者个体感觉经验的局限中跳出来，由个体的感性测评上升到群体的理性测评，由模糊混沌的体验转化为明确清晰的测评。

（3）准确比较。借助量化手段，可以促进测评者对素质特征进行细致、深入的分析与比较，有助于从大量的具体行为中抽象概括出本质的特征和做出尽可能准确的差异比较。

➔ 2.1.2　人员测评量化的形式

从理论上来说，人员测评量化的主要形式有一次量化与二次量化，类别量化和模糊量化，顺序量化、等距量化和比例量化，当量量化。

1．一次量化和二次量化

在人员测评中，一次量化和二次量化中的"一"和"二"可做两种解释。

（1）"一"和"二"做序数词解释。当"一"和"二"做序数词解释时，一次量化是指对素质测评对象做直接的定量描述；二次量化是指对素质测评对象进行间接的定量描述，即先定性描述再定量描述。具体如表 2-1 所示。

表 2-1　一次量化与二次量化（作序数词时）

类　型	定　义	适用对象	示　例
一次量化	对素质测评对象做直接的定量描述	测评对象具有明显的数量关系	出勤频数、违纪次数、产品数量等
二次量化	对素质测评对象进行间接的定量描述，即先定性描述再定量描述	测评对象没有明显的数量关系，但具有质量或程度差异的素质特征	对于"感召力"分别用"精通"、"善于"、"尚可"、"一般"和"很差"进行定性描述，然后用"5"、"4"、"3"、"2"、"1"分别对上述描述进行界定

知识链接

　　一次量化后的数据可以直接解释被测评者的实际特征，因此可以称其为实质量化。如果量化的结果并没有直接揭示量化的内容，换句话说，当量化的表现形式与量化的具体内容并不存在任何实质性的数量关系时，我们将这种形式的量化称为形式量化，故二次量化也称为形式量化。

　　（2）"一"和"二"做基数词解释。当"一"和"二"做基数词解释时，一次量化是指素质测评的量化过程可以一次性完成，素质测评的最终结果可以通过由原始的测评数据直接综合与转化而得到；二次量化是指整个素质测评量化过程要通过两次计量才能完成。

知识链接

　　利用模糊数学中的综合评判法进行素质测评就是二次量化。在模糊数学综合评判中，在对员工素质进行测评时，先对每个分素质赋予一定的权重，进行一次量化，即纵向量化；然后对各个分素质进行赋分，完成二次量化，即横向量化。因此，对于整个素质测评指标体系来说，纵向量化即为加权，横向量化即为赋分。

2．类别量化和模糊量化

　　类别量化和模糊量化都可以看作二次量化（做序数词解释的二次量化）。类别量化和模糊量化如表 2-2 所示。

表 2-2　类别量化和模糊量化

类　型	定　义	特　点	适用对象
类别量化	把素质测评对象划分到事先确定的每个类别中，然后给每个类别赋予不同的数值	每个测评对象仅属于一个类型，不能同时属于两个以上的类别	界限明确且测评者能完全把握的素质特征
模糊量化	把素质测评对象同时划分到事先确定的每个类别中，然后根据该对象的隶属程度分别进行赋值	每个测评对象同时且必须归属到每个类别中，量化值一般不大于 1 的正数，是一种实质性量化	分类界限无法明确或测评者认识模糊和无法把握的素质特征

∾ **即时案例**

类别量化：把职员分为管理人员、技术人员、辅助人员三种，然后给管理人员赋予数字"3"，给技术人员赋予数字"2"，给辅助人员赋予数字"1"。

模糊量化：可以将管理风格划分为"民主型"、"专制型"、"中间型"，每种都可以拟订一些具体标准。一个管理者的所有行为可能有些符合"民主型"，有些符合"专制型"，而有些符合"中间型"。因此要把该管理者的管理风格归入任何一类都比较困难。此时可根据该管理者实际符合三种类型的程度分别进行打分。如给"民主型"打0.5分，给"专制型"打0.2分，给"中间型"打0.3分。

∾ **特别提示**

在类别量化中，量化在这里只是一种符号性的形式量化，"分数"在这里只起到符号的作用，无大小、强弱之分。

3. 顺序量化、等距量化和比例量化

在对同一类别的素质进行测评时，常常需要对其中的各被测评者进行深层次的量化，这就是顺序量化、等距量化和比例量化。它们也都可以看作二次量化。

（1）顺序量化。顺序量化一般先按照某一测评标准或素质标准将所有的测评对象进行两两比较排序，然后给每个测评对象赋予相应的顺序数值。

∾ **即时案例**

某公司销售部根据"新订单数量/月"对销售人员进行顺序量化，并赋予相应人员"1"（第一名）、"2"（第二名）……

（2）等距量化。等距量化比顺序量化更进一步。它不但要求素质测评对象的排列有强弱、大小、先后等顺序的关系，而且要求任何两个素质测评对象之间的差异相等，然后对每个素质测评对象进行赋值。

∾ **即时案例**

某公司对主要领导干部的能力实行量化测评，从第一个人开始依照一个难度等级赋值，排列第1位的赋值"1"，将与第1个相差一个难度等级的人赋值"2"，将与第1个相差两个难度等级的人赋值"3"，以此类推。

∾ **特别提示**

等距量化可以使素质测评对象进行差距大小的比较。

（3）比例量化。比例量化比等距量化又进了一步，它不但要求素质测评对象的排列有顺序、等距关系，而且要求存在倍数关系。

∾ **特别提示**

比例量化的法则是：以排列在第1位的素质测评对象为基准，后续的每个测评对象顺序与它进行倍数比较，当第2个素质测评对象是第1个的2倍时，给第2个素质测评对象赋值2；当第2个素质测评对象是第1个的0.5时，则赋值0.5。

比例量化可以使素质测评对象进行差异比例程度的比较。

我们可以通过表 2-3 来进一步认识顺序量化、等距量化和比例量化。

表 2-3　顺序量化、等距量化和比例量化的比较

量 化 形 式	分　级					得　分
顺序量化	优秀	良好	中等	一般	较差	
	第一名	第二名	第三名	第四名	第五名	
等距量化	优秀	良好	中等	一般	较差	
	100	85	70	55	40	
比例量化	优秀	良好	中等	一般	较差	
	100	80	60	40	20	

4. 当量量化

在人员测评量化的过程中，常常遇到如何对不同类别的对象综合的问题。类别量化仅起到给测评对象"赋值"的作用，并没有解决其量化后的综合问题。因此，类别量化后往往需要再进行当量量化。

所谓当量量化，就是先选择一个中介变量，把诸多不同类别或不同质的素质测评对象进行统一转化，对它们进行近似同类或同质的量化。

对各项测评指标的纵向加权实际上可以看作一种当量量化。当量量化实际上也是近似的等值技术。

∽ 即时案例

如表 2-4 所示为某企业管理人员的素质模型，其量表就运用了当量量化的方法，赋予不同测评指标合理的权重。

表 2-4　某企业管理人员的素质模型

素　　质	权重（%）	分　级					得　　分
		1	2	3	4	5	
个人品质	10						
专业能力	10						
组织能力	15						
沟通能力	15						
……							
总分							

∽ 特别提示

当量量化通常是一种主观量化形式，其作用是使不同类别、不同质的素质测评对象量化，从而能够相互比较和进行数值综合。

∽ 牛刀小试

对你所熟悉的一家企业进行调研，了解其在进行人员测评时是如何实现量化的。

⊃ 2.2　人员测评的胜任力理论

⊀ 2.2.1　胜任力的内涵

1．胜任力的含义

胜任力一词是由英文 Competence（或 Competency）翻译而来的，也可被翻译为素质、胜任能力、能力等。

关于胜任力的含义，国内外许多研究者都提出了自己的观点，其中有代表性的观点如表 2-5 所示。

表 2-5　具有代表性的胜任力定义

提 出 者	定　　义
麦克利兰（1973 年）	胜任力是能区分在特定工作岗位、角色或情境中绩效水平的个人潜在的特性
麦克拉根（1980 年）	胜任力是指对优秀成果的产生具有重要影响的能力
拜厄姆、莫耶（1996 年）	胜任力是指一切与工作成败有关的行为、动机与知识
桑德伯格（2000 年）	工作中的胜任力并不是指所有的知识和技能，而是指那些在工作时人们所使用的知识和技能
时勘、仲理峰（2003 年）	胜任特征是能把某职位中表现优异者和表现平平者区别开来的个体潜在的、较为持久的行为特征
彭剑峰（2003 年）	胜任力是驱动一个人产生优秀绩效的个性特征的集合，它反映的是可以通过不同方式表现出来的个人的知识、技能、个性和内驱力等。胜任力是判断一个人能否胜任某项工作的起点，是决定并区别绩效差异的个人特征
萧鸣政（2016 年）	胜任力是影响人员的工作行为与绩效中那些更为核心和关键的素质综合体系

本书认为，胜任力是指能将工作中表现优秀者与表现一般者区分开来的个人的知识、技能和能力等潜在特征，是影响工作绩效的最关键的素质综合体系。

2．胜任力的特性

胜任力的特性如图 2-2 所示。

（1）综合性。胜任力包含个体特质、心理动机、自我认知、社会角色、价值观等。

（2）可测量性。胜任力是可以测量的，企业可以根据胜任力来评价员工目前与本岗位的差距，以及未来的改进方向。

（3）关联性。只有那些与高绩效相关联的知识和技能才可以称为胜任力。

（4）适用性。胜任力与实际工作场所的工作实践相关，其在特定的工作条件和环境下发挥作用，有一定的适用范围。

（5）区分性。胜任力可以将绩效优秀者和绩效一般者明显区分开来。

（6）差异性。因职位不同，胜任力也有所差异。

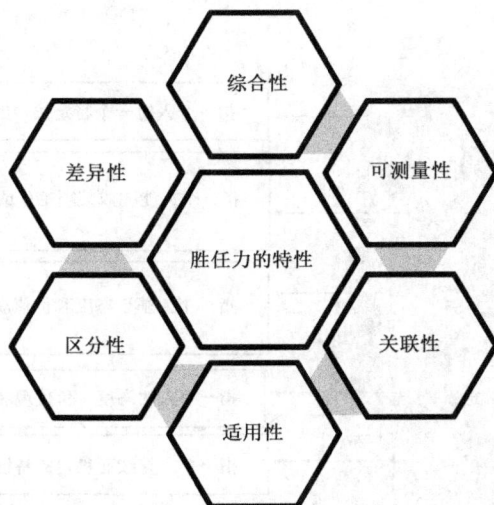

图 2-2　胜任力的特性

∞ 即时案例

万科企业股份有限公司（以下简称万科）的人才管理模式一直被视为模范。一直以来，万科以"人才是万科的资本，是万科的核心竞争力"为用人理念，制定了"万科人"的标准：岗位胜任素质评估模型。该模型包括素质模型和测评工具两部分，前者为万科需要什么样的人提供了标准，后者是用来衡量一个人是否符合标准的程序，测评报告将为最后的录用及晋升结果提供参考。

⇥ 2.2.2　常见的几种胜任力模型

胜任力模型又称为素质模型、资质模型，是指为了完成某项工作或达成某一绩效目标所具备的一系列不同胜任力的组合，描述的是组织中有效地充当一个角色所需要的知识、技能和性格特点的特殊组合。

胜任力模型通常包括与工作绩效关系紧密的相关内容，包括关键知识、技能与个性特征，以及对工作绩效有重要影响的行为。常见的胜任力模型有：冰山模型、洋葱模型、梯形模型、金字塔模型。

1. 冰山模型

冰山模型是美国心理学家麦克利兰于 1973 年首先提出的。他把胜任力描绘成一座冰山，认为胜任力是由知识、技能、社会角色、自我概念、品质、动机组成的，如图 2-3 所示。

知识和技能处于冰山水上部分，是显性的，属于表面胜任力，最容易被测量、改变和开发提高；社会角色、自我概念、品质、动机等潜藏于水下，是隐性的，难以触及，也是最难改变或发展的。

1993 年斯宾塞等人将麦克利兰冰山模型中的六个层次改为五个，提出了新的冰山模型。该模型水上部分仍然是知识和技能，水下部分改为自我认知、特质和动机。其中，自我认知是指一个人的态度、价值或对自己的看法，如自信心等。

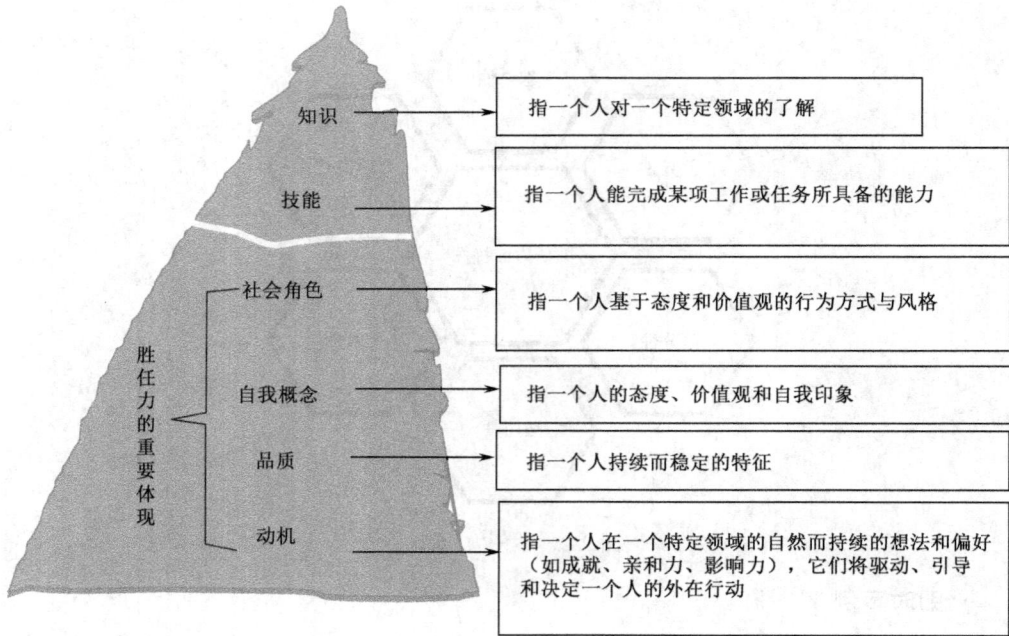

图 2-3　冰山模型

🔔 知识链接

知识是指对某一职业领域有用的信息，这些信息涉及岗位作业的流程及解决问题的方式方法等。例如，外科医生了解人体的神经及肌肉的相关知识；操作工人了解机器设备的运转、操作规程及维修保养等方面的知识。

技能是通过训练而获得的顺利完成某种工作任务的动作方式，包括动作技能和心智技能。动作技能指人的躯体所实现的一系列动作，如操作机械设备；心智技能指在人的头脑中所实现的一系列认识，如利用某种知识原理解决实际问题。例如，一位牙医能够以熟练的技巧填补病人的牙齿而不伤其神经。

2. 洋葱模型

美国学者 R. 博亚特兹对麦克利兰的素质理论进行了深入和广泛的研究后，提出了"素质洋葱模型"，其本质内容与冰山模型相似，但此模型对胜任力的表述更突出其层次性，如图 2-4 所示。

洋葱模型将胜任力划分为三个层次：核心层、中间层和最外层。核心层包括特质和动机；中间层包括社会角色或价值、自我认知；最外层包括知识和技能。由表层到里层，越来越深入，核心层是个体最深层次的胜任力，最不容易改变和发展。

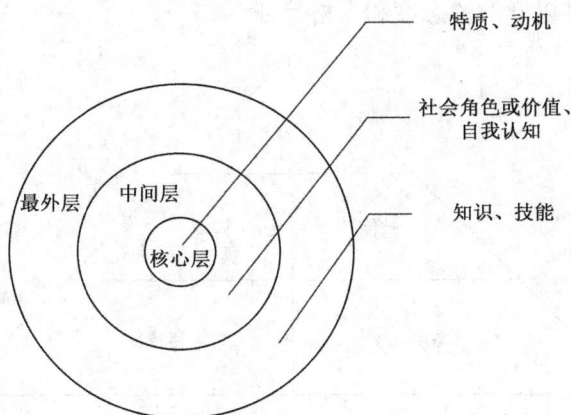

图 2-4　洋葱模型

特别提示

洋葱模型的最外层比较易于培养和评价；中间层和核心层则很难评价，也难以后天学习和获得。

3．梯形模型

国际人力资源管理研究院提出了胜任力的梯形模型，如图 2-5 所示。

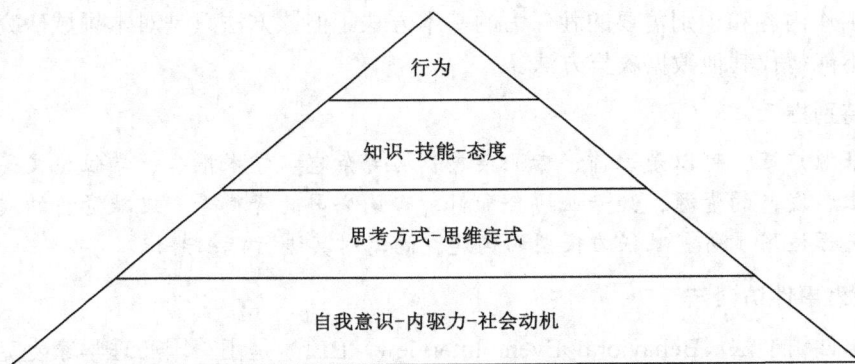

图 2-5　梯形模型

该模型把胜任力按照梯形分为四个层次：第一层，行为层；第二层，知识-技能-态度层；第三层，思考方式-思维定式层；第四层，自我意识-内驱力-社会动机层。

行为层主要指个体在具体职位上的工作绩效表现。行为下面的知识等各要素共同决定了个体在工作中的绩效行为，并且越往下的层次在决定个体的行为表现方面起着越稳定的决定作用。

4．金字塔模型

如图 2-6 所示，金字塔模型将胜任力主要分为三个层次：在该模型顶部的是先天具备的和后天开发的才能的具体行为表现；中间部分是可以通过学习、工作锻炼等途径开发的知识和技能；底部是难以开发的态度和人格特征。

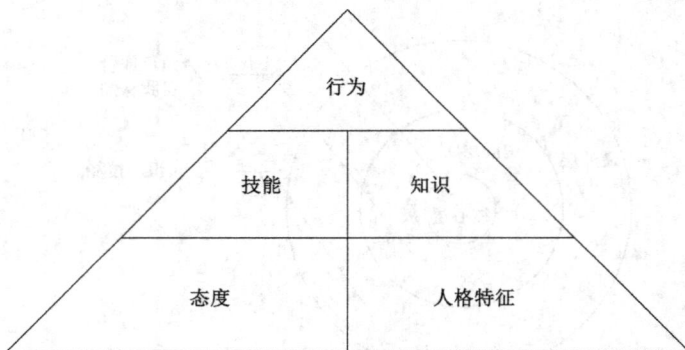

图2-6　金字塔模型

2.2.3　构建胜任力模型收集数据的主要方法

收集数据的主要方法有：文献查阅法、行为事件访谈法、问卷调查法、工作日志法、工作任务分析法、焦点访谈法、关键成功因素法。通常情况下一个模型数据的获取至少需要使用两种数据收集方法。

1．文献查阅法

文献查阅主要指对该研究的相关文献进行总结分析，从中提炼出相应的胜任力要素。它是界定工作内容和识别需要的胜任力的基本方法。但该方法只是对本领域研究情况的快速回顾，不能替代其他数据收集方法。

✆　特别提示

文献来源广泛，可以是著作、专业杂志、协会杂志、学术报告、学位论文等，也可以是未公开出版发行的资源，如专业协会资料、咨询公司的资料等。文献资料的质量也有很大差别，是否适用于所需胜任力模型的构建，尚需对其进行仔细辨识。

2．行为事件访谈法

行为事件访谈法（Behavioral Event Interview，BEI）是由美国心理学家麦克利兰提出的。它是结合关键事件和主题统觉测量而提出的一种开放式的、行为回顾式探查技术，是揭示胜任力的主要途径。

访谈者使用如表2-6所示的STAR工具提问，让被访谈者以讲故事的方式找出并详细描述他们在工作中经历的最成功和最不成功的三件事情。

表2-6　行为事件访谈的STAR工具

情境（S）/任务（T）	行为（A）	结果（R）
• 请描述当时的情境 • 周围的情境怎么样？ • 你为什么要这样做？出于什么样的考虑	• 你对当时的情况有何反应？采取了什么具体行为？ • 请描述你在整个事件中承担的角色 • 你当时首先做了什么？在处理整个事件的过程中，你采取了哪些行动步骤	• 事件的结果如何？ • 结果是如何发生的？ • 你得到了什么样的反馈

知识链接

STAR 是情境（Situation）、任务（Task）、行动（Action）、结果（Result）四个词的英文单词首字母。具体含义如下。

情境：事情是在什么情况下发生的？

任务：你是如何明确你的任务的？

行动：针对这样的情况分析，你采用了什么行动方式？

结果：结果怎样？在这样的情况下你学到了什么？

通过对这些信息的对比分析，发现承担某一任务时表现优秀者和表现一般者具有显著区别的行为特征，从而确定该任务角色的胜任特征。

3．问卷调查法

问卷调查法是咨询机构及研究机构最常用的一种构建胜任力模型的方法，它采用结构化的问卷对某个岗位所要求具备的胜任力进行调查。调查的内容基于前期通过面谈、文献查阅等方法收集的数据分析结果。

通过问卷调查法一方面可以广泛收集员工的意见，弥补运用其他方法时的遗漏，另一方面可以对其他方法提炼出的胜任力特征进行验证。

4．工作日志法

工作日志法是由任职者按时间顺序，详细记录自己在一段时间内的工作内容与工作过程，经过归纳、分析，达到工作分析目的的一种工作分析方法。任职者也许被要求每隔几天、每周或每月填写工作日志。工作日志法能够对工作内容提供非常详细的行为信息，大部分人员能够很容易地理解和完成工作日志。工作日志法是观察法很好的替代方法。

  特别提示

用于工作分析时，工作日志法很少作为唯一的、主要的信息收集技术，常与其他方法相结合。在实际工作中，工作分析人员通常会将企业已有的工作日志作为问卷设计、准备访谈或对某项工作初步了解的文献资料来源。

5．工作任务分析法

工作任务分析法关注的重点是工作，通过详细分析，识别出职位或工作所要求的工作成果产出能力。该方法首先调查职位的工作责任、任务、义务、角色和工作环境，同时抽取分析职位的工作职责和关键角色，然后对可接受的标准或绩效进行描述，根据角色和工作职责确定胜任力单元，最后确定胜任力。

  特别提示

采用这种思路建立胜任力结构模型，在国内大企业中已有许多商业实践。这种方法的关键在于确定与组织核心观点和价值观相一致的胜任力。其前提是组织必须有经过检验的核心价值观，并已形成相对稳定且鲜明的组织文化。它的最大优点在于揭示了冰山模型中的深层次胜任力。

6. 焦点访谈法

焦点访谈法常常允许组织中的许多人员提供输入信息，组织协调者、任职者、管理者、顾客等相关人员共同界定工作内容，或者识别他们认为绩效必需的胜任力要求。

焦点访谈法常采用两种技术方法进行：一种方法是由组织协调者使用一份准备好的问题引导一个结构化的讨论；另一种方法是基于前期收集的数据（如来自调查问卷的发现）进行讨论。

知识拓展

专家小组法是焦点访谈法的一个特例。在该方法中，对某项工作及其工作要求非常熟悉和有见解的专家组织起来，成立一个工作小组，就某个岗位的胜任力展开充分的讨论，最后形成一个胜任该工作所需要的胜任力清单。

7. 关键成功因素法

关键成功因素（Key Success Factors，KSF）是在探讨产业特性与企业战略之间关系时经常使用的一个概念，指的是对企业成功起关键作用的因素。利用关键成功因素法构建胜任力模型就是通过分析找出使企业成功的关键因素，然后围绕这些关键因素来确定企业所需的胜任力单元，最后确定胜任力。

根据关键成功因素开发胜任力模型的关键之一是识别并获取行业关键的成功因素。在管理实践中，开发组织的核心胜任力时，通常采用关键成功因素法。

特别提示

在选择数据收集方法时，应考虑下列因素：效度、信度、应用性、效率、可操作性和接受性。

→ 2.2.4 构建胜任力模型的注意事项

1. 加强对胜任力的宣传和培训工作

构建胜任力模型之前要进行宣传和培训，让员工明白其作用和意义，打消不必要的顾虑，以免影响胜任力模型构建的真实性和客观性。

2. 采用从关键职位入手开发的策略

在最初开发胜任力模型时，公司可以选择从关键职位入手，待积累了一定的经验后，再向其他职位扩散，构建胜任力模型。

3. 胜任力描述应具有层次性和差异性

在构建胜任力模型时，要按照岗位层次进行准确的定义，然后通过胜任力构建的数据收集方法收集相关信息，特别要注意区分高绩效应具备的行为特征和标准，使得不同岗位的胜任力具有层次性和差异性。

4．对胜任力模型进行动态管理

胜任力模型的构建不是一劳永逸的，要根据内外环境的变化对其进行适当调整，并根据公司的战略和发展规划、部门职责和岗位职责、公司组织结构调整的方向、往年绩效考评实施过程中体现出的对胜任力模型的反馈，对胜任力模型数据进行动态的更新管理。

◎ 牛刀小试

了解一下你所熟悉的企业在构建胜任力模型中使用了哪些数据收集方法，以及其在使用这些方法中遇到了哪些问题。

⊃ 2.3 人员测评的其他基础

✦ 2.3.1 人员测评的素质论基础

素质是个体完成任务、形成绩效及继续得以发展的前提。但良好的素质对行为发展与事业成功，仅是必要条件，并非充分条件。素质的特征如图 2-7 所示。

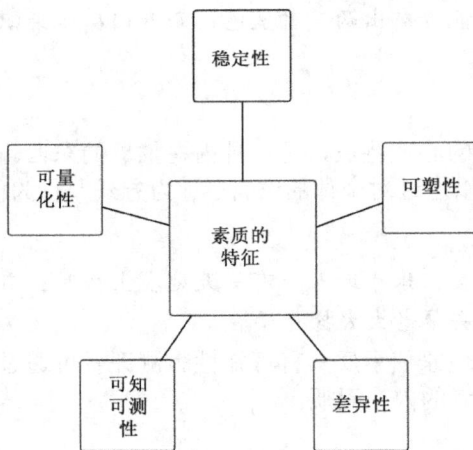

图 2-7　素质的特征

1．稳定性

正是因为素质具有稳定性，才为进行素质测评提供了可能。素质的稳定性表现在生理素质、心理素质和社会素质三个方面，如表 2-7 所示。

表 2-7　素质的稳定性

素质的稳定性	释　义	表　现
生理素质的稳定性	个人的生理特征在相对较长的时间内不会发生太大的变化	如性别方面、身体素质方面
心理素质的稳定性	个体的心理特征在一段时间内会出现相对稳定的持续状态	如有些人思维灵活，有些人思维迟钝；有的人外向，有的人内向
社会素质的稳定性	个体在社会文化、社会关系的影响下所形成的社会品质具有一定的稳定性	如宗教信仰

☙ 特别提示

在个体活动的全部时间与空间中，素质的表现在时间上虽然偶尔有间断，但总体上却是持续的；在空间上虽然有时相异，但总体上是一致的。素质所表现出的这种持续性与一致性总括为素质的稳定性。

2．可塑性

个体的素质是在遗传、外界影响与个体能动性三个因素的共同作用下形成和发展的，并非一成不变的。在后天有意识的培养下，素质也会发生一定的改变。缺乏的素质可以通过实践和学习获得不同程度的补偿；一般性的素质通过训练也可以成长为特长素质。

3．差异性

"世界上没有完全相同的两片树叶。"人的个性不仅受遗传因素影响，也受家庭环境、教育、社会实践、个体的主观能动性等多方面因素的共同作用。正是由于个体素质之间存在差异性，才有了测评的必要性。

☙ 即时案例

"横看成岭侧成峰，远近高低各不同。"有人活泼好动，有人沉静安详；有人反应迟钝，有人思维敏捷；一般人只能分辨出两三种蓝色，而专门从事染织的工人却能分辨出几百种不同色度的蓝色。

4．可知可测性

素质是个体身上内在的心理特征，是一种内在抽象的东西。但它又总会通过一定的方式表现出来，一般我们可以通过对个体的语言、行为方式及行为的结果进行推断分析出来。

☙ 即时案例

大家都说小王特别善良，乐于助人。有一天她在上楼时，看到一位提着大行李箱的老太太也在上楼，就主动上去帮老太太拎行李。

正是素质的这种外显现象使素质具有可知性。测评者可通过对被测评者的语言行为或非语言行为来测评被测评者的内在素质。

5．可量化性

"量能授官"，以荀子为代表的不少古代先哲认为人员素质是可以衡量的。董仲舒也曾提出"量材而授官，录德而定位"。朱熹不但认为素质测评可以衡量，还提出了量化的方法。"品藻人物，须看他大小规模，然后看他好处与不好处、好处多与少、不好处多与少。又看某长某短，某有某无，所长所有的是紧要与不紧要，所短所无的是紧要与不紧要。如此来品藻，方定得他分数优劣。"（《朱子语类》——朱熹）元朝的许衡则将量化方法进一步具体化了。

📖 相关链接

许衡的量化思想

只为受生之初，所禀气有清者，有浊者，有美者，有恶者，得其清者则为智，得其浊者则为愚；得其美者则为贤，得其恶者则为不肖。若得全清全美，则为大智大贤，其明德全不昧也。身虽与常人一般，其心中明德，与天地同体；其所为，便与天地相合，此大圣人也。若全浊全

恶，则为大愚大不肖，其明德全昧，虽有人之形貌，其心中暗塞，与禽兽一般。其所为，颠倒错乱无一是处，此大恶人也。

清美之气所得的分数，便是明德存得的分数，浊恶所得的分数，便是明德暗塞了的分数。明德只得得二三分，则为下等人，存得七八分则为上等人，存得一半则为中等人……清的分数，浊的分数，美的分数，恶的分数，参差不齐，所以有千万般等。

↬ 2.3.2　人员测评的方法论基础

人员测评是一门应用性、综合性、融合性很强的学科，它的发展有赖于哲学、社会学、心理学、行为科学、统计学、心理测量学等提供的理论与方法。

1. 哲学

哲学是关于世界观的学说，是对一切自然规律和社会规律的概括和总结，是世界观和方法论的统一，它指导着人员测评理论的形成和发展。

2. 社会学

社会学研究社会、民族的发展演变规律，研究社会中群体的运动等。社会是人们交互作用的产物。而"人"是人员测评的主要对象。社会学有助于我们对人员测评的理解和分析。

3. 心理学

心理学研究个体的行为及精神过程，它涉及知觉、认知、情绪、人格、行为等诸多领域。心理学构成了人员测评最重要的基础。

4. 行为科学

行为科学是运用自然科学的实验和观察方法，研究自然和社会环境中人的行为及低级动物行为的科学。它对人员测评具有重要的借鉴作用。

5. 统计学

统计学是通过搜索、整理、分析、描述数据等手段，以达到推断所测对象的本质，甚至预测对象未来的一门综合性科学。统计工具为人员测评增加了科学性和规范性。现代人员测评（其核心是心理测量）是建立在统计学学科的基础之上的。没有统计学的原理和技术的运用，就难以产生现代科学的人员测评。

6. 心理测量学

心理测量是人员测评主要的学科基础。心理测量是指依据某种心理学理论，通过一定的操作程序，对个体的能力、价格或心理健康等心理特性或行为确定出一种数量化的价值的活动。

相关链接

艾森克人格测评问卷主要用来测量人们在内外倾向、情绪性和心理变态倾向三个方面的表现程度。问卷采用是非题的形式，从精神质、内外倾向、神经质和效度四个维度设计量表，根据被测评者各个量表的分数特征分析其人格特征。

↳ 2.3.3 人员测评的统计学基础

统计学作为一种手段和工具已经渗透到人员测评的各个环节。统计工具中的"标准化"、"常模"、"信度"、"效度"等使人员测评指标标准体系落到了实处。

1. 标准化

统计标准化是指在统计实践中，对重复性事物和概念，通过制定、发布和实施标准，达到统一、一致的统计最佳效益。它是为使测评结果更加准确、可靠、减少误差的一种控制过程。在人员测评中，通过"标准化"可以尽量控制无关因素对测评过程和测评结果的影响，从而减少误差。

人员测评中的标准化包括：测评内容标准化、测评条件标准化、测评过程标准化、测评计分过程标准化、测评分数解释标准化、测评结果评价标准化等。

2. 常模

常模，又称测验常模，指一定人群在测验所测特性上的普遍水平或水平分布状况，是一种供比较的标准量数，由标准化样本测试结果计算而来。常模可表现为标准差或平均数。常见的常模类型有百分位常模和标准分数常模。

∽ 特别提示

在人员测评中，常模是用来比较和解释测评结果时的参照分数标准。假设李平在高等数学测验中得了 77 分，在英语测验中得了 63 分，这就意味着他在高等数学考试中表现得更好吗？事实是李平在高等数学这一科的排名较英语的排名更为靠后。因为高等数学的年级平均分是 85 分，而英语测验的年级平均分是 47 分。这里的平均分就是常模。

🍁 知识扩展

挑选合格的常模是保证测验结果准确的关键因素。一般测验的常模需要依据性别、年龄、学历，甚至所在区域、岗位性质、职位高低、行业背景等进行细分。

3. 信度

信度即可靠性，它指的是采取同样的方法对同一对象进行重复测量时，其所得结果相一致的程度。从另一方面来说，信度就是指测量数据的可靠程度。在人员测评中信度主要评估素质测评结果是否反映了被测评者稳定的、一贯的素质特征。信度系数越高，表示该测验的结果越一致、稳定与可靠。反之，随机误差可能导致不一致性，从而降低信度。

∽ 特别提示

系统误差对信度没什么影响，因为系统误差总是以相同的方式影响测量值，因此不会造成不一致性。

4. 效度

效度即有效性，它是指测量工具或手段能够准确测出所需测量的事物的程度。在人员测评中，效度所关注的是测评方法能否恰当地测量出所要测量素质的程度。如心理测量法能否准确测量出被测评者的品德。测量结果与要考察的内容越吻合，则效度越高；反之，则效度越低。

⌒ 特别提示

如果效度很低，无论信度多高，测评都毫无意义。要提高效度，就要降低由测量工具所造成的系统误差和测评过程中产生的随机误差。

⌒ 牛刀小试

你是如何理解人员测评的理论基础的？它们对人员测评有什么意义？

➲ 2.4　人员测评理论基础实例

可口可乐装瓶投资集团中国区胜任力模型的设计与运用

可口可乐装瓶投资集团中国（Coca-Cola Bottling Investments Group China，以下简称可口可乐 BIG 中国）成立于 2006 年 8 月，总部位于上海，是可口可乐系统在华投资的全资公司，隶属于总部位于美国亚特兰大的可口可乐装瓶投资集团。

可口可乐 BIG 中国作为可口可乐系统在中国的四大装瓶合作伙伴之一，负责在中国 10 个省份内生产、包装和销售可口可乐旗下各品牌的饮料，并在业务区域内与可口可乐各级经销商和终端消费者建立起紧密的联系。

集团成立以来，一直秉承"领导力、正直、授权、责任、激情、团队合作"的价值观，致力于实现"成为最受尊重及喜爱的世界级饮料公司"的愿景，为可口可乐全球系统在实现 2020 愿景的道路上不断贡献力量。

集团直接管理下属分布在上海、黑龙江、吉林、辽宁、山西、湖北、四川、重庆、云南、广西 10 个省、自治区和直辖市的 13 家装瓶厂的生产运营。截至目前，集团共拥有员工近 17 000 人，业务区域覆盖以上 10 个省份的区域，区域内人口超过 4.2 亿，占全中国人口的近 1/3。

为了契合人才发展的需求，可口可乐 BIG 中国建立了胜任力模型。

胜任力模型作为可口可乐人才发展和胜任力建设的基础，像一把衡量人才的标尺，明确了可口可乐 BIG 中国需要什么样的人，如何把合适的人放在合适的岗位上做合适的事情。2009 年可口可乐 BIG 中国人力资源部门着手建立胜任力库，2009—2011 年可口可乐 BIG 中国初步建立胜任力库并应用；2011—2013 年完善胜任力库并全面应用；2013 年开始系统化运用，形成了三个大类的胜任力模型，并且每个胜任力项都有清晰的行为描述。BIG 中国胜任力库（Competency Inventory，CI）是各个部门胜任力定义的汇总，如表 2-8 所示。

表 2-8 BIG 中国胜任力库胜任力定义汇总

胜任力类型	释　义	适 用 范 围	开 发 主 体
领导力行为	代表公司的文化和领导力方式。通过自我领导者、一线领导者、团队领导者和高级领导者定义不同层级的领导力行为	公司全体员工	全球统一
通用技能	是可以转移的技能，是同一职位族当中多个角色都需要的胜任力，如项目管理、组织计划、沟通胜任力等	公司全体员工	本地开发
专业技能	即独特的技能，指每个特定的角色工作所需要的特殊技能，大多数是针对具体岗位而设定的，如财务需要税法知识等专业胜任力	公司各个部门的员工	本地开发

以上三种类型的胜任力都包含四个方面的要求：胜任力名称（如沟通胜任力）；胜任力的定义；胜任力层级（对员工胜任力要求的等级，分五级，第一层级是基本的，第五层级是专家级）；行为素质（即行为描述，描述要做到可以衡量、可以观察、可以发展）。所有岗位的胜任力项目总和小于 15 项，三个类型中的领导力行为是固定不变的 5 项，通用技能和专业胜任力总和不超过 10 项。

资源来源：http://www.360doc.com/content/16/0723/23/35313717_577902528.shtml.

↳ 2.4.1 胜任力模型的建立过程

可口可乐 BIG 中国通过职位说明书梳理、关键岗位管理层访谈及胜任力模型设计工作组完成了胜任力模型的建立，如图 2-8 所示。

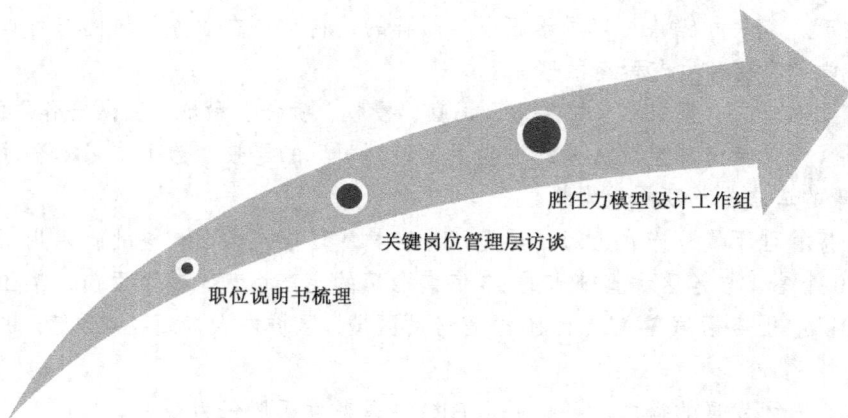

胜任力模型设计工作组

关键岗位管理层访谈

职位说明书梳理

图 2-8 可口可乐 BIG 中国胜任力模型建立过程

1．职位说明书梳理

前期准备时，主要目的是明确职位的描述，通过职位说明书梳理为一些关键岗位的访谈做准备工作。

2．关键岗位管理层访谈

专业胜任力方面：人力资源部门通过与关键岗位的管理层（如部门总监、部门总经理等）进行面谈，在下一步展开专业胜任力的讨论前得到指引，避免闭门造车。访谈问题如：

未来几年之内岗位对人才最关键的专业胜任力要求是哪些？目前的挑战是什么？团队的胜任力缺口有哪些？经过访谈获得大量的数据，由人力资源部门进行专业分析。

通用胜任力方面：人力资源部门通过市场上通用胜任力的参照，让关键领导选择其认为最关键的胜任力。

通过职位说明书梳理和关键岗位管理层访谈，最终形成胜任力模型（以表 2-9 为例）。

表 2-9　推动创新胜任力要求

胜任力名称	推动创新胜任力		
胜任力定义	提出新颖独特的解决方法，乐于接受新观点，促进公司的可持续发展； 不满足于现状；以追求结果的态度挖掘和评估增长机会； • 表现出好奇心，如勇于尝试，从错误中学习，并能恰当地管理风险； • 推动有价值的想法的迅速执行/商业化； • 恰当地挑战现状，引领持续的改善； • 主动寻求和应用内部和外部的创意		
胜任力层级及描述	层级	描述	定义
	1	基本层次	运用知识/技能，在监督下完成分配的任务
	2	专业层次	较为熟练地运用知识/技能，偶尔需要监督指导
	3	专家层次	熟练运用知识/技能，不需要监督，并能够为他人提供所需的技术指导
	4	资深专家层次	综合运用知识/技能，能独立行动，并为他人提供指导与培训
	5	领域规范政策确立者	该领域的专家，组织内的权威

3. 胜任力模型设计工作组

工作组由所有的关键领导参与（如总经理、总监及关键岗位的经理），人数为 20～30 人，时长为一天。人力资源部门通过工作组的形式告诉管理者建立胜任力模型的目的、益处和架构。尤为关键的是，要告诉大家胜任力模型的逻辑性和制定胜任力模型的方法，帮助他们了解如何参与设计。

（1）通用胜任力的讨论与确定（两轮筛选）。通用胜任力的讨论与确定是通过两轮筛选实现的。第一轮筛选，根据前期访谈分析结果，人力资源部门罗列各个部门所需要的通用胜任力，针对部门内的关键岗位所需胜任力，参与者投票选出 8～10 个通用胜任力。第二轮筛选，针对每个关键岗位展开讨论和分小组的投票：从上一轮结果中选出大约 5 项胜任力。同时，排出岗位的通用胜任力优先顺序。

（2）专业胜任力的讨论与确定。最有挑战性的就是专业胜任力从无到有的过程。人力资源部门引导管理者就专业胜任力的优先次序、业务的目标和需求、5 年之内岗位的发展方向进行激烈讨论，现场完成专业胜任力定义的撰写。胜任力的行为描述由大家在工作组结束之后完成。

（3）胜任力层级的讨论与确定。通过打分（即胜任力项落在哪一层级）、校准等步骤，讨论每项胜任力针对不同岗位的胜任力层级要求。最终，确保不同层级员工（如总经理、总监或其他职级）的分数差异在合理的范围内。

➔ 2.4.2　胜任力模型系统的运用

为使员工清楚地了解建立 CI 的目的、CI 是什么、具体的内容及如何运用，可口可乐

BIG 中国在正式开始推行胜任力模型系统之前，首先进行了一系列沟通与培训，不仅为所有区域，即每个罐瓶厂所有员工发放培训资料、指引工具（指导手册等），还通过 TTT 的方式培训各个区域相应负责胜任力模型的人力资源经理，然后由他们培训瓶装厂的所有员工。

人力资源部门组织不同部门的 CI 工作组，让员工在培训中进行讨论和案例演练，从而更深入地理解和运用 CI。

根据胜任力模型的标准，人力资源部门在选、用、育、留的环节也相应地做了调整和新增。

1. 选人

公司正在制定招聘指南，即招聘指引，帮助每位用人经理了解岗位对胜任力的要求是什么，在面试过程中考核应聘者的胜任力。

2. 用人

新的胜任力模型系统建立后，绩效考核的比重相应调整。绩效考核中评估关键绩效指标（Key Performance Indicator，KPI）、领导力行为及价值观。考核比重为 KPI 占 50%，领导力行为占 25%。

3. 育人

（1）员工个人发展计划的制订。员工根据胜任力模型，找到公司对该岗位的胜任力要求，以及相对应的胜任力层级和行为描述，找出首要需提升的三个胜任力项，在自评时，能根据胜任力差距更好地做自我评估，主管也可以通过胜任力的定义更好地辅导和帮助下属。

（2）重新调整培训发展手册。所有的课程匹配所需培养的胜任力，也分胜任力层级，手册明晰了胜任力对应可以选择的培训课程，如表 2-10 所示。

表 2-10　培训课程示例

TCCC 领导力培训课程库			
	领导力类型和适用课程		
		自我领导者	一线领导者	他人领导者
领导力行为	主人翁精神	课程 1 课程 2 ⋮	课程 1 课程 2 课程 3 ⋮	课程 1 课程 2 课程 3 ⋮ 超过 10 门
	激励他人			
	提升自我，促进他人			
	与可口可乐系统、客户及主要相关利益群体的紧密合作			
	推动创新			

（3）结合胜任力模型，建立发展中心。人才测评的胜任力和纬度有了统一的体系后，增强了效度和信度。人力资源部门根据胜任力设计所有的测评题目，通过在线测评、考试、

角色扮演、案例分析与汇报等形式测评参与者在领导力、通用技能和专业技能各个维度的胜任力，找出胜任力差距并在工作中通过 70-20-10 的方式提升胜任力。

（4）根据胜任力培养的目标参加发展项目。例如，财务部门有"财务学院"，包含内外部课程和轮岗等实践项目；人力资源部门有"本地人才发展加速计划"、导师辅导等项目。人才发展论坛用于盘点组织发展所需的人才，制订接班人计划，进入人才库的候选人将作为组织重点培养的对象。2014 年 4 月至 5 月全公司运用胜任力模型做人才盘点，用统一的标准讨论和盘点人才。

4．留人

胜任力模型的系统建立后，明确职业发展所需的胜任力，保留组织和业务发展所需人才。

课后测试题

一、单项选择题

1．素质的发展受环境的影响，如教育作为一种有目的、有计划、有系统的环境影响，对素质发展起主导作用，这体现了素质的（　　）。

A．稳定性　　　　B．可塑性　　　　C．差异性　　　　D．可量化性

2．素质不是个体在某一时间和空间的偶然显现，而是个体经常性和一贯性的行为和特点，这体现了素质的（　　）。

A．稳定性　　　　B．可量化性　　　　C．差异性　　　　D．可知可测性

3．对出勤频数、违纪次数、产品数量进行量化时，常采用的量化形式是（　　）。

A．一次量化　　　B．类别量化　　　C．顺序量化　　　D．当量量化

4．比例量化要求素质测评对象的排列有顺序等距关系，而且要存在（　　）关系。

A．数量　　　　　B．倍数　　　　　C．相等　　　　　D．相似

5．使不同类别、不同质的素质测评对象量化，能够相互比较和进行数值综合的量化形式是（　　）。

A．等距量化　　　B．类别量化　　　C．当量量化　　　D．比例量化

6．美国心理学家麦克利兰提出的冰山模型中有（　　）个层次的胜任力。

A．3　　　　　　　B．4　　　　　　　C．5　　　　　　　D．6

7．胜任力梯形模型胜任力按照梯形分为（　　）个层次。

A．3　　　　　　　B．4　　　　　　　C．5　　　　　　　D．6

8．界定工作内容和识别需要的胜任力的基本方法是（　　）。

A．焦点访谈法　　B．文献查阅法　　C．行为事件访谈法　　D．问卷调查法

9．（　　）是结合关键事件和主题统觉测量而提出的一种开放式的、行为回顾式探查技术，是揭示胜任力的主要途径。

A．行为事件访谈法　　　　　　　B．关键成功因素法

C. 焦点访谈法　　　　　　　　　D. 问卷调查法

10. 下列哪种数据收集方法的最大优点在于揭示了冰山模型中的深层次胜任力？（　　）

A. 行为事件访谈法　　　　　　　B. 关键成功因素法

C. 工作任务分析法　　　　　　　D. 焦点访谈法

二、简答题

1. 什么是标准化？人员测评的标准化包括哪些内容？

2. 举例说明什么是一次量化和二次量化。

3. 请描述胜任力冰山模型。

4. 请描述胜任力洋葱模型。

三、案例分析题

为应对金融业的挑战，中国农业银行浙江省温州分行通过建立胜任素质模型引入新的人力资源管理机制，变革现行体系，从过去基于岗位的人力资源管理向基于胜任力的人力资源管理转变，科学公正地培养、选拔、使用德才兼备的领导人才。

首先，明确温州分行的愿景与战略，界定实现战略目标所需的成功关键因素和核心价值观，确定团结、敬业、创新、经营意识、执行实施等胜任能力并清晰定义行为描述。

其次，构建员工胜任能力模型，主要采用访谈法和问卷法获取所需信息，访谈与问卷调查涉及的对象包括温州分行高层管理者（行长、副行长）、部门经理和高绩效员工。访谈与调查的结果经过系统总结和提炼后，形成温州分行的员工胜任能力模型。

最后，建立员工胜任能力模型，分为三个层次。一是温州分行全员核心胜任能力，它是温州分行核心价值观的反映，应在全体员工身上表现出来。目前，温州分行全员核心胜任能力分为团结、敬业、创新、务实四个维度。二是中层的管理胜任能力，它是温州分行中层所有岗位都需要的胜任能力，包括沟通交流、执行实施、人员管理和运作管理四个维度。三是高层的管理胜任能力，它是温州分行高层所有岗位都需要的胜任能力，包括经营意识、创新变革、决策责任、营建团队、交流沟通五个维度，该胜任力模型如表 2-11 所示。

表 2-11　农行温州分行员工胜任能力模型

层　次	维　度	定　义
全员核心胜任能力	团结	无论在本部门还是其他部门，都愿意与他人合作，互相配合
	敬业	遵循职业规范和道德准则，承担责任，为银行成功付出额外的努力
	创新	不断学习，吸纳新知识和方法，挑战现有的工作方法或流程，接受变革以满足日益变化的客户需求
	务实	采取行动达到实际成效，将对银行有益的创新概念和想法实实在在地落实于工作中
中层管理胜任能力	沟通交流	主动、坦诚地进行双向沟通，清晰地表达、倾听、集思广益并达成共识
	执行实施	理解银行的经营思路和发展方向，将银行的工作重点转化为部门的具体措施，帮助员工落实执行
	人员管理	经常与员工沟通，积极提供指导、反馈，帮助员工解决问题，客观公正地评价员工，充分发挥员工的积极性

续表

层　　次	维　　度	定　　义
	运作管理	建立和完善部门管理制度，抓好制度落实，积极改善部门运作流程，提高部门运作效率
高层管理 胜任能力	经营意识	对外部商业环境和银行经营高度敏感，根据市场的趋势和经营环境来规划和实施银行的经营策略，取得良好的经营效果
	创新变革	根据银行的发展战略要求，探寻银行需要变革的领域，倡导、计划、组织并协调资源，实施变革
	决策责任	为银行的成功承担责任，既慎重决策，又敢于承担风险
	营建团队	营建具有高战斗力的、互补增效的团队以应对经营挑战，实施提升竞争力的策略，实现经营目标
	交流沟通	具有沟通技能和双向沟通意愿，沟通管理信息和决议，并通过行为激励他人

案例讨论：

1. 案例中温州支行为建立胜任力模型采用了哪些收集数据的方法？
2. 结合案例详细分析该胜任力模型在构建时应注意哪些问题。

四、技能操作题

以某种职业为例，分别找出四个以上素质样本进行一次量化和二次量化。

第 3 章　人员测评指标标准体系设计

学习目标

　一般掌握
- 人员测评指标标准体系的定义、类型。
- 人员测评指标的设计原则、设计方法。

　重点掌握
- 人员测评指标标准体系要素。
- 人员测评指标的计量方式。
- 人员测评指标标准体系的建立。

学习导航

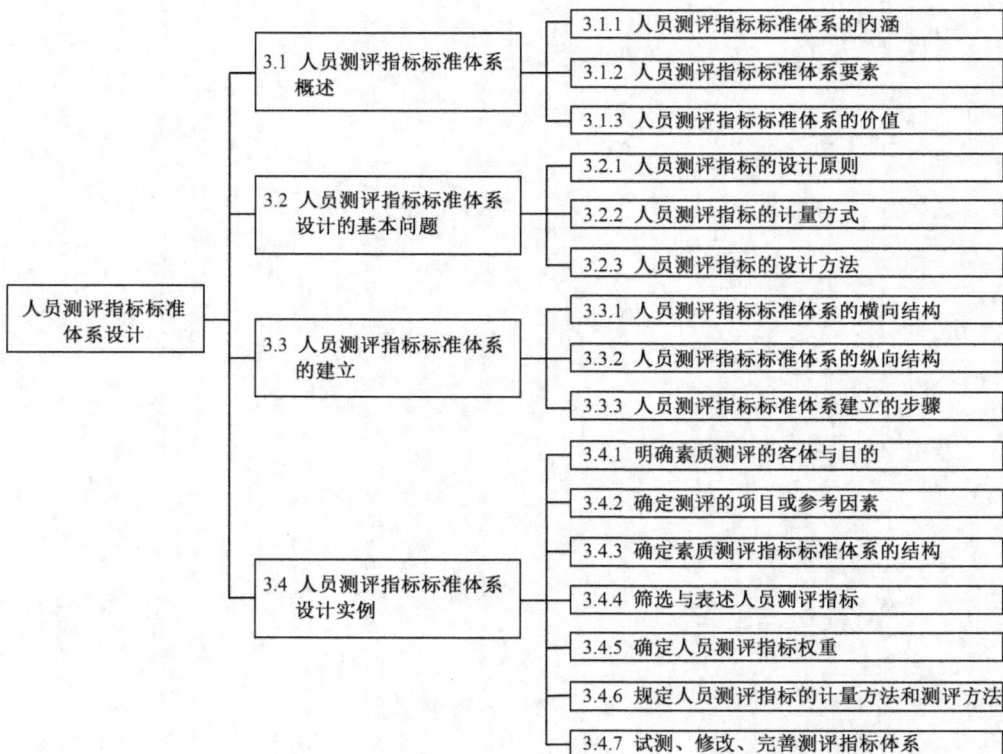

	3.1 人员测评指标标准体系概述	3.1.1 人员测评指标标准体系的内涵
		3.1.2 人员测评指标标准体系要素
		3.1.3 人员测评指标标准体系的价值
	3.2 人员测评指标标准体系设计的基本问题	3.2.1 人员测评指标的设计原则
		3.2.2 人员测评指标的计量方式
人员测评指标标准体系设计		3.2.3 人员测评指标的设计方法
	3.3 人员测评指标标准体系的建立	3.3.1 人员测评指标标准体系的横向结构
		3.3.2 人员测评指标标准体系的纵向结构
		3.3.3 人员测评指标标准体系建立的步骤
	3.4 人员测评指标标准体系设计实例	3.4.1 明确素质测评的客体与目的
		3.4.2 确定测评的项目或参考因素
		3.4.3 确定素质测评指标标准体系的结构
		3.4.4 筛选与表述人员测评指标
		3.4.5 确定人员测评指标权重
		3.4.6 规定人员测评指标的计量方法和测评方法
		3.4.7 试测、修改、完善测评指标体系

⊞ 导入案例

山东添香调味品厂是一家以生产食用醋、酱油、料酒等调味品为主要业务的生产型企业。经过近几年的快速发展，该企业开发了一系列产品，并在市场上塑造了自己特有的品牌形象。为了更好地引进和培养品牌推广方面的人才，公司决定针对品牌推广人员建立一套规范合理的绩效考评体系。

通过测评，公司希望达到三个目的：一是对每位品牌推广人员进行全面公正的评价，以便更好地配置人力资源；二是发现一些具有发展潜力的人才，以便企业重点培养；三是使员工更全面地了解自己，以提升其绩效水平。

人力资源部牛经理在三位测评专家的帮助下，从公司内部另挑选了 5 名人员组成了品牌推广人员绩效考评体系设计小组。设计小组首先进行了工作分析，查阅了品牌推广人员的职位说明书，然后对总经理、营销经理和市场经理等相关人员进行了沟通，了解该职位员工的实际工作状态。

设计人员分析整理了品牌推广人员的工作职责、任职资格和访谈结果后，最终形成了品牌推广人员的测评指标体系，如表3-1所示。

表 3-1　品牌推广人员的测评指标体系

测评维度	测评内容	得　分	权　重
知识素质	1. 知识素质水平		10%
能力倾向	2. 判断推理能力		10%
	3. 语言表达能力		10%
人格	4. 职业兴趣倾向		10%
	5. 个性特征		10%
职业素养	6. 诚信倾向		10%
	7. 工作态度		10%
	8. 成本意识		10%
专业能力	9. 应变能力		10%
	10. 人际交往能力		10%

在全面推广该体系之前，公司决定先试行三个月。三个月后公司将正式启用该体系。然而，令公司领导和牛经理没想到的是，自从试行该体系后，公司的市场占有率反而下滑，个别地区的市场甚至出现萎缩状态，品牌推广人员对工作的热情也大大降低，纷纷抱怨公司领导没事找事……

⊞ 案例点评

本案例中，该企业的指标体系无论在指标的选择上，还是在指标权重的设计上，或者是在指标标度上，都存在一定的问题。例如，测评内容没有体现出品牌推广工作的主要需求，各项指标没有进一步量化，缺少具体标度，指标权重均等化等。

须知，素质测评指标体系的设计是一项科学的、系统的工程，该项工作的重点应是如何结合工作实际把抽象和广泛的测评内容转化为具体可操作的标准体系。

⊃ 3.1 人员测评指标标准体系概述

测评指标标准体系解决的是人员测评中具体要"测什么"、"测的尺度是多少"等问题。人员测评标准体系设计是人员测评活动的中心与纽带，在人员测评过程中具有无法取代的地位。

↗ 3.1.1 人员测评指标标准体系的内涵

1．人员测评指标标准体系的定义

人员测评指标标准体系是由一系列特定组合、相互关联、相互制约的测评指标构成的。该体系具有完备性、协调性和比例性的特点，如表 3-2 所示。

表 3-2 人员测评指标标准体系的特点

特 点	释 义
完备性	处于同一测评体系中的指标标准能够相互配合，能够对人员素质进行有效测评
协调性	同时处于同一测评体系中的各指标之间在相关的质的方面相互一致，彼此协调
比例性	处于同一测评体系中的各指标之间存在一定数量的比例关系

2．人员测评指标标准体系的类型

人员测评指标标准体系的类型有效标参照性标准体系和常模参照性指标体系两种。

（1）效标参照性标准体系。效标参照性标准体系是依据测评内容与测评目的而形成的，是对测评对象内涵的直接描述或诠释。它与测评客体本身无关，是对工作本身的直接描述。例如，航天员的选拔标准就是效标参照性标准体系。

📖 相关链接

航天活动是一种特殊的职业活动，它具有工作环境特殊、职业技能高度复杂、飞行任务艰巨等特点。这样的职业，要求航天员不仅具备健康的体格、良好的心理素质，而且对航天环境要有高度的耐受和抗压能力，同时还应具备渊博的知识、高超的技能等。因此，世界各航天部门对航天员都进行了精心的选拔。

航天员选拔的具体内容根据航天器的装备、航天任务等确定，一般分为基本条件、医学选拔、心理选拔和航天特殊环境耐力选拔 4 个方面。

（2）常模参照性指标体系。与效标参照性标准体系不同，常模参照性指标体系与测评客体直接相关，是对测评客体外延的比较而形成的。

📖 相关链接

三好学生的选拔标准就属于常模参照性指标体系，其选拔标准是主观的、相对的，是由参加评选的所有候选人的"一般"水平决定的。高于"一般"水平的将入选，低于"一般"水平的人将被淘汰。

3.1.2　人员测评指标标准体系的要素

人员测评指标标准体系的要素包括标准、标度、标记三项。

1．标准

标准是指人员测评指标标准体系的内在规定性，通常表现为各种素质规范化行为特征或表征的描述与规定。标准的形式多种多样，其分类如表 3-3 所示。

表 3-3　标准的分类

	划分角度	标准类型	含　义	示　例
标准的分类	从标准揭示的内涵来看	客观形式	指标所反映的内容与结果受客观因素影响	如耗氧量、打字的数量、时间等
		主观评价	指标所反映的内容与结果受主观因素影响	如重要性、工作难度、喜欢程度等
		半客观半主观	指标所反映的内容与结果既受客观因素影响，又受主观因素影响	如抽样调查的数据、能力测验分数等
	从标准表现的形式来看	评语短句式	对所测评的要素做出优劣、好坏、是非、大小、高低等判断与评论的句子，主要是描述句、叙述句、议论句，句中含有一个以上的变量词	如"没有用词不当的情形"、"偶有用词不当的情形"、"多次出现用词不当的情形"
		设问提示式	以问题形式提示测评主体来把握测评标准的特征	如合作意识如何？倾听意识如何
		方向指示式	只规定了在哪些方面测评，不规定具体的测评标度和标志，由测评人员视具体情况来把握	如对管理经验的测评是从被测评者的管理年限、熟悉程度、有无工作成就等方面来进行的
	从测评指标操作的方式来看	测定式	利用各种测评工具能够直接测出或计量有关测评标准规定的内容	如体力劳动强度、有效工时利用率、人员考评中的产品数量、产值等
		评定式	无法用特定的测评工具测量或计算出有关标准的精确数据，只能根据现场观察、了解和对有关资料的分析，由测评主体根据有关标准直接评定出结果	如工作积极性、工作难度、工作满意度等

2．标度

标度是对测评标准外在形式的划分，通常表现为对素质行为特征或表现的范围、频率和强度的规定。现有的测评标度表现形式大致有量词式、等级式、数量式、定义式、综合式，具体如表 3-4 所示。

表 3-4　标度的表现形式

形　式	含　义	示　例
量词式标度	用带有程度差异的形容词、副词、名词等修饰性的词组刻画与揭示有关测评标志状态、水平变化与分布的情形	如"多"、"较多"、"一般"、"较少"、"少"等
等级式标度	用一些等级明确的字词、字母、数字等来揭示测评标志状态、水平变化的刻度形式	如"优、良、中、差"、"A、B、C、D"等
数量式标度	以分数来提示考评标志水平变化的一种刻度	见表 1.4 和 1.5

形　式	含　义	示　例
定义式标度	用一些字或词规定各个标度的范围和级别差异	如"业绩"指标可分为"超出目标"、"基本达标"、"与目标有很大差距"
综合式标度	综合上述两种或更多的标度形式来揭示测评标志不同状态与水平变化的情况	

◢ 特别提示

在使用等级式评定时应注意：

（1）两等级之间的级差应该是顺序关系。

（2）两等级之间最好有等距关系。等距关系要适当。距离太大，会使测评结果太粗糙，区分度差；距离太小，会使测评过程太烦琐，不好把握。

研究表明，等级数超过9，人们往往难以把握评判。等级数在5以内，考评效果最佳。

知识扩展

数量式标度一般有连续区间标度和离散点标度两种，如表3-5和表3-6所示。

表3-5　连续区间标度示例

测评指标	测评标志				
	很满意	满意	一般	不满意	很不满意
客户满意度	8~10（含）	6~8（含）	4~6（含）	2~4（含）	0~2（含）

表3-6　离散点标度示例

测评指标	测评标志	测评标度
综合分析能力	能抓住实质，分析透彻	10
	接触实质，分析较透彻	5
	抓不住实质，分析不透彻	0

3．标记

标记是对应不同标度的表示符号，通常是用字母、汉字或数字等来表示的。标记既可以出现在标准体系中，也可以直接说明标准。单独的标记是没有意义的，标记只有在与相应的强度、范围、频率等相关联时才有意义。

◢ 即时案例

山东某调味品厂在对中层管理人员的测评体系中设置了"影响力"指标。其测评标准、标度和标记如表3-7所示。

表3-7　山东某调味品厂中层管理人员"影响力"的测评标准、标度和标记

测评指标	测评标准	测评标度和标记
影响力	善于辨认问题根源	A 精通　B 善于　C 尚可　D 一般　E 较差
	善于说服他人	A 精通　B 善于　C 尚可　D 一般　E 较差
	言行一致	A 精通　B 善于　C 尚可　D 一般　E 较差
	能建立或保持良好的人际关系	A 精通　B 善于　C 尚可　D 一般　E 较差

↗ 3.1.3　人员测评指标标准体系的价值

人员测评指标标准体系对人员测评具有重要的价值。

1．促进人员和岗位的物化连接

无论是作为测评与选拔客体的人员与工作岗位，还是作为测评与选拔主体的人，都是客观的实体。而作为测评与选拔对象的素质、绩效与工作因素，以及测评主体所依据的考评价值标准与选择的测评内容却是抽象的、无形的主观形式。以主观度无形，以观念评抽象，难以操作。人员测评指标标准体系正是解决了难以操作这一问题：把对象特定为测评内容、测评目标和测评指标，再把测评指标具体化为标准、标度和标记，将对象和测评与选拔标准体系连接起来，得以比较与评定。

2．提高测评的科学性和客观性

人员测评工作是一项极为复杂的工作。如果没有标准体系，仅凭测评人员的印象或非标准化的评价，就无法避免对被测评者的判断差异和评价的随意性，测评结果也必然缺乏客观性和公正性。建立测评标准指标体系，就能有效克服测评主体的主观随意性，提高测评的科学性和客观性。

∽ 牛刀小试

请思考：每个组织都必须设计人员测评指标标准体系吗？

⊃ 3.2　人员测评指标标准体系设计的基本问题

↗ 3.2.1　人员测评指标的设计原则

科学的人员测评指标应该具有内涵明确、词义清晰、直观性强、具有针对性的特点。为此，在设计人员测评指标标准体系时应遵循如下设计原则。

1．同质性原则

同质性原则是指测评指标的内容和标志特征等要与被测评者的特征保持一致。

∽ 即时案例

"打字速度"这一指标适用于对打字员进行测评，却不适用于测评销售人员。

2．独立性原则

独立性原则是指测评指标的边界要清晰，避免模棱两可。

🔔 知识扩展

同一层次上的指标都是相互独立、没有交叉的。同一层级上的 A 指标与 B 指标之间不能存在重叠和因果关系。

3. 择要性原则

择要性原则是指选择对工作影响较大的有一定代表性的指标特征进行测评。一般来说，在保证测评与选拔质量的前提下，应尽量减少体系中指标的数量。

4. 可量化原则

可量化原则是指在为每个指标确定测评标度时，能用数量化表示的尽量用数量化表示。

◎ 即时案例

某公司欲对基层管理人员的管理能力进行测评，如果以"工作经验"本身为测评指标的话，就难以测评；但把它表征为"工作实际年限"时，就能直接测评。

5. 不平等原则

不平等原则是指各项指标权重应是不平等的，这是由各测评指标对测评结果的贡献度所决定的。

◎ 即时案例

某软件设计公司在销售人员的考评指标中既有"客户开发能力"，也有"出勤率"。其中"客户开发能力"权重为15%，而"出勤率"的权重仅为3%。

6. 时限性原则

时限性原则是指人员测评指标标准体系不是一成不变的。不同时期对人的素质要求是不同的，人员素质及其功能行为内容和表现形式也会发生相应变化，因此应根据需要调整指标体系。

➤ 3.2.2 人员测评指标的计量方式

对人员测评指标的计量是通过测评指标量化的方式和计量标准两个方面来实现的。

1. 测评指标量化的方式

（1）分段式。分段式是指将各测评指标分成若干个等级，每一等级设定一定的分值，分值之间具有一定的幅度。

◎ 即时案例

A 公司在对客服代表进行素质测评时采用了"客户满意度"这一指标。并将这一指标分为"很满意"、"满意"、"一般"、"不满意"、"很不满意"五个等级，相对应的权值分别是："很满意"8~10（含），"满意"6~8（含），"一般"4~6（含），"不满意"2~4（含），"很不满意"0~2（含）。

（2）隶属式。隶属式是以模糊数学中的隶属函数为标度的测评标准。隶属函数的取值范围为0~1。

◎ 即时案例

某公司对销售人员设置了"事业心"这一指标，并将其分为 A、B、C、D、E 五个等级。其中，A 等级表示在各种情境中，始终保持明确的奋斗目标和旺盛的工作热情，其评分隶属度活动幅度为 0.9~1.0（含）；B 等级表示有一定的进取心，工作热情高，其评分隶属度活动幅度为 0.80~0.89（含）；C 等级表示有一定的工作学习热情，有自我提升的愿望和行动，其评分隶属度活动幅度为 0.60~0.79（含）；D 等级表示在别人的带动下能产生工作的热情，但不能持久，其评分隶属度活动幅度为 0.40~0.59（含）；E 等级表示工作热情时高时低，缺乏进取精神，其评分隶属度活动幅度为 0~0.39（含）。

除了分段式和隶属式外，一次量化和二次量化、当量量化等量化形式也是测评指标量化的主要方式，此部分内容已在第 2 章做过详细介绍，此处不再赘述。

2．计量标准

测量指标的计量标准有客观性计量法和主观性计量法两种。

（1）客观性计量法。具有客观性的数据与结果的测评指标均可以采取客观性的计量方法来计量，如出勤率、客单转化率等。

客观性计量法又可细分为"参考标准"法和排序法两种。

①参考标准法是指以给定的"参考标准"作为"效标"，根据被测评者偏离"效标"的实际程度来确定等级。

📖 **特别提示**

"参考标准"既可以是公司内、行业内、国际上有关政策的规定，也可以是国内外提供的经验数据。

②排序法是指把被测评者在某一测评指标上的实际水平按照从高到低、从优到劣的顺序排队。其中，以获得最高分者得 5 分为标准，除此之外的得分按比例量表进行折算，确定其等级得分。

📖 **即时案例**

某车间对五个工人的特优产品进行抽检，产品分别为 14 件、13 件、10 件、8 件、7 件。按照排序法，件数最多是的 14 件，则生产 14 件的工人在相应的测评指标——产品数量上的得分就是 5 分，其他工人的得分依次为：4.64 分、3.75 分、2.86 分、2.50 分。

（2）主观性计量法。在人员测评指标体系中，有些指标既没有客观性的数据和结果，也没有可参考的量化标准，如"责任心"。这就需要测评者在调查研究的基础上进行定性分析，根据自己的经验和测评的实际需要来确定被测评者在该指标上的等级水平并给出相应的分数。

📖 **特别提示**

为保证测评结果的相对客观与准确，在采用主观性计量法进行测评时，测评者不能是个人，必须是一个团队。

具体的计量方法是：首先，每个测评者对同一测评指标按统一的等级量表对被测评者进行评分；其次，统计出各个评分等级上的总人数；最后计算出分数。

📖 **即时案例**

有 25 个测评者测评某位应聘者的"领导能力"，测评结果为：4 个测评者对其评价为一等 5 分，9 个测评者对其评价为二等 4 分，5 个测评者对其评价为三等 3 分，7 个测评者对其评价为四等 2 分，0 个测评者对其评价为 5 等 1 分。则该应聘者的"领导能力"测评指标的得分为：

$5 \times （4 \div 25）+4 \times （9 \div 25）+3 \times （5 \div 25）+2 \times （7 \div 25）=3.4$（分）

→ 3.2.3 人员测评指标的设计方法

人员测评指标标准体系设计中，常用来设计指标的方法有：工作分析法、功能图示法、胜任力分析法、榜样分析法、文献查阅法、历史概括法、头脑风暴法等。

1．工作分析法

工作分析是指对对各项工作的性质、任务、责任、环境及人员所需具备的素质进行综合分析研究。它是人员测评指标设计的起点和基础。工作分析法的程序如图 3-1 所示。

准备阶段　　收集阶段　　整理阶段　　完善阶段　　完成阶段

图 3-1　工作分析法的程序

（1）准备阶段。测评者需要根据测评目的和工作需要，确定需要进行调查的职位，制订工作分析计划。

（2）收集阶段。通常会采用观察法、访谈法、实践法、日志法等广泛收集相关职位任职者的主要素质条件及工作内容素材等。

（3）整理阶段。对收集阶段收集的信息进行定性筛选，形成内容全面的素质调查表。

（4）完善阶段。在大范围内进行调查，要求被调查者对素质调查表中的内容进行评价或补充，并对调查结果进行汇总、统计、分析，形成人员测评指标标准体系。

（5）完成阶段。对已形成的人员测评指标标准体系进行测试、修改与完善，形成终稿。

2．功能图示法

功能图示法是指利用图表的形式将某类人员的素质特征描绘出来，进行分析研究后确定测评指标。

功能图示法最大的优点是直观，能够形象地展现人员素质特征。

◦◦　**特别提示**

采用功能图示法一般先按需要的程度对某类人员的素质特征进行分档。

◦◦　**即时案例**

某公交公司将司机的素质特征分为五个档次：非具备不可、非常需要、需要但要求不高、需要程度较低、几乎不必具备。其素质特征如图 3-2 所示。

3．胜任力分析法

胜任力分析法基于胜任力理论的人员测评指标标准体系。以胜任力分析法构建测评指标标准体系的步骤如图 3-3 所示。

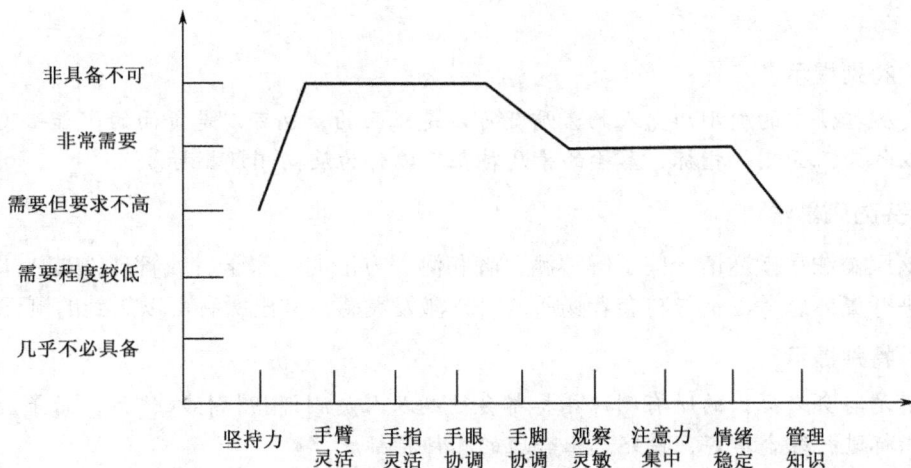

图 3-2　某公交公司司机素质特征的需要程度

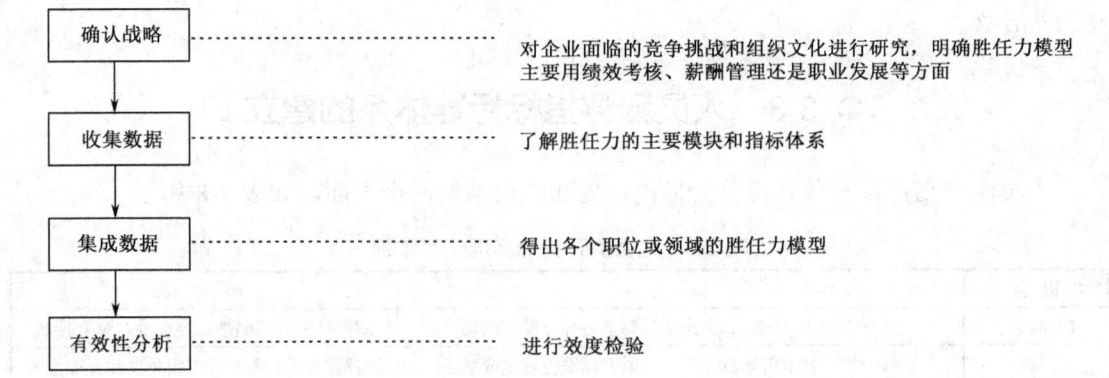

图 3-3　以胜任力分析法构建测评指标标准体系的步骤

4．榜样分析法

榜样分析法是通过选择少数典型的成功人物，对其工作状况、具体表现或工作角色特征进行深入分析，据此确定测评指标的一种方法。

∞　特别提示

榜样的选择必须要典型，榜样应具备测评中的关键特征和特征中的关键要素。

5．文献查阅法

文献查阅法是指通过对现有文献资料的收集和分析，从中寻查有关的测评要素，据此设计所需要的测评目标。

文献来源广泛，《职业分类大典》《专业技术鉴定标准》《中华人民共和国海船船员考试发证规则》等都可成为测评要素的提供者。

6．历史概括法

历史概括法是指通过对历史上典型人物的素质特征进行系统研究，据此确定测评指标的方法。

 特别提示

历史概括法中的典型历史人物素质既可以是正面的，也可以是负面的。如岳飞的素质特征可以作为正面测评指标，秦桧的素质特征可以作为反向测评指标。

7. 头脑风暴法

头脑风暴法是指邀请一些了解被测评者和测评方法的专家学者或管理人员，采用会议的方式进行集体思考，引导与会者畅所欲言，激发灵感，提出所有可以想到的测评指标。

 特别提示

并不是与会者提出的所有测评指标都会被纳入人员测评指标标准体系，而是应对众多的测评指标进行综合考评，最终选出合理的测评指标。

 牛刀小试

假设你需要为 A 公司设计销售代表测评标准指标体系，你会用哪些方法设计测评指标？为什么？

⊃ 3.3 人员测评指标标准体系的建立

人员测评指标标准体系可分为横向结构和纵向结构两个方面，如表 3-8 所示。

表 3-8 人员测评指标标准体系结构

结 构 类 型	释 义	侧 重 点
横向结构	对每个需要测评的员工素质的要素进行分解、细化	测评要素的明确性、完整性和独立性等
纵向结构	将每个测评要素用规范化的行为或表征进行规定或描述	测评要素的针对性、可操作性和合理性等

横向结构是基础，纵向结构是对横向结构各项素质的层层分解并推向可操作化。将横向的各项素质从测评内容细分到测评目标、测评指标，就意味着完成了人员测评标准体系的设计。

✈ 3.3.1 人员测评指标标准体系的横向结构

人员素质是由多种要素组成的。在人员测评指标标准体系中，我们可将这些要素概括为结构性要素、行为环境要素和工作绩效要素三个方面。这三个方面全面地构成了人员测评要素体系的基本模式。

1. 结构性要素

结构性要素是从静态的角度来反映人员素质及其功能行为特征的，包括身体素质和心理素质，如表 3-9 所示。

表 3-9　结构性要素的组成

组成部分	具体表现
身体素质	健康状况、体力状况
心理素质	智能素质、品德素质、文化素质等

2．行为环境要素

行为环境要素是从动态角度来反映人员素质及其功能行为特征的，主要考察人员的实际工作表现及及其所处的内外部环境的变化。

3．工作绩效要素

工作绩效是一个人的素质与能力水平的综合表现，通过对工作绩效要素的考查，可以对员工素质及其功能行为进行合理评价。工作绩效要素主要包括一个人的工作数量和质量、工作效率、工作成果、威信力和影响力等。

✈　3.3.2　人员测评指标标准体系的纵向结构

如图 3-4 所示，测评目的、测评内容、测评目标和测评指标共同构成了人员测评指标标准体系的纵向结构。

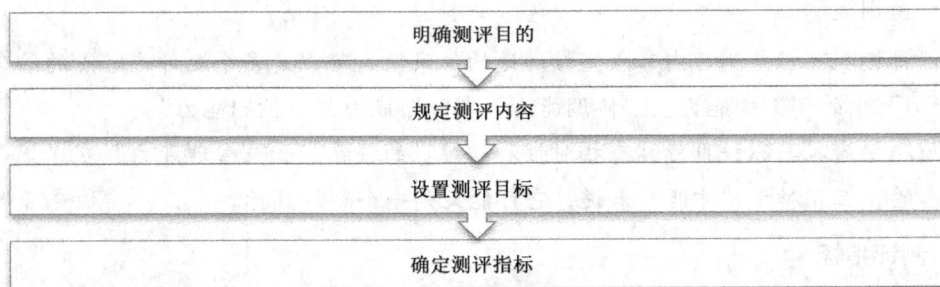

图 3-4　人员测评指标标准体系的纵向结构

1．测评目的

为什么是进行人员测评？这是我们在建立人员测评指标标准体系时首先要考虑的问题。任何一种素质测评都应具有明确目的性。在设计人员测评指标标准体系前，首先要明确测评目的。

2．测评内容

测评目的的实现离不开具体的测评内容。测评内容是指测评所指向的具体对象与范围。

ᑌ　特别提示

测评内容具有相对性，如"最近五年发表的研究成果"、干部素质测评中的"德"与"能"。在确定测评内容时，一般先分析被测评者的结构，找出所有值得测评的因素，然后根据测评目的与职位要求进行有针对性的筛选。通常人们会借助内容分析表（见表 3-10）进行内容分析。

表 3-10　个体素质测评内容分析表示例

	知　识	能　力	思维形式	操作行为	日常表现	绩效表现
德						
智						
体						

知识链接

内容分析表在设计时，纵向可列出被测评者的结构因素，横向可列出每个结构因素的不同层次或不同方面，在中间表体内则可以具体列出测评的内容点。

3．测评目标

测评目标是素质测评中直接指向的内容点。它是对测评内容筛选、分析、综合后的产物。

∞　特别提示

测评目标既可以是测评内容点直接筛选的结果，也可以是多个测评内容点的综合，如"管理能力"中的"影响能力"、"协调能力"、"计划能力"、"控制能力"。

素质测评内容与测评目标具有相对性和转换性的关系，如"管理能力"在这里是作为测评内容的，但相对于"才能"来说，它可能又是一个测评目标。

4．测评指标

测评指标是素质测评目标操作化的表现形式。测评指标的编制包括对测评目标内涵和外延的分析、对揭示目标内涵和外延标志的寻找。一个测评目标可能要用几个测评指标来展现，几个测评目标也可以共用一个测评指标来展现。

∞　即时案例

"纪律性"这一目标的测评指标可以从以下不同方面来拟订：工作中的计划性与规律性；迟到早退的次数；任务执行程度等。因此，在对纪律性进行测评时，可以选上述某一指标作为代表来评判被测评者的纪律性，也可选择几个指标为代表，以被测评者在这几个指标上的测评结果来评判被测评者的纪律性。

➔　3.3.3　人员测评指标标准体系建立的步骤

人员测评指标标准体系的建立可分为七个步骤，如图 3-5 所示。

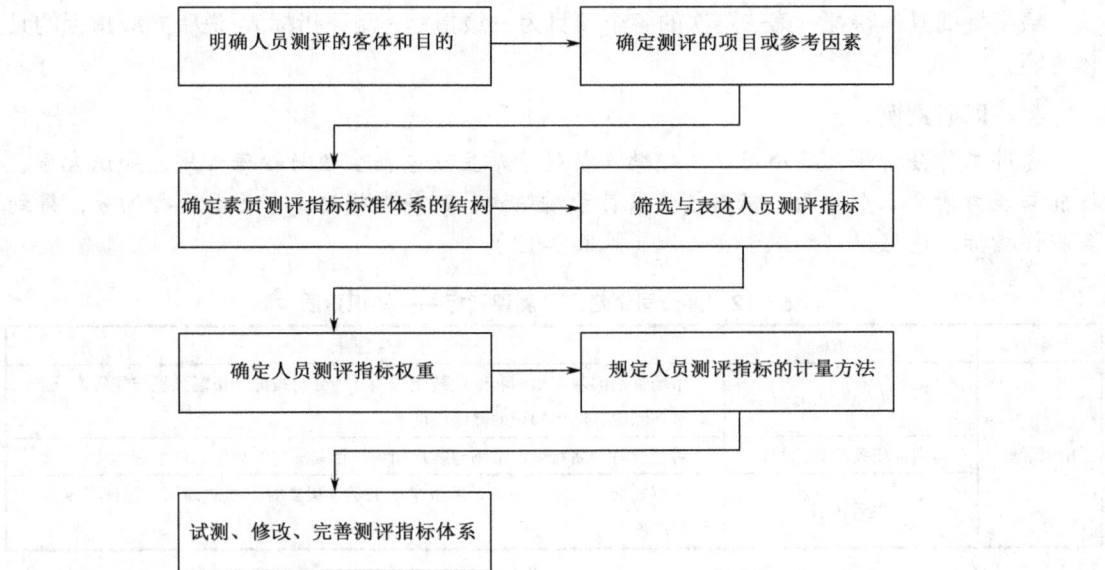

图 3-5　人员测评指标标准体系建立的步骤

1. 明确人员测评的客体和目的

人员测评标准体系的建立必须以一定的测评目的为依据，以一定的客体为对象。

就测评目的来说，可以涉及人员选拔、配置、考核、培训开发各个环节。测评目的不同，所指定的测评指标标准体系也是不同的。

就测评客体来说，每个客体都有各自的特点。客体的特点是由其所处的行业性质和职位特点决定的。

2. 确定测评的项目或参考因素

明确了测评内容后，需要采用工作分析法将测评内容进一步标准化，将其变成可操作的测评项目。工作分析法在测评内容标准化过程中又分为工作目标因素分析法、工作内容因素分析法和工作行为特征分析法，如表 3-11 所示。

表 3-11　工作分析法在测评内容标准化中的分类

分　类	释　义
工作目标因素分析法	运用工作分析法对职位的工作目标进行分解
工作内容因素分析法	把每个职位工作的活动按内容进行归类，确定几个主要方面，并由此决定素质测评的项目
工作行为特征分析法	把工作分析法直接运用于分析每个职位工作行为的特征，从行为特征中找出素质测评的主要项目

◇ 特别提示

在工作目标因素分析中，一般需要多层分解，直到每个具体测评项目都能满足可测性的要求为止。具体分解多少次根据实际需要决定。分解工作目标必须有整体观念。

3. 确定素质测评指标标准体系的结构

素质测评指标标准体系具有一定的层次结构。第一层次的各个项目称为一级指标（测评目标），表示测评对象的总体特征；第二层次的各个项目称为二级指标（测评项目），反映一级指标的具体特征；第三层次的各个项目为三级指标（测评指标），说明二级指标的具体内容。

即时案例

通过工作分析法，某公司认为销售人员的素质主要包括生理与心理素质、知识素质、技能与能力素质三个方面。根据销售人员素质结构，测评者将这三个方面进行细分，得到其测评指标，这里仅以知识素质为例（见表 3-12）。

表 3-12　某公司销售人员测评指标——知识素质

一级指标	二级指标	三级指标
知识素质	专业知识	市场营销的基本知识和专业技能（如行为分析技能、市场预测技能等），测评其掌握深度、运用知识的熟练程度
	与岗位相关的其他知识	对企业与产品知识、市场与客户知识、相关法律法规知识的掌握程度
	生活知识	了解社会、历史、地理、经济学、文学、美学等方面的知识，测评其掌握知识的广度

4. 筛选与表述人员测评指标

对每个测评指标，都必须认真分析，界定其内涵与外延。还要分析人员测评指标体系的整个内涵，删掉那些内容上有重复的指标和可测性较差的指标。在进行指标表述时要特别注意确保不要使测评者产生不同的理解。

我们可依据以下两个问题对指标进行逐个检核：第一，该指标是否具有实际价值？第二，该指标是否切实可行？只有对这两个问题的回答都是肯定的，才允许保留该指标并进行进一步检核：该指标是否比其他指标更为合理。

知识扩展

检测指标的潜在价值就是要说明为什么制定这个测评指标，以及所得结果将如何使用。对于指标的可行性与现实性则需要从以下四个方面来检核：第一，保留该指标并进行测评，在逻辑上是否可行？第二，测评所需要的数据结果及行为表现能否通过该指标得到？第三，是否具备实施该指标的条件？第四，该指标有无充分的保留必要？或者说该指标的结果能否被使用？

5. 确定人员测评指标权重

测评客体、测评目的等的不同，使得各测评指标在测评体系中所处的地位和作用也不相同，因此，不能将各测评指标用同一权重来表示。必须根据实际需要，科学设置相应的权重。

（1）权重的含义。权重，即测评指标在测评体系中的重要性或测评指标在总分中应占的比重。其数量表示即为权数。

    即时案例

    医院在对护士的综合表现进行测评时，"护理业绩"和"专业能力"两个指标无疑要比"品德修养"更重要一些。可以将"品德修养"、"专业能力"、"护理业绩"分别赋予 0.2、0.4、0.4 的权重来表示各指标的重要性，0.2、0.4、0.4 就是这三项指标的权数。

    权数有绝对权数和相对权数两种形式。绝对权数又称为自重权数，是指分配给测评指标的分数，常表示为绝对数量。相对权数是指某个测评指标作为一个单位在总体中的比重值，常表现为相对数量，即百分比、小数等。所有测评指标的绝对权数之和为 1。

    （2）加权。加权是针对特定情况进行的，分为纵向加权、横向加权和综合加权，具体如表 3-13 所示。

表 3-13　加权的类型

类　　型	含　　义	目　　的
纵向加权	对不同的测评指标给予不同的权数值	使不同测评指标的得分可以进行纵向比较
横向加权	给每个指标分配不同的等级分数	使不同的客体在同一测评指标上的得分可以进行比较
综合加权	纵向加权与横向加权同时进行	使不同的测评客体在不同的测评指标上的得分可以相互比较

    （3）确定权重的方法。常见的确定权重的方法有：德尔菲法、层次分析法、专家加权法、主观加权法和比较加权法。

    ①德尔菲法，又称为专家咨询法。这是请专家"背靠背"填写对权重设计的意见，不断反馈信息以期专家的意见趋于一致，得出一个较为合理的权重分配方案。德尔菲法的优点是可以避免权威对确定权重的干扰。其缺点是容易失去一部分信息，而且缺乏科学的检验手段。

    特别提示

    可以通过检验各个测评指标的积分和总分的相关性来弥补德尔菲法的缺陷。

    ②层次分析法是根据 T·L·斯塔的相对重要性等级表（见表 3-14）来计算权重的一种方法。它是确定权重时的一种常用方法。它把专家的经验认识和理性分析有效结合，并通过两两对比分析的直接比较法，使比较过程中的不确定因素大大降低。其步骤如下：先把测评目标分解为一个多级指标，然后根据相对重要性等级表列出两两比较矩阵，最后根据下列公式计算出每项指标的相对优先权重：

$$w_i = \frac{1}{n}\sum_{j=1}^{n}\left(a_{ij} \Big/ \sum_{j=1}^{n} a_{ij} \right)$$

式中，w_i 代表该项典型指标（目标）的权重；n 为标准体系中指标的个数；i 为行号；j 为列号。

表 3-14　斯塔相对重要性等级表

相对重要程度	定　　义	说　　明
1	同等重要	两者对所属测评目标贡献相等
3	略为重要	据经验一个比另一个测评的结果稍为重要

相对重要程度	定 义	说 明
5	基本重要	据经验一个比另一个测评的结果更为重要
7	确实重要	一个比另一个测评的结果更为重要,其优势已为实践证明
9	绝对重要	明显重要程度可以断言为最高
2、4、6、8	以上两相邻程序中间值	需要时采用

③专家加权法是先聘请与素质测评有关的专家,要求专家各自独立地对测评指标体系加权,然后按每个测评指标进行统计,取其平均值作为权重系数。

④主观加权法是根据测评者以往的经验直接给测评指标设定权重。当测评者对测评对象非常熟悉且有把握时,可直接采用主观经验法。

◎ 即时案例

假设 A 公司对部门经理进行测评时,制定了"德""能""勤""绩"四个测评指标,如果 A 公司认为四个指标同等重要,可等额赋分;如果 A 公司认为"德"更为重要,可赋予"德"更高的分,降低其他三项指标的赋分。

◎ 特别提示

使用主观加权法时,应遵循四个原则:权重分配的合理性;权重分配的变通性;权重数值的模糊性;权重数值的归一性。

⑤比较加权法是先确定测评指标中最不重要的那个指标,然后将其余指标与其进行比较,确定其余指标的重要程度是"最不重要指标"的多少倍,再进行归一化处理,最终得到各测评指标的权重系数。

◎ 即时案例

在"组织能力"、"应变能力"、"专业知识"、"身体素质"这四项测评指标中,若"身体素质"这一指标被认为是最不重要指标,则将其定义为 1,其他三项指标分别是"身体素质"这一指标的 2.5 倍、2 倍、3.5 倍,那么它们相加可以得到 9,然后分别将 2.5、2、3.5、1 除以 9,再乘以 100%,则可以得到四个测评指标的权重系数分别是 27.8%、22.2%、38.9%、11.1%。

6. 规定人员测评指标的计量方法

对素质测评指标的量化,除了权重分配外,还有对各测评指标的计量问题。设计者可根据实际情况对其进行客观性或主观性计量。

对于主观性计量,除了前文介绍的计量方法,还有下列四种具体方法。

(1)分点赋分法。先将测评指标划分为若干等级,然后将指派给该测评指标的分数根据指标等级的程度及个数划分几个数值点,每个分数值与相应的等级对应。

(2)分段赋分法。把测评指标分成若干等级,根据等级个数将权重分划分为相互连接的数段。

(3)连续赋分法。用 0~1 之间的任何一个数值来表示被测者在相应的指标上所达到的水平,然后把这个数值与该指标被赋予的权重相乘,所得数即为测评分数。

（4）计分赋分法。用文字描述测评指标的不同等级或不同的要素（指标），把测评指标权重分派到各个要素上去，各判定要素分数相加即为该测评指标的测评分数。

  即时案例

假设某企业管理人员素质指标中"知识素质"所占分数为 30，"知识素质"下各级指标权重如表 3-15 所示。

表 3-15　某企业管理人员素质指标——知识素质

一级指标	二级指标	三级指标	标准与标度		
知识素质（30）	学校教育（5）		具有较高学历和丰富的知识（5~4）	一般教育程度（3~2）	受教育程度较低（1）
	经济管理知识（15）	经济知识（6）	通晓微观经济学原理、质量经济学原理及合同经济学方面的知识（6~4）	基本了解（3~2）	不太了解（1）
		管理知识（9）	通晓绩效考核、资产管理、投资管理、质量管理等方面的知识并能实际运用（9~6）	基本了解（5~2）	不太了解（1）
	法律知识（10）		通晓相关法律法规，对合同法、经济法了解颇深（10~6）	基本了解（5~2）	不太了解（1）

现有李四为该企业管理人员，根据测评可知，李四的"学校教育"得分为 4 分，"经济知识"得分为 5 分，"管理知识"得分为 7 分，"法律知识"得分为 8 分。则李四在"知识素质"这一指标上的得分为 4+5+7+8＝24 分。

7. 试测、修改、完善测评指标体系

素质测评指标标准体系在大规模施测之前必须在一定范围内进行试测。试测时要测评主体和客体的选择、情境的把控等，使其都与该测评体系的要求保持一致，并安排专人对试测过程进行记录。根据试测的结果，对整个素质测评指标标准体系进行分析、论证、检验并不断修改，进一步充实与完善，以保证大规模测评的可靠性和有效性。

  牛刀小试

试一试，能否对一位营销经理的品德素质、业务技能、体质素质三个方面的测评指标划分层次结构。

⊃ 3.4　人员测评指标标准体系设计实例

AB 公司企业管理部门人员测评与选拔标准体系

AB 公司是一家新兴国有高科技企业，成立于 2010 年，拥有遥感应用部、信息工程部、软件开发部、市场营销部四大部门，员工总数不到 50 人。2014 年 AB 公司归并到国有大型企业 A 集团，成为 A 集团旗下的全资子公司。经过两年的发展，公司现有员工 200 余人，新增企业管理部，新部门拥有成员 18 人，其中硕士 5 人，学士 12 人。

企业管理部门的主要职责如下。

1．负责监督公司企业管理规章制度的执行；对国家、有关部委、集团公司关于企业管理方面的政策法规及时进行收集、上报、管理和贯彻。

2．对公司各部门经济责任制的执行情况进行跟踪检查，实施绩效考核。

3．对公司的固定资产进行管理。

4．对公司的投资情况进行管理，按规定及时向集团公司企划部上报投资报表。

5．参与处理公司与法律事务相关的事宜。

6．负责公司经济合同签订的把关工作，并对经济合同进行归口管理。

资料来源：http://wenku.baidu.com/link?url=X_l89ijnMToQgLzO-sCOVVFE3GCJx_DACyzn
VVZdPm9BRKLF6iWg93nfeDSkQmHBvjIPzn0gIi2IDpTjUX2A-Hfir_GRY2FlFuBdF2U8OgC。

→ 3.4.1 明确素质测评的客体与目的

AB 公司邀请 C 咨询顾问公司为企业管理部门建立人员测评与选拔的标准体系，因此素质测评指标标准体系的客体为企业管理部门的全部员工。测评的目的包括如下。

（1）通过科学的人员测评，对企业管理部门每名员工的知识结构、工作能力进行一次全面公正的评价，以便在未来进行更好的人员配置和选拔。

（2）通过测评，发现并了解员工的潜力，为公司下一步的人才培养做准备。

（3）通过测评，帮助员工更好地认识自己，以便改进自身的工作绩效。

→ 3.4.2 确定测评的项目或参考因素

根据 AB 公司企业管理部门的具体情况，C 公司决定采用工作内容因素分析法，以企业管理部门的六大主要职责为基础，确定测评项目如下。

（1）严谨、认真、负责、刚正的工作态度。

（2）敏锐的政策洞察力。

（3）具有较高的人际沟通能力和技巧。

（4）绩效考核、资产管理、投资管理、质量管理、经济、法律、合同指定与管理方面的专业知识。

（5）诚实守信，符合社会对人格的基本要求。

→ 3.4.3 确定素质测评指标标准体系的结构

C 公司根据能力是以各种素质要素耦合而成的综合体这一原则，制定了 AB 公司企业管理部门人员测评的初步要素体系，如表 3-16 所示。

表 3-16 AB 公司企业管理部门人员测评的初步要素体系

基本要求	分项要求
能力素质	沟通协商、政策洞察力、应变能力、自我管理能力、学习能力
知识素质	学校教育、经济管理知识、法律知识、计算机知识、
品性素质	工作态度、需求和动机、人际交往、情绪
身体素质	外貌、健康、体质

◆ 3.4.4　筛选与表述人员测评指标

为筛选科学合理的测评指标，设计者对 AB 公司企业管理部门员工的学历、工作年限、工作性质、工作难易程度等项目进行总体调查，对初步要素进行进一步的筛选。

设计者认为，初步要素体系中有两个地方需要进行调整：一是应剔除"身体素质"中的"体质"这一项，二是应剔除"知识素质"中的"计算机知识"这一项。理由如下：设计者通过全面调查发现，AB 公司员工的工作量和工作强度普遍很小，特别是企业管理人员，劳动强度只要是普通人都可以应付；在 AB 公司设有专业的电脑维修团队，企业管理部门只需要参与文档编辑、资料收集等最基本的计算机实际操作，这些基本应用在上学期间就可以得到很好的锻炼。

设计者通过对测评要素指标的筛选得到了如表 3-17 所示的测评要素指标。

表 3-17　AB 公司企业管理部门人员测评要素指标

一级指标	二级指标	三级指标	一级指标	二级指标	三级指标
能力素质	沟通协商	语言表达	品性素质	工作态度	工作责任心
		倾听			工作主动性
		说服力		需求和动机	亲和动机
	政策洞察力				成就动机
	应变能力			人际交往	外向性
知识素质	自我管理能力	情绪控制			乐群性
		计划性		情绪	耐心
		时效意识			坚韧
	学习能力				精神面貌
	学校教育		身体素质	外貌	
知识素质	经济管理知识	经济知识		健康	
	法律知识	管理知识			

◆ 3.4.5　确定人员测评指标权重

设计者结合 AB 公司企业管理部门的实际情况，认为该部门工作绝大部分都在是办公室完成的，无需外地出差，因此身体素质在整个测评体系中所占的权重应为最低。而能力素质和知识素质作为企业管理部门工作的基础核心，应占据大部分权重。

在本体系设计中，设计者采用德尔菲法确定各级指标权重，最终得到如表 3-18 所示的指标权重。

表 3-18　AB 公司企业管理部门素质测评体系指标权重

一级指标	二级指标	三级指标	一级指标	二级指标	三级指标
能力素质（40）	沟通协商（10）	语言表达（4）	品性素质（20）	工作态度（7）	工作责任心（3）
		倾听（2）			工作主动性（4）
		说服力（4）		需求和动机（5）	亲和动机（3）
	政策洞察力（10）				成就动机（2）

一级指标	二级指标	三级指标	一级指标	二级指标	三级指标
	应变能力（5）			人际交往（3）	外向性（1）
		情绪控制（1）			乐群性（2）
	自我管理能力（5）	计划性（2）			耐心（2）
		时效意识（2）		情绪（5）	坚韧（2）
	学习能力（10）				精神面貌（1）
知识素质（30）	学校教育（5）		身体素质（10）	外貌（4）	
	经济管理知识（15）	经济知识（6）		健康（6）	
		管理知识（9）			
	法律知识（10）				

→ 3.4.6 规定人员测评指标的计量方法和测评方法

考虑到 AB 公司是一家小型国企，以及企业管理部门的实际情况，设计者选择了主观性计量法中的计分赋分法（见表 3-19）。

表 3-19 AB 公司企业管理部门素质测评体系指标计量方法（以能力素质中的沟通协调能力为例）

一级指标	二级指标	三级指标	标准与标度		
能力素质（40）	沟通协商（10）	语言表达（4）	语言流畅，能清楚地表达自己的意思（4~3）	语言较流畅，可基本表达出自己的意思（2~1）	语言表达不畅，词不达意，不能表达出自己的意思（0）
		倾听（2）	能耐心地倾听他人讲话，并适时地做出回应（2）	比较耐心地倾听他人讲话（1）	对他人讲话不耐烦，喜欢向他人演讲（0）
		说服力（4）	能清楚地表达自己的立场，巧妙地附和对方，主动诱导对方同意自己的意见（4~3）	努力向对方表达自己的意思，能够说服对方同意自己，有一定的说服力（2~1）	不能清楚地表达自己，反而受到对方牵制，没有什么说服力（0）

在具体的测评方法上，设计者针对 AB 公司不同的人员测评板块与测评因素，选用了不同的测评方法，如表 3-20 所示。

表 3-20 AB 公司人员测评指标方法体系

指　标	测评方法	方法使用权重
沟通协商		
应变能力		
自我管理能力	笔试和情景模拟测验相结合	30%
学习能力		
政策洞察力		
学校教育	学历评定	15%
法律知识	笔试	20%
经济管理知识		

续表

指　　标	测评方法	方法使用权重
工作态度	群体评定法和专家座谈法相结合	30%
需求和动机		
人际交往		
情绪		
健康	医生检查报告和同事评议	5%
外貌		

3.4.7　试测、修改、完善测评指标体系

通过上述步骤，设计者制定了如表 3-21 所示的指标标准体系。设计者要求 AB 公司先在企业管理部门内进行试测，并明确提出：第一，试测时应注意对情境的把握；第二，安排专人对试测过程进行记录；第三，根据试测的结果，对整个素质测评指标标准体系进行分析、论证、检验并不断修改，进一步充实与完善，以保证大规模测评的可靠性和有效性。

表 3-21　AB 公司企业管理部门人员测评要素指标体系

一级指标	二级指标	三级指标	标准与标度		
能力素质（40）	沟通协商（10）	语言表达（4）	语言流畅，能清楚地表达自己的意思（4～3）	语言较流畅，可基本表达出自己的意思（2～1）	语言表达不畅，词不达意，不能表达出自己的意思（0）
		倾听（2）	能耐心地倾听他人讲话，并适时地做出回应（2）	比较耐心地倾听他人讲话（1）	对他人讲话不耐烦，喜欢向他人演讲（0）
		说服力（4）	能清楚地表达自己的立场，巧妙地附和对方，主动诱导对方同意自己的意见（4～3）	努力向对方表达自己的意思，能够说服对同意自己，有一定的说服力（2～1）	不能清楚地表达自己，反而受到对方牵制，没有什么说服力（0）
	政策洞察力（10）		通过每天的资料检索，能够很快地抓住与本企业有关的政策要点（10～8）	有一定的观察力，能发现一些政策问题（7～4）	迟钝，不能很快发现相关政策（3～0）
	应变能力（5）		反应迅速，能很好地处理各种突发事件，随机应变（5～4）	能处理一些突发事件，有一定的应变能力（3～2）	面对突发事件显得手足无措，不能随机应变（1～0）
	自我管理能力（5）	情绪控制（1）	冷静，能较好地控制自己的情绪（1）	一定程度上能控制自己的情绪（0.5）	易急躁、发火（0）
		计划性（2）	对工作目标有一定的计划，工作前能做好充分准备（2）	按章办事，有条不紊（1）	无计划、散漫（0）
		时效意识（2）	行动迅速，不拖泥带水（2）	能按时完成任务（1）	无时效意识，办事拖沓（0）
	学习能力（10）		能够根据工作岗位的需要，尽快尽最大努力地学习新知识（10～6）	能够学习岗位技能（5～3）	不想学习（2～0）

续表

一级指标	二级指标	三级指标	标准与标度		
知识素质（30）		学校教育（5）	具有较高的学历和丰富的知识（5~4）	一般教育程度（3~2）	受教育程度较低（1）
	经济管理知识（15）	经济知识（6）	通晓微观经济学原理、质量经济学原理及合同经济学方面的知识（6~4）	基本了解（3~2）	不太了解（1）
		管理知识（9）	通晓绩效考核、资产管理、投资管理、质量管理等方面的知识并能实际运用（9~6）	基本了解（5~2）	不太了解（1）
	法律知识（10）		通晓相关法律法规，对合同法、经济法了解颇深（10~6）	基本了解（5~2）	不太了解（1）
品性素质（20）	工作态度（7）	工作责任心（3）	工作责任心强，努力认真，能够较好完成工作任务（3）	能够基本完成本职工作，较认真努力（2）	工作责任心不强，推诿责任，常把自己的工作推给别人（1）
		工作主动性（4）	工作积极主动，关心组织发展，主动提出改进工作的建议（4）	工作较主动，偶尔能提出一些建议（3~2）	工作不积极，不能较好地完成本职工作（1）
	需求和动机（5）	亲和动机（3）	愿意投入工作，融入组织，认同公司价值观，愿意与公司同舟共济（3）	愿意投入工作，基本认同公司价值观，能基本协调公司与个人的利益关系（2）	愿意投入工作，与公司只是雇佣关系，只关心自己的利益（1）
		成就动机（2）	希望在工作中获得高成就，富有进取心，能自我激励（2）	进取心时高时低，对取得工作成就期望一般（1）	完成工作就行，不指望获得什么成就（0）
	人际交往（3）	外向性（1）	外向热情，喜欢结交朋友，善于与陌生人交谈（1）	较外向，与陌生人交谈时基本能应付（0.5）	内向，不善于与陌生人交谈（0）
		乐群性（2）	希望融入团体，与人和睦相处（2）	基本能与人和睦相处（1）	不能较好地处理与周围人的关系，喜欢独处（0）
	情绪（5）	耐心（2）	非常有耐心，不厌其烦（2）	比较有耐心（1）	较缺乏耐心，容易厌烦（0）
		坚韧（2）	一旦确定目标，就会坚持到底（2）	基本能坚持自己的目标，但遇到大挫折会放弃目标（1）	遇难则退，将改变目标（0）
		精神面貌（1）	精神饱满，充满自信（1）	精神状况较好（0.5）	无精打采，精神状态差（0）
身体素质（10）	外貌（4）		五官端正，外表诚实（4~3）	五官端正（2~1）	外表狡猾、猥亵（0）
	健康（6）		健康，无疾病（6~4）	基本健康，无大病（3~2）	体弱，有大的疾病（1）

课后测试题

一、单项选择题

1. 在构建测评标准体系时，将测评要素层层分解成测评目标、测评项目、测评指标，可以形成测评标准体系（　　）的结构。

A. 纵向　　　　　B. 横向　　　　　C. 混合　　　　　D. 网络

2. 素质测评标准体系的其组成要素不包括（　　）。

A. 标准　　　　　B. 标度　　　　　C. 标记　　　　　D. 标尺

3. 确定测评指标权重的德尔菲法，又称（　　）。

A. 专家咨询法　　B. 文献查阅法　　C. 主观经验法　　D. 层次分析法

4. 以下（　　）形式不是工作分析法在测评内容标准化过程中的具体表现形式。

A. 工作目标因素分析法　　　　　B. 工作形式因素分析法
C. 工作内容因素分析法　　　　　D. 工作行为特征分析法

5. 展开人员测评的首要任务就是（　　）。

A. 确立标准体系　　　　　　　　B. 确立正确实施计划
C. 确立测评目的　　　　　　　　D. 组织测评人员

6. 在测评标准体系的纵向结构中，最具体的是（　　）。

A. 测评内容　　　B. 测评素质　　　C. 测评目标　　　D. 测评指标

7. （　　）是对应不同标度的范围、强度和频率等的符号，通常用字母、汉字或数字来表示。

A. 标度　　　　　B. 标准　　　　　C. 标记　　　　　D. 权数

8. 用 0～1 之间的任何一个数值来表示被测者在相应的指标上所达到的水平，然后把这个数值与该指标被赋予的权重相乘，所得数即为测评分数。这段话描述的是（　　）。

A. 计分赋分法　　B. 连续赋分法　　C. 分段赋分法　　D. 分点赋分法

9. 以分数来揭示考评标志水平变化的标度是（　　）。

A. 量词式标度　　B. 等级式标度　　C. 数量式标度　　D. 数轴式标度

10. 在使用主观加权法时无须遵循（　　）。

A. 权重分配的均等性　　　　　　B. 权重分配的变通性
C. 权重数值的归一性　　　　　　D. 权重数值的模糊性

二、简答题

1. 使用等级式评定时应注意什么？
2. 人员测评指标在设计时应遵循哪些原则？
3. 什么是标准？试举例说明标准的表现形式。
4. 简述人员测评指标标准体系的价值。

三、案例分析题

湖北美岛服装有限公司是一家拥有 30 年历史的中日合资企业，以生产高档女装为主，其业务长期以来集中在对日贸易、对内贸易、欧美贸易方面。公司管理层从企业发展战略出发，决定建立一套规范合理的绩效考核体系，并对公司所有非计件员工进行一次测评，以综合考察公司现有的人力资源状况。

美岛公司的非计件员工有 200 多人，主要分布在辅助生产部门和生产部门的管理岗位，与生产一线的计件员工不同，这些员工学历相对较高，岗位绩效无法定量，能力表现也多样化，是公司人力资源开发的重点。

美岛公司管理层希望通过本次测评达到以下几个目的：

①希望通过科学的人员测评，对每个人的能力进行一次全面公正的评价，以便在实践中更好地配置人力资源。

②希望能够发现一些具有发展潜力的人才，以便公司重点培养和加以重用。

③希望员工通过测评能够更好地认识自己，以便在以后的工作中改进工作绩效。

美岛公司初定测评要素为：心理素质、身体素质、文化素质和工作技能。设计者通过对美岛公司员工的学历、工作年限、工作性质等项目的总体调查，发现参与测评的员工以事务性工作为主，较少参与体力劳动，因而剔除了身体素质要素；接着便与美岛公司各部门员工代表进行访谈，并依据访谈结果确定绩效相关要素，并确定了每个测评指标的权重。最后设计的测评指标体系如表 3-22 所示。

表 3-22　美岛公司素质测评指标体系

一级指标	二级指标	三级指标
心理素质（35）	价值观（7）	事业心（7）
	智力（20）	学习能力（9）
		综合分析能力（11）
	人格（8）	自信与开拓（8）
文化素质（20）	知识素质（6）	学历（6）
	专业知识（14）	专业知识（14）
工作技能（45）	专业能力（11）	工作经验（11）
	社会能力（34）	人际交往能力（13）
		领导能力（10）
		科学决策能力（11）

案例讨论

请具体阐述美岛公司是如何设计员工素质测评指标标准体系的。其建立流程有无问题？

四、技能操作题

请你根据所学知识，为本章"导入案例"中的山东添香调味品厂重新设计一套品牌推广人员测评指标标准体系。

第 2 篇
人员测评技术篇

2

第 4 章　书面信息分析法

■■ ■ ■ ■ ■ ■ ■ ■ ■

学习目标

- 一般掌握
  - ■ 履历表分析法。
  - ■ 申请表分析法。
- 重点掌握
  - ■ 推荐信分析法。
  - ■ 个人档案分析法。

学习导航

```
                                    ┌─────────────────┐
                          ┌─────────┤ 4.1.1 履历表分析法 │
              ┌──────────┐│         │      概述         │
        ┌─────┤4.1 履历表分析法├┤         └─────────────────┘
        │     └──────────┘│         ┌─────────────────┐
        │                 └─────────┤ 4.1.2 履历表分析法│
        │                           │      实例         │
        │                           └─────────────────┘
        │                           ┌─────────────────┐
        │     ┌──────────┐┌─────────┤ 4.2.1 申请表分析法 │
        │     │          ││         │      概述         │
        ├─────┤4.2 申请表分析法├┤         └─────────────────┘
        │     └──────────┘│         ┌─────────────────┐
┌────────────┐            └─────────┤ 4.2.2 申请表分析实例│
│ 书面信息分析法 │                      └─────────────────┘
└────────────┘            ┌─────────────────┐
        │     ┌──────────┐┌─────────┤ 4.3.1 推荐信概述  │
        │     │          ││         └─────────────────┘
        ├─────┤4.3 推荐信分析法├┤         ┌─────────────────┐
        │     └──────────┘└─────────┤ 4.3.2 推荐信核查  │
        │                           └─────────────────┘
        │                           ┌─────────────────┐
        │     ┌───────────┐┌────────┤ 4.4.1 个人档案的含义│
        │     │           ││        └─────────────────┘
        └─────┤4.4 个人档案分析法├┤        ┌─────────────────┐
              └───────────┘├────────┤ 4.4.2 个人档案的类型│
                           │        └─────────────────┘
                           │        ┌─────────────────┐
                           └────────┤ 4.4.3 档案分析法的 │
                                    │      缺陷         │
                                    └─────────────────┘
```

田 导入案例

某公司想招聘一位总经理秘书和一位人力资源经理，其胜任资格要求如表 4-1 所示。现在如果用履历审读选拔合适的求职者，有人会有这样的疑问：履历分析是不是走形式？履历分析是不是仅能做选拔的第一步？履历分析是不是容易作假？那么该工作应该如何进行？

表 4-1　总经理秘书和人力资源经理的胜任资格要求

职位	总经理秘书	人力资源经理
胜任资格要求	成熟女性，40 岁以下	男女不限，50 周岁以下
	文史类、经济类或法学类本科学历	管理类、经济类、法学类本科及以上学历
	英语六级，电脑操作熟练	英语良好，电脑操作熟练，具有人力资源管理方面的任职资格证书
	三年以上大型企业总经理秘书工作经验	5 年以上大型企业人力资源经理任职经验，个性良好，偏外向，擅长沟通

田　案例点评

在审读履历时对照上述要求，可以使用四种符号对履历进行分析和界定，其中"○"代表"完全符合"；"△"代表部分符合；"×"代表完全不符合；"？"代表履历中不包含相关信息，需要在面试中加以澄清。经过履历审读，可以得到一定数量的符号，而这些符号就代表了相关的求职者与某一职位的吻合度，其中"○"和"△"越多，代表求职者与某一职位的吻合度越高，通过这样的方法可以使得履历的审读更加具有针对性而不至于以偏概全或发生偏差。

● 4.1　履历表分析法

➘ 4.1.1　履历表分析法概述

1. 履历分析的含义

履历分析又称资历评价技术，是通过对被评价者的个人背景、工作与生活经历进行分析，来判断其对未来岗位适应性的一种人才评估方法，是相对独立于心理测试技术、评价中心技术的一种人才评估技术。近年来这一方式越来越受到人力资源管理部门的重视，被广泛地用于人员选拔等人力资源管理活动中。使用个人履历资料，既可以用于初审个人简历，迅速排除明显不合格的人员，也可以根据与工作要求相关性的高低，事先确定履历中各项内容的权重，把申请人的各项得分相加得总分，根据总分确定选择决策。

研究结果表明，履历分析对申请人今后的工作表现有一定的预测效果，个体的过去总是能从某种程度上表明他的未来。这种方法用于人员测评的优点是较为客观，而且低成本，但也存在几方面的问题，如履历填写的真实性问题；履历分析的预测效度随着时间的推进会越来越低；履历项目分数的设计是纯实证性的，除了统计数字外，缺乏合乎逻辑的解释原理。值得注意的是履历和简历是有所区别的，如表 4-2 所示。

表 4-2　履历和简历的区别

区别点	履　历	简　历
内容	篇幅长，内容更详细，可详细说明个人的专业背景和教育经历，可以具体到获奖内容、具有什么资格证书，做过什么好人好事等	简明扼要地说明个人经历，根据招聘方的要求设计，强调个人在某个岗位上的胜任资格，一般只有一页
编写者	招聘方，应聘者根据对方的要求来填写；或者由应聘者填写	自己描述自己的经历
最终目标	把自己过往的相关工作经历做出说明；初选候选人员；员工人力资源管理；建立人才库	筛选中能够顺利过关，进入面试
优点	直截了当，结构图完整，限制不必要的内容	体现了被测评者的个性，允许被测评者强调自认为重要的内容，允许被测评者点缀自己，费用较少
缺点	限制了创造性，设计、印刷和分发费用较贵	允许被测评者略去某些内容，导致难以评估

履历分析法自 20 世纪 80 年代以来已经被广泛使用，它主要用于人员招聘和引进，其意义在于：它能够得到履历定量分析成绩，实现了测评的职位区分和对资格审查合格的入围者进行区分。

2. 履历表的类型

履历表通常分为两种类型，即权重履历表和传记问卷式履历表；还可以按照用途划分为通用型履历表和专用型履历表，如求职履历表和干部履历表。

（1）权重履历表。权重履历表是一种由申请人填写的履历表，表中的所有项目都根据其影响工作业绩的作用大小而赋予相应的权重。其测评标准就是工作表现，一般分为高、中、低等级或高、低两个等级。填写人的最后总分数由各个项目的得分加权汇总而得。权重履历表的项目构成有：个人资料、教育背景、工作经验、外语能力、专业训练与特长、家庭状况、社团活动、爱好及志愿和自传等内容。通常情况下，一般内容包含：基本情况、知识与工作能力、家庭与社会关系和人品四大项目。表 4-3 是根据收集履历项目的信息进行各项权重和评分标准的设计进而形成的权重履历表。

表 4-3　权重履历表

项目（权重）	标　准	等级（高、中、低）		
个人资料（8）		8	4	1
教育程度（20）		20	15	10
工作经验（8）		8	5	1
外语能力（10）		10	5	1
专业特长（10）		10	5	1

续表

项目（权重）	标　准	等级（高、中、低）		
家庭情况（6）		6	4	2
社团活动（14）		14	10	6
爱好志愿（8）		8	4	1
自传、自荐信（16）		16	11	6

（2）传记问卷式履历表。传记问卷式履历表也称为传记式数据或背景数据。它是把一个人过去的行为用有系统的问卷节录下来，有如一份很详尽的履历表，它涵盖的内容经常是个人过去的背景与生活经验，包括受教育的经验、兴趣、家庭状况、休闲状况、个人健康状况、早期工作经验、态度、价值观等。传记问卷式履历表如表 4-4 所示。

表 4-4　传记问卷式履历表

1. 婚姻状况	2. 爱好及态度
目前婚姻状况如何？	你常说笑话吗？
・未婚 ・结婚，无子女 ・结婚，有子女 ・寡居 ・分居或离婚	・极常 ・常常 ・偶尔 ・很少 ・根本不说
3. 健康状况	4. 人际关系
你患过什么病吗？	你对邻居的感觉如何？
・强烈过敏 ・哮喘 ・高血压 ・胃病 ・头疼 ・以上都没有	・不感兴趣 ・很喜欢他们，但不常见 ・经常互相访问 ・很多时间一同相处
5. 经济	6. 价值观、观点
在正常情况下，你作为户主每年打算储蓄年收入的百分之几？	下面这些东西哪一样对你来说最重要？
・5%以下 ・6%～10% ・11%～15% ・16%～20% ・21%以上	・舒适的家和家庭 ・需要才干、令人兴奋的工作 ・在社会上出人头地 ・在社团事务中积极活跃、得到承认 ・尽量发挥自己的一技之长
7. 个人特点	8. 个人贡献
你认为你的创造性如何？	你觉得自己贡献了多少？
・富有创造性 ・比自己所在领域的人更有创造性 ・创造性一般 ・没有创造性	・贡献很大 ・比同地位的人贡献多些 ・有一定的贡献 ・比同地位的人贡献少些

续表

9. 学校和教育	10. 业余爱好和兴趣
你中学毕业时几岁？	过去一年中你读了多少小说？
• 小于 15 岁 • 15～16 岁 • 17～18 岁 • 19 岁以上 • 中学没有毕业	• 一本也没有 • 一两本 • 三四本 • 五至九本 • 十本以上

资料来源：萧鸣政. 人员测评[M]. 北京：高等教育出版社, 2005.

从以上内容可以发现，权重履历表更注重履历项目对工作业绩的影响大小，根据影响选拔程度的大小，赋予相应的权重和标准；而传记问卷式履历表要想确定具体列出的问题与选项，则必须进行定量分析，从中找出关键性的因素。例如，一家物流公司发现能够在该公司长期留下来而且工作做得很好的物流专员具有以下特点：踏实肯干，学习能力强，有团队合作精神，工作具有主动性，而且愿意承担有挑战性的工作。虽然这些素质特征信息可以通过面试与心理测验来收集，但用传记问卷式履历表既省钱又更有效。权重履历表和传记问卷式履历表的具体区别如表 4-5 所示。

表 4-5　权重履历表和传记问卷式履历表的具体区别

区　别	权重履历表	传记问卷式履历表
项目数量	一般包括 10～20 个信息	一般包含 50～200 个问题
项目构成	通常包括个人基本情况、个人经历、个人历史和工作表现情况	除了包括个人资料、人生经历之外，还包括态度、观念、价值观等方面
项目形式	以填空题和问答题为主	以选择题为主
项目内容	主要是客观信息	客观信息和主观信息相结合
计分方式	设立权重，加权统计	以李克特量表法为主；各选项独立评分

3. 履历表的设计

履历表项目的个数从现有的调查情况来看，有 15～800 个不等。但均包括两部分的内容，一部分是测评者能够核实的项目，如家庭住址、家庭情况、工龄、学历、年龄等；另一部分则是不能核实的项目，如述职报告、自我工作小结等。

（1）权重履历表的设计。履历分析项目的筛选依据是职务分析及岗位描述。权重履历表在确定履历分析项目和权重前必须对被评价者的拟任岗位进行认真、细致的分析，以系统、全面地确定该工作岗位对人员各方面的能力和素质（如学历、技能、资历、品质等）的基本要求。履历表的项目数量需要根据拟任岗位的特点和评价需要而定。用于国家主要安全部门的履历分析表可能包括数百个项目，而一般的简单劳动岗位则可能只需要几个或十几个项目。某公司的员工权重履历表如表 4-6 所示。

表4-6 员工权重履历表

填表时间： 年 月 日

个人基本信息				
姓 名		民 族		照片
籍 贯		联系电话		
最高文化程度		身份证号		
家庭地址				

加权履历信息						
性 别		年 龄		婚姻状况		户口所在地
最高学历专业		工 龄			工作变更次数	
重要发明和专利		科研成果			著作译著	
平均外部变动工作时间				加权履历得分		12项题总分数

个人应聘信息					
工作简历	起止年月	单 位	职 务	离职原因	证明人
学习或培训简历	起止年月	院校及专业或主题	毕（结、肄）业		证明人
家庭情况	姓 名	年 龄	性 别	关 系	工作单位或学校
奖励记录	时 间	原 因	奖 励		

报到时间		转正时间		聘用形式		离职时间	

是否接受背景调查，请说明不同意的原因：

权重履历表可根据用途不同和测评对象不同相应地设计出不同的履历表内容。例如，用于领导人才履历分析的权重履历表通常设计成由以下三个方面的项目构成。

①个人基本情况。个人基本情况的主要内容包括：姓名、性别、出生年月、民族、教育程度、政治面貌、宗教信仰、主要家庭成员、主要社会关系、婚姻与本人健康状况等。

②个人经历。个人经历是履历表的重点部分。用于资历评价的履历表必须对如何填好个人经历做出具体、明确的说明，如个人经历从何时填起，时间间隔如何确定，经历中是否应包括职务情况的说明、证明人姓名、职业和联系方式等。

③个人历史和政治表现情况。个人历史和政治表现情况包括何时、何地、何故受过何种奖励或处分，个人在历次政治运动中的表现，个人有无重大历史问题，工作与表现情况，有无需要特别说明的问题等。权重履历表一般设计步骤如图4-1所示。

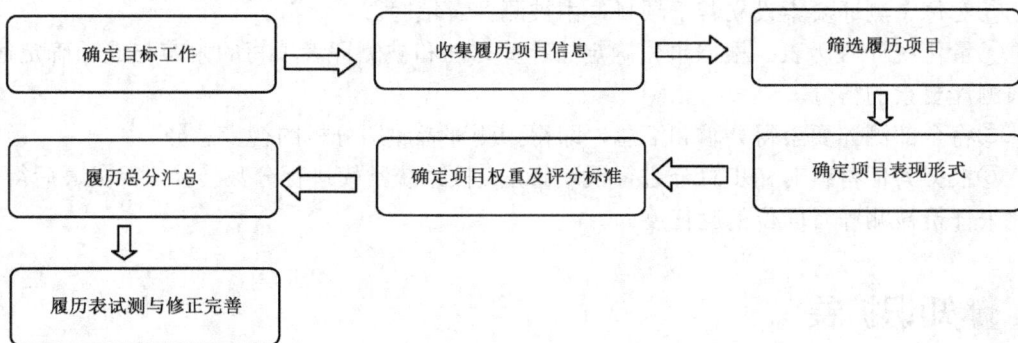

确定目标工作 → 收集履历项目信息 → 筛选履历项目

履历总分汇总 ← 确定项目权重及评分标准 ← 确定项目表现形式

履历表试测与修正完善

图 4-1　权重履历表一般设计步骤

（2）传记问卷式履历表的设计。传记问卷式履历表设计的依据是：当前的素质与工作绩效和过去各种环境中的行为是相联系的，同时也与态度、爱好、价值观相关联。传记问卷式履历表的设计步骤主要包括准备工作、编制问卷、施测及分析和反馈四个阶段，如图4-2所示。

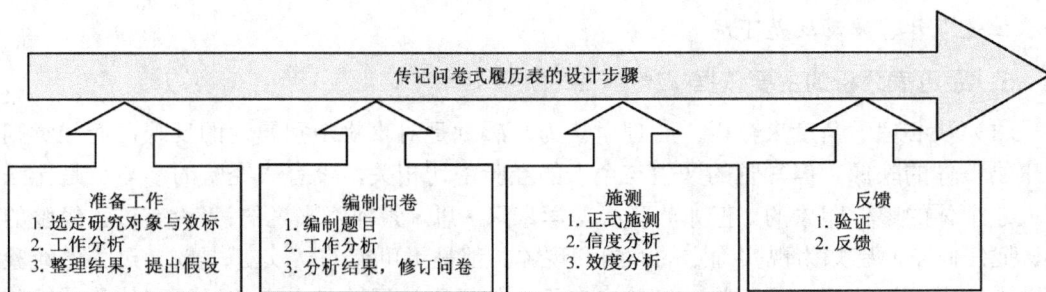

传记问卷式履历表的设计步骤

准备工作	编制问卷	施测	反馈
1.选定研究对象与效标	1.编制题目	1.正式施测	1.验证
2.工作分析	2.工作分析	2.信度分析	2.反馈
3.整理结果，提出假设	3.分析结果，修订问卷	3.效度分析	

图 4-2　传记问卷式履历表的设计步骤

4. 履历表分析的基本思路

履历表分析的基本思路主要是按照工作分析、职位特征模型、结构要素、测评要素、测评项目及测评实施与量化统计六个步骤进行，如图4-3所示。

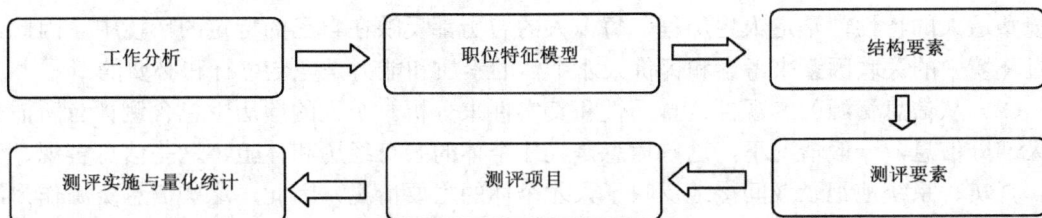

工作分析 → 职位特征模型 → 结构要素

测评实施与量化统计 ← 测评项目 ← 测评要素

图 4-3　履历表分析的基本思路

履历表分析的具体操作阐述如下。

①根据职位要求和工作分析，选择和职位高度相关的结构要素，建立职位特征模型。

②根据职位特征模型的结构要素分析，确定每个结构要素测评要素的数量及它们之间的关系，用分析比较排序，决定每个测评要素的权重。

③对每个测评要素设立若干项目，由被测评者填写。

④量化统计履历表。根据事先确定的计算方法和被测评者填写的内容与选项确定他们每项测评要素的得分。

⑤将全部测评要素得分求和汇总，即得到测评者履历分析的初步总分。

⑥根据其他材料对初步总分进行误差修正，按系统常模进行分数转换，得出最后得分，以此来评价被测评者职位的胜任度。

知识扩展

履历表的项目解读

履历表中各项目具体解读，可能根据公司测评的重点不同，解读的重点也不同。例如，某公司设计的履历表中的工作经历是指与申请职位相似的工作、工作成果与业绩的描述，不只注意工作头衔；"教育背景"是指学历的最低要求（并非所有招聘岗位的教育程度越高越好）、教育类型及专业和课程科目、思维特点等；"职业进展"是指过去的职业进展与责任承担是上升、波动还是下降。

5. 履历表分析的主要依据

（1）从心理学角度来分析。心理学认为，感觉是对事物个别属性的反映，而知觉则是对事物整体的映像。但知觉的产生与个人的经验密切相关，没有"经验的参与"是无法得到人才个体的整体印象的。正如苏联心理学家阿·思·索柯洛夫说的："没有过去经验的支持，把任何东西感知为现实确定的对象和现象，都是不可能的。"这就是说，过去的经验能帮助人们全面地认识客观事物。经验来自于人的经历，经验是人生的经历和体验，经验蕴含于经历之中。一个人没有当过农民的经历，他就永远得不到种田、养殖的实际经验。因此，假如测验某人是不是一个合格的农民，认真考察、分析他种田、养殖的经历或经验，可能比考试他书本上的农业知识要有效得多。

人才个体的素质和能力是由先天条件和环境因素共同作用形成的。先天条件是基础，是必要条件。在一定情况下，环境就成为制约和影响人才个体素质和能力形成的关键因素，环境塑造人的特性，塑造人生历程，每个人的履历都反映在自己的特定的环境中，因此，通过环境中的关联因素来考察和评价人才个体的素质和能力是完全可行和必要的。

（2）从信息资源的客观性、全面性和真实性来分析。个人的履历中包含测评者所需要的大部分信息，一般情况下，这些信息是人才个体的亲身经历和体验，这些信息客观、全面、真实、系统地记录或间接地反映了人才个体的主要情况，因此，这些信息资源作为测评人才的基础性依据是必不可少的，也是有效的，应聘者填写信息的真实性直接影响测评的质量。

（3）从应聘者的心理来分析。如果个人填写过分夸张或不真实的信息，不但要面对一些知情者，也会对他被录取后的工作信誉或经济利益带来不良的影响，这使应聘者也会有所顾忌。在实际应用中，施测单位必须承诺对应聘者所填的一切信息要严格保密，要负责任。另外，测评表除了设计得科学、合理外，还可以通过技术处理来解决真实性问题，如设计一些用于检验一致性和真实性的测评要素，或者结合档案及有关材料的调查，以提高应聘者填写信息的真实性。

履历分析测评系统预测工作成功准确率的分析在人才的选拔招聘中，对不同的工作岗位有着不同的要求，履历分析测评系统由于首先是建立在职位要求和工作分析的基础上，所选取的测评要素、选项和权重必须和职位有一定的关联度和针对性，相关的程度决定了权重的大小，因此，众多的相关因素的集合，使其总的相关性和针对性进一步提高。相关研究认为，较高的相关性和针对性，必然能获得较高的预测性和准确率，也就意味着较高的可靠性。

总之，科学地考察一个人的经历和其在经历中所取得的经验，对于全面、客观地认识和判断一个人的能力和个性特征，不但有足够的理论依据，而且也是比较有效的。

6. 履历表分析的主要方法

（1）确定履历表的项目权重和项目最高分。在权重履历表中，确定履历项目的权重的依据是项目内容与未来工作岗位要求及工作绩效的相关程度。在实际操作中，会赋予履历表的每个项目一个分数。确定分数的依据是该项目预测工作业绩的效力。

（2）设计项目的评分标准。项目评分标准的确定要体现组织对候选人的要求。如果候选人的情况符合标准则得高分，如果不符合则不得分或扣分。

（3）履历表得分汇总与决策。根据事先确定的标准，将各项得分汇总，根据总分确定最终的决策。

一般而言，履历表主要包含以下四类项目，第一类：基本情况；第二类：知识与工作能力；第三类：家庭与社会关系；第四类：人品（个人品德）。以招聘工作为例，履历评估的评估公式有三种，分别是：

第一种：$P_1=(A \times B \times C \times D)/4$（乘法公式）

第二种：$P_2=(A+B+C+D)/4$（加法公式）

第三种：$P_3=[(A+B+C)/3 \times D]^{1/2}$（混合公式）

其中，P_1、P_2、P_3 为录取概率，A 为个人基本情况得分，B 为个人知识与工作能力得分，C 为个人家庭与社会关系得分，D 为个人人品得分。P_1、P_2、P_3、A、B、C、D 的值域为 $0 \sim 100$。当应聘者的 P_1、P_2、P_3 落在招聘计划比例中时方可考虑录用。

乘法公式是一个最严格的评价公式。这种评估方法意味着，一旦被测试者的某项得分为 0，则录取概率立即变为 0。这一评价公式意味着被测试者必须全面均衡地发展。当一种岗位对人品和能力的要求都很高时（如关键部门用人），履历评价应该采用这个评价公式。

加法公式是一个相对宽松的公式。这种评估方法意味着能够容忍被测试者在某方面的缺陷。即使有一项或几项分值较低，也会有一定的分数，不像乘法公式那样把人"一棍子打死"。当一个组织的管理比较规范、应聘岗位的重要性一般时，可以用这个公式选人。按这个公式选人，体现的是"每个人都有可用之处"的用人理念。

混合公式兼顾了乘法公式的严格和加法公式的宽松，同时授予了"人品"分的"一票否决权"。这是目前绝大多数公司的用人理念，即能力差不要紧，以后可以给予培养的机会；但人品不好的人万万不可录用。

∽ **即时案例**

履历评估混合公式的使用

1. 项目分数与评分标准

××员工履历分析项目分数与评分标准如表4-7所示。

表4-7　　××员工履历分析项目分数与评分标准

项　目		项目分数与评分标准	××员工得分	
A：基本情况（100）	年龄（50）	<25得30分，20～25得35分，30～35得45分，>40得50分	50	75
	婚姻（30）	未婚30分，已婚20分	20	
	性别（10）	男10分，女5分	5	
	家庭所在地（10）	本地10分，外地0分	0	
B：知识和能力（100）	学历（40）	大专及以下20分，本科30分，硕士以上40分	40	100
	工作经历（40）	1年以下10分，1～2年20分，3～4年30分，4年以上40分	40	
	培训（20）	无培训0分，一些培训10分，培训合格并有证书20分	20	
C：家庭与社会关系（30）	—	无帮助0分，有帮助20分，有很大帮助30分	0	0
D：人品（40）	—	有不良记录0分，无记录20分，组织奖励30分，市级以上奖励40分	20	20

2. 总分汇总（利用履历评估混合公式）

$$P_3=[(A+B+C)/3 \times D]^{1/2}=[(75+100+0)/3 \times 20]^{1/2}=34.16$$

7. 履历表分析的主要特点

履历分析技术作为一种评价手段，与传统的人事选拔方法不同，具有自己明显的特点。

（1）依据的真实性。履历分析技术是以应试者个人过去的经历作为评价依据来分析、预测其未来的职务行为倾向或成就，这种经历通常是可以核实的。

（2）评价的普遍性。履历分析的结果与应试者的多种行为（效标）之间往往有较大的关联性，如工作绩效、出勤率等，因而可以用于对应试者行为的多维预测。

（3）评价的准确性。履历分析方法技术是通过应试者过去的工作经历、工作表现来预测其未来的表现，其方法论原则体现的是整体主义和历史主义，是一种全面的、系统的评价技术。

→ **4.1.2　履历表分析法实例**

某公司现用履历表分析法招聘外销业务员，招聘岗位的工作说明及应聘者的任职资格要求如表4-8所示（注：A、B、C、D、E五位求职者背景资料、履历表略）。

表 4-8　招聘岗位的工作说明及应聘者的任职资格要求

招聘说明		
公司概况	招聘岗位：外销业务员	职位要求
公司规模：100～499 人 公司性质：外商独资/外企办事处 公司行业：电子/微电子，通信（设备、运营、增值服务），汽车/摩托车（制造/维护/配件/销售/服务）	职位性质：全职 学历要求：不限 招聘人数：1 人 工作地点：昆山	1. 有 1～2 年的外销工作经验及市场客户管理经验 2. 良好的语言沟通能力及应变能力，有团队合作精神 3. 能够经常出差并能承受一定的工作压力 4. 专业要求为经济管理类相关专业 5. 有汽车电子元器件销售经验者优先考虑

现要求：分别运用简单计分法和加权计分法给每位求职者的求职竞争力评分，并根据各种方法评分结果确定合面试后备人选。具体操作步骤如下所示。

1. 运用简单计分法给每位求职者求职竞争力评分（见表 4-9）

表 4-9　运用简单计分法给求职者求职竞争力评分

求职者	A	B	C	D	E
工作经验	0	1	1	1	1
语言沟通/团队合作	1	1	1	1	1
压力承受	1	1	1	1	1
专业对口	0	1	1	1	0
优先条件是否具备	0	1	0	1	1
综合评分	2	5	4	5	4
处理结果	筛除	进入面试	筛除	进入面试	筛除

2. 运用加权计分法给每位求职者求职竞争力评分（见表 4-10）

表 4-10　运用加权计分法给求职者求职竞争力评分表

求职者	权　重	A	B	C	D	E
工作经验	5	0	1	1	1	1
语言沟通/团队合作	4	1	1	1	1	1
压力承受	3	1	1	1	1	1
专业对口	2	0	1	1	1	0
优先条件是否具备	1	0	1	0	1	1
综合评分		7	15	14	15	13
处理结果		筛除	进入面试	进入面试	进入面试	筛除

3. 根据各种方法评分结果确定合面试后备人选

如果选择两位面试者：则为 B 和 D；如果选择三位面试者：则为 B、C、D。

➲ 4.2　申请表分析法

➢ 4.2.1　申请表分析法概述

1. 申请表概述

申请表是组织为收集申请人与应聘岗位有关的全部信息而专门设计的一种规范化表

格，它可使组织比较精确地了解到申请者的历史资料。利用申请表进行人员测评是比较常用的方法，它总是与其他测评方法搭配使用，并且总是位于整个程序的第一步。

运用申请表测评要求申请人如实填写信息，测评者要分析申请表内的各项内容。

事实证明，分析申请表内的各项内容，不但可以收集到许多素质测评的信息，而且可以为下一步的测评安排提供线索与依据。例如，下一步的面试中，申请表内已清楚的问题就不一定要详问了。

申请表能否在素质测评中发挥重要作用，关键在于其形式与内容的设计。申请表的内容，不同单位的设计不尽相同。就我国目前一般的申请表内容来看，一般包括姓名、性别、地址、婚姻状况、文化程度、工作经历、特长、直系亲属、社会关系、工资等级、是否犯过错误、业余爱好等。

2．申请表的设计

申请表格的设计关键在于保证每个项目均与胜任某项工作有一定的关系，而且比较客观，其他人容易看到与检核。例如，某公司研究发现，称职的经理大部分是一些在大学期间就品学兼优的学生干部；经济状况、婚姻状况与工作情绪、工作责任心、能否安心工作等有密切关系；业余爱好可以反映一个人的领导才能与性格等。如表 4-11 所示为某公司设计的求职申请表。

常见的申请表应能提供以下信息。

（1）应聘者是否具备足够的教育培训或工作经验。

（2）应聘者过去的职业发展。

（3）应聘者的工作稳定性及过去工作经历与申请职位的相关性。

①其他可以预计应聘者在申请职位上的成功可能性的数据。

②性别、年龄是否符合要求。

③教育程度、工作经验是否符合要求。

④经历方面是否包含此岗位的排他要求。

⑤工作经历趋势（含离职原因）与求职意愿是否与应聘岗位合理相关。

⑥过去经历的职务职责是否合理渐进。

⑦学历、经历是否连贯。

⑧对某些需要警惕的信息做特别标记。

4-11　某公司设计的求职申请表

申请职位：1.＿＿＿＿＿＿＿　　　2.＿＿＿＿＿＿＿

期望薪资：＿＿＿＿＿＿＿　　可到职日期：＿＿＿＿＿＿＿

个人资料：

姓名：＿＿＿＿　　性别：＿＿＿＿　出生日期：＿＿＿＿　籍贯：＿＿＿　民族：＿＿＿　身高：□＿＿＿
学历：＿＿＿＿　　职称：＿＿＿＿　政治面貌：＿＿＿＿　婚姻状况：□未婚 □已婚 □离婚 子女：□有 □无
身份证号码：＿＿＿＿＿＿＿＿＿　　　　手机：＿＿＿＿＿＿＿　　宅电：＿＿＿＿＿＿＿
户籍所在地：＿＿＿＿＿　现住地址：＿＿＿＿＿＿＿＿＿＿　邮编：＿＿＿＿＿＿＿
E-mail：＿＿＿＿＿＿＿＿＿＿＿＿　　目前工作状况：□在职 □待业 □其他＿＿＿＿＿

工作经历：（由近至远填写）

公司名称/电话	起止日期（年/月）		部　门	职　位	薪资	离职原因	证明人
	自	至					
电话：	/	/					
电话：	/	/					

学历背景（含培训，自高中起）：

学校名称	起止日期（年/月）		所学专业	是否毕业	所获证书
	自	至			
	/	/			
	/	/			

语言能力：

本地方言	普通话	英语	其他_____
□优　□良　□一般	□优　□良　□一般	□优　□良　□一般	□优　□良　□一般

计算机能力：

系统知识	网络使用	文档处理	表格制作
□优　□良　□一般	□优　□良　□一般	□优　□良　□一般	□优　□良　□一般

专业技能证书：

专业技能名称	程度	有无相关资格证书

家庭成员：

称谓	姓名	年龄	工作单位	职务	联系电话

其他：

请在适当空格内打钩	是	否	请说明
1．您有否因工作表现或过失而遭解雇？			
2．您是否有犯罪记录？			
3．您是否有直系亲属在公司内任职？			
4．您是否受过奖励？			
5．您是否有重大疾病史？			
6．您应聘的目的是：	□职位　□收入　□环境　□其他_____		
7．您应聘的消息来源：	□报纸　□朋友推荐　□人才中介　□网络		

受雇声明：

兹声明，本人以上填写内容真实有效，如有虚构或有意隐瞒，愿随时接受无偿辞退处分。

申请人签名：_____　日期：_____

　　申请表内的项目与素质或拟聘工作职位的关系，并非一成不变的，它会随地区、时间、社会及申请者的个人情况变化而变化，因此测评研究人员应定时对申请表的每一项目进行研究，检查其中的内容对素质测评是否继续有价值。特别是当工作程序、社会生活或劳动力市场发生较大变化时，更需要这样做。而且对于不同的招聘对象，申请表的项目内容也应该相应调整，如招聘社会人员和应届毕业生的考查测评的内容是不同的，因此对申请表的设计也应该有所区别，表4-12是某公司招聘应届大学毕业生时设计的申请表。

表 4-12　某公司大学毕业生求职申请表

应聘地点：　　　　　　　　　　　　　　　　　　　　　　　　　　　　　年　　月　　日

姓　　名		性　　别		出生年月		
民　　族		最高学历		政治面目		
生 源 地		身份证号码				
身体状况		应聘岗位		□技术□管理□营销□运营		
本科院校		所学专业		专业方向		
硕士院校		所学专业		研究方向		

CET 等级和分数	计算机级别	裸　视		身高	体重	腰围	鞋号	**血型**
		左眼	右眼					

是否报考公务员	是否考研	能否获取学位	**是否有贷款（填写金额）**	户　籍所在地	家庭主要经济来源	

专业排名	总人数：	排名（%）：		班里排名	人数：	排名（%）：	
在校培训及取证情况				社会实践情况			
院校联系方式				家庭联系方式			
在校任职情况				主要获奖情况			

家庭主要成员情况	关　系	姓　名	年　龄	工作单位（家庭住址）		

性格描述	
主要专业课程及成绩	有无补考或重修记录：□有　□无 补考或重修课程名称：

在使用申请表后，许多组织往往忽视对申请者的跟踪，这样就会出现两种情况：一是已经被拒绝的求职者再次或多次提出申请，组织难以识别，反复审核，从而浪费时间和精力；二是出现大量急缺岗位时，一时难以找到合适的后备人选档案资料。因此，建立一套

自动化的申请者跟踪体系对每个公司的物色人才工作都大有裨益，所以申请表的跟踪工作也很重要。

3．申请表分析法的优缺点

申请表分析法的优点有：不显示评价倾向，只表现事实、反映信息，因此被测者或申请人不会有所警惕，加上许多情况可以通过调查与查阅档案证实，故申请表填写人一般也不会有所警惕。

申请表分析法的缺点有：不便对申请人做出比较与选择。因为项目多、差异不一，尽管把申请表逐张比较，最后还是难以取舍。

➢ 4.2.2　申请表分析法实例

传统的申请表中，每个项目对申请人素质的权衡或工作适合性的评价，是等量齐观处理。如果有所侧重，那么操作时侧重的程度往往把握不好。这是不合理的，会给素质测评与人员录用带来不良影响。

某项研究表明，某公司 80%的已婚工人被他们的监工给予"工作出色"等级，而未婚员工只有 60%的人得到"工作出色"等级评定。因此评定时，已婚的求职申请者权重分数明显高于未婚求职者的权重分数。在一个大城市中，有住房的求职者往往比无住房的求职者更容易被录用。这些现象表明：申请表内不同的项目、不同的内容对申请人素质测评或录用的影响是不尽相同的，素质测评者应该对此加以研究，具体确定不同项目、不同内容的测评权重体系。如表 4-13 所示是一个申请表格项目测评权重赋分的实例。

表 4-13　申请表项目测评权重赋分示例

表格内项目		工作出色人数比例	加权赋分数	表格内项目		工作出色人数比例	加权赋分数
婚姻状况	未婚	60%	6	文化程度	小学毕业	52%	5
	已婚	80%	8		本科	61%	6
	离婚	10%	1		研究生	64%	6
	分居	29%	3	工作经验	无	22%	2
	寡居	43%	4		生产	43%	4
					销售	81%	8
					管理	77%	8

通过以上加权赋分，不但能够把传统的申请表格的定性分析转化为定量分析，而且能使分析更趋科学、统一、客观，提高申请表分析法的测评结果。

然而，需要指出的是，申请表内各项的加权应建立在调查研究与事实分析的基础上，不能凭空想象，任意加权赋分。此外，加权赋分也并非一成不变的，应根据时间、对象、职位、组织情况的具体变化而进行适当调整。

⊃ 4.3 推荐信分析法

⊀ 4.3.1 推荐信分析法概述

1. 推荐信的含义

推荐信一般是由既熟识被测者又与测评者（雇主）有密切关系的第三者，以书信形式向测评者（雇主）介绍被测评者的素质特点。鉴于三者相互之间的感情、信誉与责任，一般来说，推荐信在素质测评与人员录用中起着一定的作用。尤其是知名人士的推荐信。推荐信一般在高层人员的录用中比较常见。写推荐信的人需要满足以下四个条件。

（1）推荐人对被推荐人的情况非常熟悉，或者有相当多的时间预计会观察被推荐者。

（2）推荐人有能力对被推荐者做出正确的评价。

（3）推荐人愿意也敢于给出自己的直率意见。

（4）推荐人有能力正确表达自己的推荐意见。

一封推荐信能明白地写上被推荐者的品格优点，而口头推荐却使被推荐者很难知道推荐人到底说了些什么。推荐信可以附在简历之后，或者与被推荐者的证明人材料一起单独交给可能的未来老板。一封来自知名人士的推荐信要比被推荐者自己口若悬河更能展示其才能。

2. 推荐信的效度和条件

Muchinsky1979 年的一项研究表明，推荐信的平均效度为 0.13。其主要原因是：推荐人对拟招聘的职位要求不大了解，大多根据自己的理解进行推荐；被推荐者往往对推荐人施加一定的影响，被推荐者往往请那些能够赞扬、肯定自己的人写推荐信；当被推荐者不知信的内容时，推荐信更为真实可靠，如果被推荐者知道信的内容，则推荐信就不那么可靠。

有人认为推荐信用于素质测评时应该具备以下条件。

（1）对推荐信的效度分析已证明完全有足够的效度。

（2）接受者了解写推荐信的人并确信其诚实。

（3）特别设计的推荐信程序使其歪曲程度达到最小。

（4）在特定的情况下，能合理预期推荐书的参考价值高于"一般"的情况。

⊀ 4.3.2 推荐信核查

测评者（雇主）在收到推荐信之后，一般要进行核查，不能轻信全部内容，可以采用以下几个方法。

（1）利用结构化表格问询，它可以保证提问问题的全面性，在实际询问时不会漏掉重要的问题。

（2）推荐人是推荐信的作者，一般都会为求职者说好话，为了扩大信息的来源，可让推荐人再举荐几个了解求职者情况和工作能力的人，增加信息的可靠性和全面性。

（3）可以进行推荐书审计。推荐书审计需要与求职者之前每份工作之至少两名上级、两名同事、两名下属取得联系。这样会使得关于求职者的信息更加可靠，但缺点是要花费不少的时间和精力。

关注推荐信的具体内容，而不是关注推荐信作者对被测者的肯定程度，可以提高推荐信作为一种测评工具的效度。有时根据推荐信作者对被推荐者个性特征的描述就可以做出录用判断。例如，两个应聘人出示了给予相同积极评价的推荐信，但第一个应聘人的推荐信上说他是一个细致的人，而第二个应聘人的推荐信上则描述他是一个友好的、乐于助人的人。应聘职位的不同会决定录用决定的不同。例如，客户关系部门需要热情、友好的员工，那么测评者就会录用后者；而如果招聘的是一个秘书职位，显然，第一个细致的应聘者将被录用。

📖 相关链接

最佳推荐信毁了你的前程？

我们假设，你知道某位前同事或上司对你印象很好，于是请他/她写求职推荐信。此人在介绍你时，使用了类似"善良""乐于助人""办事得体"或"好相处"等字眼，这对求职者来说看似是件好事情，然而美国休斯敦莱斯大学的心理学家们通过研究却发现，这些形容你善于"与群众打成一片"的词，很可能断送你成为管理者的大好机会。如果你渴望成为管理人员，你的推荐信如果能使用"自信""雄心勃勃""勇于进取""坚强有力""独立"及"勇敢"等形容词，效果要好得多。

莱斯大学做了一项研究：评估了 624 封真实的推荐信，被推荐的候选人有 194 名，他们都在争夺 8 个真实的工作岗位。研究显示，候选人听上去越是待人友好、性格随和，就越不可能得到那份工作。这项研究涉及的 8 个工作岗位均是大学教职，但心理与管理学教授米切尔·赫伯表示，调研结果也适用于商业领域的求职者。赫伯参与了调研报告的撰写，调研的大部分内容显示，集体意识较强的人，不具备领导力，因而不适合从事管理工作。

总的来说，人力资源经理并不认为推荐信十分有用。在一项调查中，12%的回答者认为推荐信"很有价值"；43%认为"有些价值"；30%认为"只有很小的价值"；6%认为"无价值"。当问及是偏好书面推荐还是电话推荐时，72%的经理人员选择电话推荐，因为电话推荐允许更坦率的评价和面对面的交流。事实上，人力资源经理将推荐信排在选拔工具中的最后一等。他们对选拔工具从高到低的排序依次是：面谈、申请表、成绩记录、口头推荐、能力倾向和成就测试、心理测验，最后是推荐信。

➲ 4.4　个人档案分析法

⇀ 4.4.1　个人档案的含义

个人档案是记录一个人从上学到目前为止的所有学历、学习情况与工作绩效、家庭情况、社会关系、组织与群众的评价意见等。我国组织人事部门提拔与录用某个人时，总要先看看他的档案材料。审查个人档案之所以能够作为一种素质测评方法，是因为：档案中记录的所有内容都可以成为素质测评与录用决策的重要依据；审查个人资历在素质测评与选拔录用中起着重要作用，而档案中对资历的考察最为翔实。

✈ 4.4.2 个人档案的类型

1．人事档案

以上我们提到的档案是传统的人事档案，也就是我国人事管理制度的一个重要特色。高校学生档案是国家人事档案的组成部分，是大学生在校期间的生活、学习及各种社会实践的真实历史记录，是大学生就业及其今后各单位选拔、任用、考核的主要依据，当前，出境、计算工龄、工作流动、考研、考公务员、转正定级、职称申报、办理各种社会保险及升学等都需要个人档案，特别是在国有企业、事业单位，人事档案相当重要。但是由于现在进入档案的内容越来越少，档案已不能满足用人单位希望了解和掌握一个人全部信息的要求，特别是缺少反映当事人综合能力、素质和有权威部门认定的业绩考核资料，这给人力资源部门的选才、识才带来了不便。正因为如此，传统人事档案在人才市场逐渐繁荣的今天，其作用和价值逐渐被淡化。现在很多公司在招聘普通岗位的员工时，根本不需要看他们的人事档案，只要有员工劳动手册，传统的人事档案对人力资源部门来说并没有太多的帮助。企业招聘员工，看中的是他们的综合素质及与应聘岗位匹配的工作能力，传统人事档案里不可能记载这些内容。

2．业绩档案

目前，企业为了便于跟踪员工的职业生涯发展轨迹，一般会在内部建立一套完整的员工绩效档案，绩效档案作为绩效管理的一项重要内容，主要是记录员工在工作中的绩效表现，绩效档案内容一般包括员工的绩效目标、绩效能力、绩效表现、绩效考评结果及需要改进的绩效缺陷等。在记录格式和内容上，绩效档案要比人事档案详细得多，除了记载员工的教育经历、工作经历等基本情况外，更多的是对员工业务能力的评估与认定，对其今后的晋升、加薪有很大的参考价值。

📖 相关链接

业 绩 档 案

目前，由于个人信用体系的缺失，用人单位仅仅靠包装精美的求职简历或简单的面试很难判断应聘者个人信息资料的真伪，更难判断其工作能力和潜能，这也正是令人事经理们头疼不已的问题。为帮助人事经理降低用人风险，上海率先在人才市场上推出了"人才业绩档案"，这一新型的档案记录方式，在很大程度上弥补了传统人事档案在人才业绩信息方面的不足，它包括人才的基本情况、教育学历、工作履历和工作业绩等信息，为企业人力资源部门提供有效的员工资信证明，使用人单位在人员录用、考核时，对应聘者的综合素质有更直观、更全面的了解。

上海还推出了"人才业绩档案"诚信认证的服务，内容包括学历诚信证明、职业诚信证明及信誉诚信证明，其中学历诚信证明包括应届毕业生的在校表现及社会实践诚信调查、在大学期间的学习状况、参加社团活动情况、担任职务、社会实践情况及奖惩情况等。用人单位可向人才市场申请对应聘人才进行个人诚信认证。

✈ 4.4.3 档案分析法的缺陷

有人认为档案分析法并不一定可靠，因为档案材料中本人填写部分并不一定真实，可能有隐瞒之处。组织鉴定也不一定客观，可以因好面子而好评，或者因打击报复而差评，或者不负责任而含糊其辞。

调查发现，以前领导和朋友提供的材料最为可靠，以前人事部门提供的材料预测效率为零，亲戚或亲属提供的材料预测效度为负。

过去几十年，人事档案在中国是一个人的历史记录、资历证明，记载着这个人的家庭出身、本人成分、社会关系，学习和工作经历，职称评聘、奖励惩罚等各方面的情况，是踏入工作岗位的"准入证"。人、档不可分离。缺少了人事档案，一个人就不能就业、晋升、调动、评职称、领工资，也不能获得相关的社会福利待遇。随着传统人事制度的变革，越来越多的"单位人"变成了"社会人"，现代企业的用人观念也在发生着转变，崇尚"以人为本、能力优先"，传统人事档案的权威受到了前所未有的挑战。某咨询公司最近的一项调查数据显示，约有 80%的企业在招聘员工时不关心员工的人事档案，约有 50%的企业自己为员工建立业绩档案。

课后测试题

一、单项选择题

1. 书面信息分析法不包含（　　）。
A．履历表分析法 　　　　　　　　B．申请表分析法
C．推荐信分析法 　　　　　　　　D．公文筐分析法

2. 履历表通常分为两种类型：权重履历表和（　　）。
A．传记问卷式履历表 　　　　　　B．通用型履历表
C．专用型履历表 　　　　　　　　D．加权履历表

3. （　　）是把一个人过去的行为用有系统的问卷节录下来。
A．权重履历表 　　　　　　　　　B．传记问卷式履历表
C．专用型履历表 　　　　　　　　D．加权履历表

4. 履历分析项目的筛选依据是职务分析及（　　）。
A．学历 　　　　B．技能 　　　　C．资历 　　　　D．岗位描述

5. （　　）的设计步骤主要包括准备工作、编制问卷、施测及分析和反馈四个阶段。
A．传记问卷式履历表 　　　　　　B．通用型履历表
C．专用型履历表 　　　　　　　　D．加权履历表

6. 履历评估的评估公式不包含（　　）。
A．乘法公式 　　B．加权公式 　　C．加法公式 　　D．混合公式

7. 申请表的缺点有（　　）。
A．不显示评价倾向 　　　　　　　B．只表现事实、反映信息
C．申请表填写人一般不会有所警惕 　D．不便对申请人做出比较与选择

8. （　　）一般是由既熟识被测者又与测评者（雇主）有密切关系的第三者，以书信形式向测评者（雇主）介绍被测评者的素质特点。

A．推荐信　　　　　　B．申请表　　　　　　C．档案　　　　D．工作样本

9. （　　）是记录了一个人从上学到目前为止的所有学历、学习情况与工作绩效、家庭情况、社会关系、组织与群众的评价意见等。

A．人事档案　　　　　　B．绩效档案

10. （　　）内容一般包括员工的绩效目标、绩效能力、绩效表现、绩效考评结果及需要改进的绩效缺陷等。

A．人事档案　　　　　　B．绩效档案

二、简答题

1. 履历表有哪些类型？请加以解释说明。

2. 简述履历表分析的基本思路。

3. 申请表都包含哪些内容？

4. 简述人事档案和绩效档案的区别。

三、案例分析题

请结合某公司对人力资源助理岗位的分析，结合其任职资格要求和如表 4-14 所示的人力资源助理履历表，设计一份权重履历表。

表 4-14　某公司人力资源助理履历表

基本情况
姓名：王×× 　　　性别：　　　民族：　　　学历（学位）：　　　专业：
联系地址：　　　邮编：　　　联系电话：　　　邮箱：
教育背景
毕业院校：辽宁大学　1994.9—1997.7　货币银行专业　本科
其他培训情况
·　熟练使用 Word、Excel、PowerPoint、E-mail 软件及其他办公设备
·　英语通过 CET6 级考试，听、说、读、写熟练。
·　掌握一定的财务知识。
工作经历
·　1999.4 至今　××外资企业 人力资源部总监助理
协助总监管理部门日常业务；协助总监制定部门预算，并监督预算的执行情况；协助总监通过各种渠道招聘中、高级管理人才；管理总监办公室。
·　1997.9—1999.3　××日化公司销售见习助理
协助经理管理销售业务，拓展客户资源和销售渠道。在这段时间里，新建客户上百家，并锻炼了良好的沟通技巧，培养了较好的业务管理能力。
个人简介
拥有优秀的人才是企业持续发展的前提和保障，因此人力资源的管理在企业的系统管理中具有十分重要的地位。经过一段时间的人力部门工作，我对人力资源工作的程序、管理方法等有了一定的了解。我本人性格开朗，勤奋好学，吃苦耐劳，敢于面对挑战并喜欢从事有挑战性的工作。
性格特点
开朗、谦虚、自律、自信（根据本人情况）

四、技能操作题

乐清市京祥电子商务有限公司拟招聘两名网店运营助理，具体要求如下所示。

薪资待遇：3000～5000 元

学历要求：不限

招聘职位：网店运营（2 人）

工作年限：不限

工作性质：全职

工作时间：每天 9：00—18：00，单双休

岗位职责：

1. 负责淘宝店铺日常数据的收集统计工作，并做出评估与分析，提出处理方案。

2. 监控营销数据、交易数据及产品管理，包括产品上新、库存协调、库存分析。

3. 提高店铺产品、类别搜索综合排名，包括店铺商品标题关键字等各类活动营销推广。

4. 负责向运营团队及各部门提供各类准确的运营数据分析报表。

5. 主管分配的其他任务。

任职要求：

1. 大专及以上学历，专业不限，熟悉淘宝、京东等工作流程的优先考虑。

2. 具有较强的沟通能力、表达能力和团队合作精神。

3. 工作积极主动，富有进取心，服从安排，能够胜任一定强度的工作需要。

请根据网店运营助理岗位的以上信息设计一份工作申请表。

第 5 章 心理测量法

学习目标

📖 一般掌握
- 心理测量相关概念。
- 常用的心理测量方法。
- 心理测试的类型。

📖 重点掌握
- 智力测试。
- 能力倾向测试。
- 人格测试。

学习导航

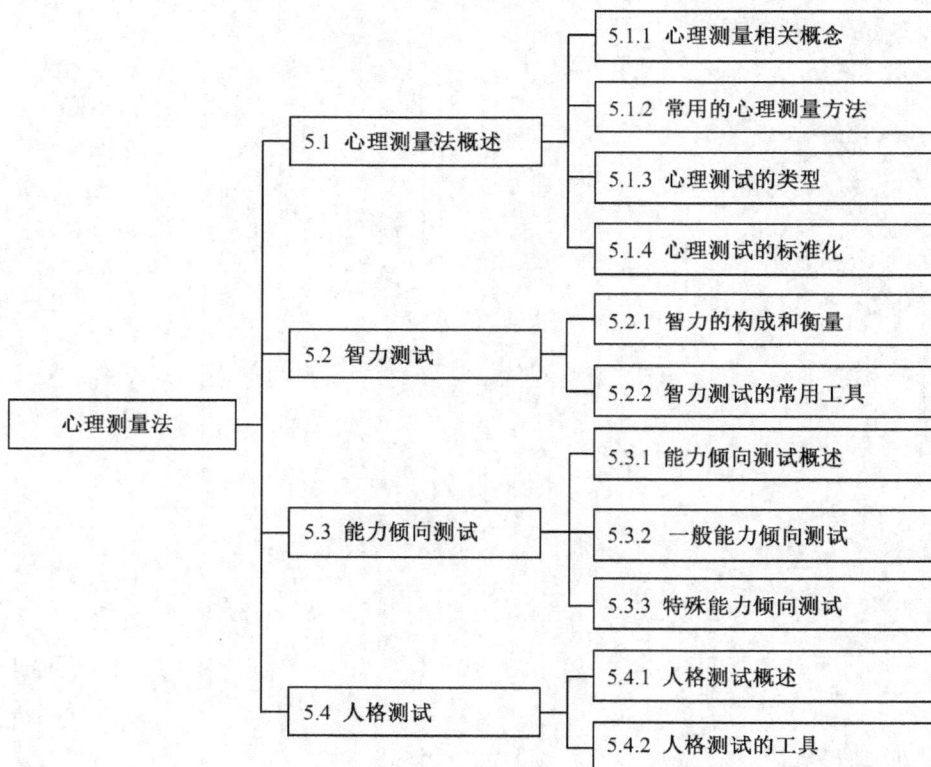

导入案例

春秋航空公司招聘处负责人根据多年的招聘经验发现：体检和背景资料是无法看出应试者的性格特质的，而个性取向对判断一个人是否适合从事飞行职业至关重要。容易暴躁、气馁和沮丧的人，即便领悟力高，身体素质好，也不能成为优秀的飞行员。比较合适这个特殊职业的人群，应该具备的性格特征是情绪起伏小、敏捷度高、应变能力强、遇事淡定。

航空公司对心理素质的系统考核以往大多在应试者进入培训阶段后进行，飞行教员和航空公司会综合学员在各学科学习中的表现，分析其是否有团队协作能力，以及是否做好了应对突发事件的心理准备等。一旦学员无法通过上述考量便面临被淘汰的现实，但一些业内人士建议在招聘选拔时就应该对应聘者进行心理测试。最终，民航局要求采用行业化的明尼苏达多项人格测验作为评定工具，要求航空公司招收飞行学生时，将心理健康评定分为初检和复检两个环节，采用纸笔测试形式。

案例点评

上述心理测试可以总结为对应聘者三方面的考核：能力、性格和动机。通过测试，招聘人员就可以分析出应试者是否在高空中能眼观六路，耳听八方，通过不断地用手脚协调运动来操纵飞机完成任务，是否大胆细心、意志坚强，以及是否发自内心热爱飞行。

⊃ 5.1　心理测量法概述

➤ 5.1.1　心理测量的相关概念

1. 心理测量

心理测量也叫心理测评，是指依据一定的心理学理论，使用一定的操作程序，给人的能力、人格及心理健康等心理特性和行为确定出一种数量化的价值。心理测量是通过科学、客观、标准的测量手段对人的特定素质进行测量、分析、评价。

2. 心理测试

心理测试也叫心理测验，是心理测量的工具，心理测量在心理咨询中能帮助当事人了解自己的情绪、行为模式和人格特点。心理测试是根据心理学原理，设计程序，对心理因素进行测量。心理测试一般测量比较有代表性的问题。心理测试类似问卷，不同之处是心理测试要求被试者以最好的状态完成测验，而问卷则只要求被试者平常发挥就行。一个实用的心理测试必须具备信度和效度。被试者在测验中被测量的问题应该相同，并且答案也应该一视同仁。例如，一个数学测试要求被试回答：在一场足球比赛中，有两个选手被罚了红牌，剩下多少人在场比赛？要回答这个问题就要了解足球规则，这是一场不标准的比赛。

目前用于心理测量的各种心理测验测试和心理量表有二三百个，但是临床上和心理咨询工作中常用的只有二十多种，但是这些常用量表中有许多不对非专业人员公开，人们需要花几百甚至上千元参加培训才有资格购买，而且在其他地方也不容易找到。

✈ 5.1.2 常用的心理测量法

1. 量表法

（1）量表法的含义，量表法中的量表就是评定量表，评定量表是用来量化观察中所得的印象的一种测量工具。在心理健康状态评估和诊断过程中，常需对个体或群体的心理和社会心理现象进行观察，并对观察结果用数量化方式进行评估的解释，这一过程称为评定。评定要按照标准化程序来进行，这样的程序便是量表测量法，概括地称为量表法。

（2）量表法的类型。量表法不仅可以测量外显行为，如态度倾向、职业兴趣等，也可以测量自我对环境的感受，如欲望的压抑、内心冲突和工作动机等。

心理量表的类型大致分为三类：人格测评量表、能力测评量表和职业兴趣测评量表。常用的心理测量量表有人格测试量表、智力测试量表、心理健康量表、心理状态测量量表等，具体各类型相关的量表如表5-1所示。

表 5-1　常用心理测量量表

量表类型	相关量表	量表类型	相关量表
人格测试量表	艾森格人格问卷（成人）、卡特尔16种人格因素、气质测试、性向测试、明尼苏达多项人格测试和心境投射测验	智力测试量表	韦氏智力测验（儿童）、画人智力测验、瑞文智力测验、韦氏智力测验（成人）、幼儿智力测验和比内-西蒙智力测验
心理健康量表	90项症状清单、抑郁状态量表、康奈尔医学指数、焦虑自评量表、简明精神病量表和社会功能缺陷评定量表	心理状态测量量表	成人人际关系量表、成人心理压力量表、社会适应能力量表、心理适应性量表、社会支持问卷、心理年龄量表、生活事件量表、防御方式问卷和情商测试
学生心理专用量表	提高学习能力因素诊断测验、小学生心理健康综合测量量表、学习障碍的鉴别、中学生心理健康综合测量和中学生学习态度与态度测验	人力资源管理量表	职业能力倾向测试、社会适应能力诊断量表、心理发展状态测验、行动潜力测验、个人风格测评问卷、员工健康状况测评、员工素质测评、工作环境测评量表、职业满意度量表、人力资源管理能力测评、成功商数测试、霍兰德职业兴趣量表、婚恋测试量表和婚姻质量测试
婚姻心理控制源量表	艾森克性心理健康测验、恋爱方式测验、夫妻生活健康测验和婚姻安全界线检测问卷	儿童用心理测验与量表	Achenbach儿童行为量表、Rutler儿童行为问卷、父母养育方式评价量表、亲子关系与父母角色测量表、亲子关系诊断测验、托马斯婴儿气质问卷、儿童韦氏智力测验、问题行为早期发现测验、幼儿智力测验量表和康纳尔父母量表

（3）量表法的编制方法。量表法的编制方法一般包括经验法、逻辑法、因素分析法和综合法。

①经验法。经验法是指依照题目和效标之间的经验关系编制题目。运用该法编制量表分为三个步骤：选择效标组和对照组，编制题目，将题目实施于效标组和对照组。经验法的局限性一是原始效标对题目的效标影响较大；二是编制的量表缺乏理论依据。

②逻辑法。逻辑法是指根据某种理论依据或推理选择测试题目。编写时应先确定测量的个性特质，再编写理论上认为能够测定这些特质的题目。其局限性是表面效度低，直观性强，应聘者容易伪装。

③因素分析法。因素分析法是指同一量表中的题目都应该有较高的相关性和较高的内

部统一性。采用因素分析法时，应删除与其他题目没有相关性的那些题目。因素分析法的局限性是要具备大量的经验资料和大量的题目。

④综合法。理想的个性测试题目的编制策略是将上述三种方法综合起来。具体程序是：先采用逻辑法由推理获得大量题目，然后采用因素分析法编制若干同质量的表，最后采用经验法删除没有区分程度的题目。

2．行为观察法

（1）行为观察法的含义。行为观察法也称行为评价法、行为观察量表法、行为观察量表评价法，美国的人力资源专家拉萨姆和瓦克斯雷在行为锚定等级评价法和传统业绩评定表法的基础上对其不断发展和演变，他们于 1981 年提出了行为观察量表法。行为观察量表法适用于对基层员工工作技能和工作表现的考察。行为观察量表法包含特定工作的成功绩效所需求的一系列合乎希望的行为。运用行为观察量表，不是要先确定员工工作表现处于哪个水平，而是确定员工某个行为出现的频率，然后通过给某种行为出现的频率赋值，从而计算出得分。

（2）行为观察量表的编制步骤。在使用行为观察量表法时，评估者通过指出员工表现各种行为的频率来评定其工作绩效。其编制的具体步骤如图 5-1 所示。

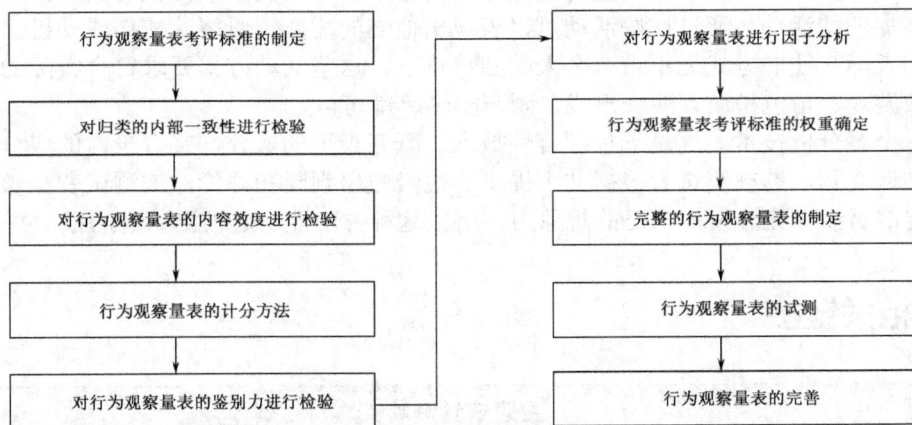

图 5-1　行为观察量表的编制步骤

3．调查法

调查法是指测评人员借助某种科学手段，有目的、有计划地向第三方了解有关被测评者的现状与历史，收集有关测评信息的一种方式。

通过调查法来收集信息进行测评时，其时空范围非常广泛，它可以弥补其他方式运用时空上的局限性。调查法可以利用群众的力量，在短时间内获得较为全面的资料、信息等，对于测评目标的实现非常有用。

调查法测评的实施步骤如下。

（1）根据被测评者及其内容选定调查对象，确定调查范围。

（2）熟悉调查对象的基本情况，实事求是地拟订调查提纲和方案。

（3）在调查访问时，应事先与调查对象联系，确定调查的时间、地点和其他有关事项。

（4）组织人员开展调查活动，运用多种调查手段收集心理测评的有关信息。

（5）对调查后的资料进行整理、汇总、分析，进行信度和效度分析，并得出调查结论。

4．投射测试法

有些心理特征是很难直接观察和测量的，如人们的动机、欲望和需要等，这就需要用投射测试法。所谓投射测试法，就是让被测试通过一定的媒介，建立自己想象的世界，在不受拘束的情景中，不自觉地表露出其个性特征的研究方法。其主要方法有以下几种。

（1）联想技术。为被测试者呈现一些刺激，请被测试者报告其对这些刺激的反应，根据被测试者的反应做出分析，常用的有墨渍投射测验、字词联想测验等。

（2）构成技术。被测试者需要根据一个或一组图形或文字材料讲述一个完整的故事。这种测验主要测量被测试者组织信息的能力，从测验的结果分析被测试者的深层心理状态。比较著名的有主题统觉测验、麦克莱兰成就测验，还有测量人们的信念、宗教信仰、价值观的测验。这种技术主要侧重于对被测试者的产出分析。

（3）句子完成法。把一些没有完成的句子呈现给被测试者，请被测试者根据自己的想法把句子完成。这种方法比较简单，却很能说明问题。

（4）等第排序技术。请被测试者把一组目标、欲望、需要等按某种标准加以排序。许多价值观、成就动机、态度的测量都采用这种技术。

（5）表现技术。这是一种侧重过程性分析的技术，不太注重被测试者的产出。要求被测试者参加一些活动，通过这些活动可以表现出他们的需要、愿望、情绪或动机，他们处理事物和人际交往的方式无不带有个人的独特特征。这些活动方式要求符合实际的生活场景，如做游戏、角色扮演、演一出戏、画一幅画等都可以。

（6）个案分析技术。这是一种综合性技术，既有表现的成分，又有投射的成分，个案设计得贴近实际，请被测试者根据文中提供的线索做出判断和评价，被测试者在操作时要付出一定的努力，充分发挥自己的想象力，所以这种方法能引起被测试者的很大兴趣。

相关链接

主题统觉测验

主题统觉测验（Thematic Apperception Test，TAT）属于投射法个人测验，是美国心理学家亨利·默瑞于 1935 年发明的。TAT 通过素描图像激发被测试者投射出内心的幻想和精神活动，无意中成为呈现测试者内心和自我的"X 光片"。下面这个测试就是利用 TAT 原理进行的内心 X 光测试，观察下面的图片，请凭第一感觉回答问题。

图中的女子正在打开房门，她打算做什么？（   ）
A．男友的房间，她一直很想看看房间里的布局陈设

B. 下班，刚刚回家

C. 拿东西，然后回厨房做饭

本测试所依据的事实是：当一个人解释一个含义模糊的社会情境时，他很容易像他所关注的现象一样暴露出自己的内心状态。他完全倾心于解释那个客观的现象，变得非常天真，没有意识到他自己，也没有想到别人正在仔细地观察他，这样一来，他也就毫无戒备，没有平日那么有警惕性……参与者暴露出了自己内心深处的一些愿望而丝毫没有察觉。主题统觉测验的目的是诱导出被测试者的生活经验、情感、个性倾向等心声。

除了以上几种心理测量方法外，还有纸笔测试法和心理测量仪器测量法。纸笔测试法主要是根据试题的内容让被测试者填写，适用于大规模招聘员工时对员工的集中测评；心理测量仪器测量法是通过科学的仪器对被测试者进行测试，以了解被测试者心理活动的一种科学方法。随着科技的发展，测量心理活动的仪器越来越多，如多导仪、眼动仪、动作稳定仪等，这些仪器在测量人的兴趣、动机、技能等方面有很大作用。

↗ 5.1.3 心理测试的类型

心理测试根据不同的划分标准可以分为不同的类型，如图 5-2 所示，分别按照心理测试的测试人数、测试内容、测试材料和测试方法划分不同的心理测试类型。

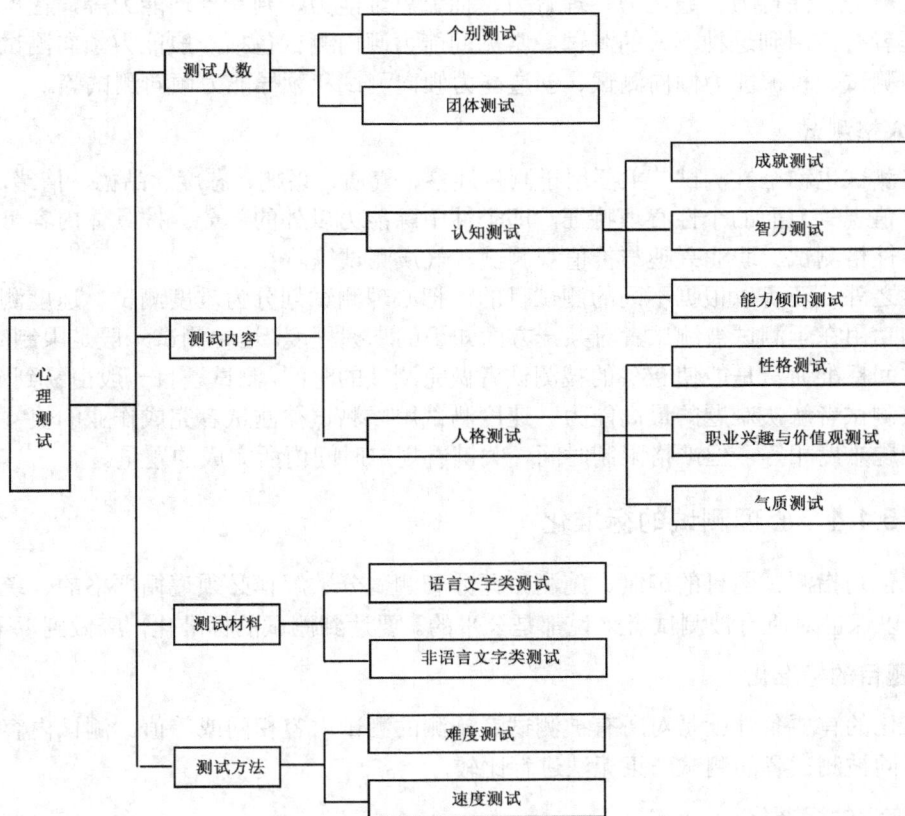

图 5-2 心理测试的常见类型

在这些划分方法中，最常用的一种是根据心理测试内容，将其划分为认知测试和人格测试。

1．认知测试

认知测试是指对一个人的认知行为进行测试。通过进一步细化又可将认知测试划分为成就测试、智力测试和能力倾向测试。

（1）成就测试。成就测试也称成绩测验，主要考察受测者在学习和训练后所具有的知识和技能水平，由于它被广泛地应用在教育工作中，因此，有时也被称为教育测试。根据不同的标准，还可以对之进行更为细致的分类。影响成就测验成绩的不仅是能力，而且包括通过学习所掌握的知识。成就测试具体包括专业知识考试、综合知识考试和外语水平考试等。

（2）智力测试。智力测试就是对智力的科学测试，它主要测验一个人的思维能力、学习能力和适应环境的能力。通常认为，所谓智力就是指人类学习和适应环境的能力。智力包括观察能力、记忆能力、想象能力、思维能力等。测试的结果用智商（Intelligence Quotient，IQ）表示，它衡量被测人员在工作中较为稳定的行为特征。

（3）能力倾向测试。能力倾向测试，也称能力测试，是指测试受测者较稳定的、表现在认知能力方面的心理特质，主要体现人在外部环境的影响下，不易改变的那些认知特点，如人的观察力、注意力、记忆力、理解力、抽象思维能力、判断推理能力等，在挑选企业经营管理者时常用到这种形式的测试。常见的能力倾向测试包括一般能力倾向测试、特殊能力倾向测试、机械能力倾向测试、创造能力倾向测试和领导能力倾向测试等。

2．人格测试

人格测试也称个性测试，主要用于测量性格、气质、兴趣、态度、品德、情绪、动机、信念、价值观等方面的个性心理特征，即个性中除能力以外的部分。按具体内容可将人格测试分为性格测试、职业兴趣与价值观测试、气质测试等。

除此之外，还可以根据不同的测试目的，把心理测试划分为难度测试、速度测试。难度测试的功用在于测试被测试者对某一方面知识的掌握程度。这种测试一般是限制时间的，给出的时间标准通常是能使95%的被测试者做完测试的时间。测试题目一般由易到难排列，以测试被测试者解决难题的最高能力。速度测试用以测试被测试者完成作业的快慢，这种测试的测题难度相等，但严格限制时间，关键看规定时间内所完成的题量。

➔ 5.1.4　心理测试的标准化

标准化是指测试题目的编制、施测、评分和测试分数解释必须遵循严格的、统一的科学程序，以保证对所有被测试者来说都是公平的。要达到测试的标准化，应做到以下几点。

1．题目的标准化

标准化的首要条件就是对所有被测试者施测的测试内容相同或等值。测试内容不同，将使得不同被测试者的测试结果无法进行比较。

2．施测的标准化

标准化的心理测试必须保证所有被测试者在相同的测试条件下接受测试。相同的测试条件包括：相同的测试环境、时间限制和指导语等。只有这样，才能确保测试结果不受其他无关因素的干扰。

3．评分的标准化

标准化的心理测试必须保证评分的客观性，这体现在不同评分者对同一被测试者的应答进行评分时所采取的方法和得出的结果是一致的；也体现在同一评分者对不同被测试者的应答进行评分时所采取的方法和尺度是一致的。

4．解释的标准化

必须保证分数解释的标准化。评分者对同一个测试分数做出的推论和解释应是一致的，多数心理测试均依据常模做出解释，以保证解释的客观性。如表 5-2 所示是某公司针对员工的心理测试。

表 5-2　某公司员工心理测试

一、测试说明
每题只能选择一个答案，该答案应为你的第一印象，把相应答案的分值相加即为你的得分。
二、测试题目
1.你更喜欢吃哪种水果？（　　）
A.草莓　B.苹果　C.西瓜　D.菠萝　E.橘子
2.你平时休闲经常去的地方是（　　）。
A.郊外　B.电影院　C.公园　D.商场　E.酒吧　F.练歌房
3.你认为容易吸引你的人属于下列哪类人？（　　）
A.有才气的人　B.依赖你的人　C.优雅的人　D.善良的人　E.性情豪放的人
4.如果你可以成为一种动物，你希望自己是（　　）。
A.猫　B.马　C.大象　D.猴子　E.狗　F.狮子
5.天气很热，你更愿意选择什么方式解暑？（　　）
A.游泳　B.喝饮料　C.开空调
6.如果必须与一种你讨厌的动物或昆虫在一起生活，你能容忍哪一种？（　　）
A.蛇　B.猪　C.老鼠　D.苍蝇
7.你喜欢哪类电影、电视剧？（　　）
A.悬疑推理类　B.童话神话类　C.自然科学类　D.伦理道德类　E.战争枪战类
8.以下哪个是你身边必带的物品？（　　）
A.打火机　B.口红　C.记事本　D.纸巾　E.手机
9.你出行时喜欢选择哪种交通方式？（　　）
A.火车　B.自行车　C.汽车　D.飞机　E.步行
10.以下颜色你更喜欢哪种？（　　）
A.紫　B.黑　C.蓝　D.白　E.黄　F.红
11.下列运动中你最喜欢的（不一定擅长）是（　　）。
A.瑜伽　B.自行车　C.乒乓球　D.拳击　E.足球　F.蹦极
12.如果你拥有一栋别墅，你会把它建在哪里？（　　）
A.湖边　B.草原　C.海边　D.森林　E.城中区
13.你更喜欢以下哪种天气现象？（　　）
A.雪　B.风　C.雨　D.雾　E.雷电
14.你希望自家窗户在一栋 30 层大楼的第几层？（　　）
A.7　B.1　C.23　D.18　E.30
15.你认为自己更喜欢在哪座城市生活？（　　）
A.丽江　B.拉萨　C.昆明　D.西安　E.杭州　F.北京

三、评分标准表

选项 题号	A	B	C	D	E	F	选项 题号	A	B	C	D	E	F
1	2	3	5	10	15		9	2	3	5	10	15	
2	2	3	5	10	15	20	10	2	3	5	8	12	15
3	2	3	5		15		11	2	3	5	8	10	15
4	2	3	5	10	15	20	12	2	3	5	10	15	
5	5	10	15				13	2	3	5	10	15	
6		2	5	10	15		14	2	3	5	10	15	
7	2	3	5	10	15		15	1	2	5	8	10	15
8	2	2	3	5	10								

四、测试结果分析

得分区间	心理素质评价
1.180 分以上	意志力强，头脑冷静，有较强的领导欲，事业心强，不达目的不罢休，外表和善，内心自傲，对有利于自己的人际关系比较看重，有时显得性格急躁，咄咄逼人，得理不饶人，境况不利于自己时顽强抗争，不轻易认输，理性思维，对爱情和婚姻的看法很现实，对金钱的欲望一般
2.140～179 分	聪明，性格活泼，人缘好，善于交朋友，心机较深，事业心强，渴望成功，思维较理性，崇尚爱情，但当爱情与婚姻发生冲突时会选择有利于自己的婚姻，金钱欲望强烈
3.100～139 分	爱幻想，思维较感性，以是否与自己投缘为标准选择朋友，性格显得较孤傲，有时较急躁，有时优柔寡断，事业心较强，喜欢有创造性的工作，不喜欢按规矩办事，性格倔强，言语犀利，不善于妥协，崇尚浪漫的爱情，但往往想法不切合实际，金钱欲望一般
4.70～99 分	好奇心强，喜欢冒险，人缘较好，事业心一般，对待工作随遇而安，善于妥协，善于发现有趣的事情，无足够的耐心，敢于冒险，但有时较胆小，渴望浪漫的爱情，但对婚姻的要求比较现实，不善于理财
5.40～69 分	性情温良，重友谊，性格踏实稳重，但有时也比较狡黠，事业心一般，对本员工作能认真对待，但对自己专业以外的事物没有太大的兴趣，喜欢有规律的工作和生活，不喜欢冒险，家庭观念强，比较善于理财
6.40 分以下	散漫爱玩，富于幻想，聪明机灵，待人热情，爱交朋友，但对朋友没有严格的选择标准，事业心较差，更善于享受生活，意志力和耐性都较差，我行我素，有较好的异性缘，但对爱情不够认真，容易妥协，没有理财观念

⊃ 5.2　智力测试

➷ 5.2.1　智力的构成和衡量

1.　智力的构成

人类的智力（Intelligence）是指人认识、理解客观事物并运用知识、经验等解决问题的能力，包括记忆、观察、想象、思考、判断等。这个能力包括以下几点：理解、判断、解决问题，抽象思维，表达意念及语言和学习的能力。当考虑到动物智力时，"智力"的定义也可以概括为：通过改变自身、改变环境或找到一个新的环境去有效地适应环境的能力。

人的智力基本由七种要素构成：语文理解能力、数字能力、空间知觉能力、知觉速度能力、语言流畅能力、记忆能力和推理能力。特别需要指出的是智力不指代智慧，两者意义有一定的差别。

2．智力水平的衡量

智力水平实质就是一个人的智力与其同龄人相比所处的位置。用来衡量智力水平的量数称为 IQ，即人们在智力测试中获得的分数。IQ 有两种计算方法：比率智商和离差智商。

（1）比率智商。最早对智力量化做出努力的人物是比奈，比奈在他的智力量表中采用了"智力年龄"这个概念。智力年龄简称智龄，也称心理年龄，是指智力达到某一年龄水平，是衡量一个人智力高低的尺度。比奈采用 IQ 来表示智力分数，以表示智力发展的相对水平。

$$IQ=智力年龄/实际年龄×100$$

在这里，IQ 是智力年龄与实际年龄的比率。式中乘以 100，则是为了把小数化为整数。IQ100 代表智力的一般水平，若智商超过 100，证明此人智力水平高；若低于 100，则说明其智力水平低。

在测验一个儿童的智力时，他所得的分数是以他所通过的测验题目的数目为依据的。而测验题目是按年龄来分组的，因此他的智力可以用年龄来表示。一个 5 岁儿童如果通过了 5 岁组的题目，他的智力年龄就是 5 岁。

（2）离差智商。比率智商又带来了新的问题，因为它是以假定智力年龄随实际年龄一起增长为基础的，但实际上并不如此，人达到某一年龄，一般是 16 岁后，智力年龄就不再随着实际年龄而增长了。这样，一个人一旦到了这一年龄，当他的实际年龄再增加时，他所得到的比率智商会日益减少，势必出现儿童期智力高、成年期智力反而低的不合理现象。面对这一难题，美国著名心理测量学家韦克斯勒改进了 IQ 的计算方法，把比率智商改成离差智商，废弃了智龄这一概念。离差智商是根据标准差和平均数来计算 IQ 的，即用一个人在他的同龄人中的相对位置来衡量他的 IQ。例如，两个年龄不同的成年人，一个人的智力测量得分高于同龄组分数的平均值，另一个人的得分低于同龄组分数的平均值，那么我们就可以得出这样的结论：前者的 IQ 比后者高。现在，大多数智力测量都用离差智商来表示一个人的智力水平。

离差智商的计算公式为

$$IQ=100+15Z=100+15(X-M)/S$$

式中　　Z——标准分数；

　　　　X——某人在测试中的实得分数；

　　　　M——人们在测试中取得的平均分数；

　　　　S——该组人群分数的标准差。

↱ 5.2.2　智力测试的常用工具

1．瑞文智力测验

瑞文智力测验是由英国心理学家瑞文于 1938 年设计的一种非文字智力测验。由于该测验是非文字的，它较少受到本人知识水平或受教育程度的影响，努力做到公平，故心理学家们尤其喜欢采用这个测验作为跨文化研究的工具。

（1）瑞文智力测验概述。瑞文测验分为两型，标准型（Standard Progressive Matrices，SPM）是瑞文测验的基本型，于 1938 年问世，适用于 11 岁到成年被测试者，有 5 个黑白系列；彩色型（Color Progressive Matrices，CPM）编制于 1947 年，适用于 5.5 岁到 11 岁的儿童及智力落后的成人，分为三个系列。SPM 一共由 60 张图案组成，按逐步增加难度的顺序分成 A、B、C、D、E 五组，每组图案都有一定的主题，题目的类型略有不同。A 组主要测知觉辨别力、图形比较、图形想象力等；B 组主要测类同、图形组合等；C 主要测比较、推理和图形组合；D 组主要测系列关系、图形组合、比拟等；E 组主要测互换、交错等抽象推理能力。

每组中包含 12 个题目，按逐步增加难度的方式排列。每个题目由一幅缺少一小部分的大图案和作为选项的 6～8 张小图案组成（A 和 B 组有 6 张，C、D、E 组有 8 张），测验中根据隐藏在一系列抽象符号和图案中的规律，选择某个小图案放入到大图案中缺少的位置，如图 5-3 所示。测验结果须先计算出原始分数，然后按常模资料确定被测试者的智力等级，一般以百分位常模表示。

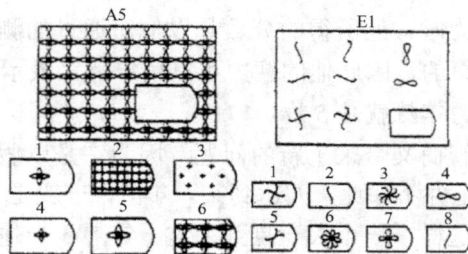

图 5-3　瑞文标准推理测验测试题示例

（2）瑞文智力测验的实施。

①瑞文测验既可以团体施测，也可以作为个别测验。

②测验开始时先发给被测试者一张记录纸，要求填好姓名、性别、年龄等项。然后发放测验图册，通过例题练习，测试者告诉被测试者答题的方法和方式。

③明确告诉被测试者，测验时间满 40 分钟时，不管是否做完，一律交卷。

（3）瑞文测验的记分方法。瑞文测验题一律为二级评分，即答对给 1 分，答错为 0 分。被测试者在这个测验上的总得分就是他通过的题数，即测验的原始分数。

瑞文测验的量表分数是先将被测试者的原始分数换算为相应的百分等级，再将百分等级转化为 IQ 分数。例如，一个 16 岁儿童测得原始总分为 58 分，先查百分等级常模表得 58 分相应的百分等级为 84，再查智商常模表得 84 百分等级的 IQ 为 115。

2．韦克斯勒成人智力测验

韦氏智力量表（Wechsler Intelligence Scales）由美国心理学家韦克斯勒编制，是国际通用智力量表。韦氏智力量表于 1955 年首先编制，后于 1981 年和 1997 年经过两次修订。韦克斯勒在他设计的智力测验里，分出了一些分测验来测量各种智力。这些分测验又各分为两大类：一类是言语测验，组成言语量表（Verbal Scale，VS），根据这一量表结果计算出来的 IQ 称为言语智商（Verbal IQ，VIQ）；另一类是操作测验，组成操作量表（Performance

Scale，PS），根据它结果计算出操作智商（Performance IQ，PIQ）。两个量表合称全量表（Full Scale，FS），其智商称全智商（Full IQ，FIQ）。以 FIQ 代表被测试者的总智力水平。韦氏智力量表主要包括以下几个。

（1）韦克斯勒学前和小学儿童智力量表（Wechsler Preschool and Primary Scale of Intelligence，WPPSI）。

（2）韦克斯勒儿童智力量表（Wechsler Intelligence Scale for Children，WISC）。

（3）韦克斯勒成人智力量表（Wechsler Adult Intelligence Scale，WAIS）。

这是一种内容很多的个别测验，在招聘时主要用于高级人员的挑选工作。主持这种测验，要求被测者训练有素，经验丰富。如前所述，成人智力量表包括言语量表和操作量表两部分。前者包括知识、领悟、算术、相似性、数字广度、词汇解释六个分测验，后者包括数字符号、图画填充、木块图、图片排列和图形拼凑五个分测验。测验项目如表 5-3 所示。

表 5-3　韦氏智力量表分测验项目

测验	分测验	题目数量	开始	实施方法
言语量表	1.知识	29	5	5 和 6 题均失败则进行 1—4 题，连续 5 题失败便停止
	2.领悟	14	3	3、4、5 题有任何一题失败则进行 1 和 2 题，连续 4 题失败便停止
	3.算术	14	3	心算，3 和 4 题均失败则进行 1 和 2 题，连续 4 题失败便停止
	4.相似性	13	1	连续 4 题失败便停止
	5.数字广度	12	顺 10 倒 1	顺背、倒背分别进行，速度一秒一个数字，背对一项继续下一项，背错则两试，两试失败便停止
	6.词汇	40	4	4—8 题有一题失败则进行 1 和 3 题，连续 5 题失败便停止
操作量表	7.数字符号			1—9 数字从左到右，不得跳格，填完第一排再填第二排，限时 90 秒
	8.图画填充			21 张卡片指出缺笔部位及名称，第一、二图均告之缺少部分，每图限时 20 秒
	9.木块图			10 张卡片不给看第一张卡，先演示再由被测试者摆放；正确记 4 分，并给图 2；失败则二次演示
	10.图片排列			8 组图片第一项告之是鸟巢，第二项开始便不告之。1 和 2 题失败便停止
	11.图形拼凑			4 套图形板应完成全部项目，每接一点记一分，提前完成可加分

⤷ 5.3　能力倾向测试

↱ 5.3.1　能力倾向测试概述

1．能力倾向测试的含义

能力倾向测试（Aptitude Test）是对人的不同能力因素水平和观测其将来从事某种专业或工种活动能力的测验。它包括社会智能倾向测验、特殊能力测验及创造力测验等。能力倾向测试通过对受试人才思维的流畅性、变通性和独特性进行评分，对其能力划分等级，判断其能力水平。

能力倾向测试，又称特殊能力测试。它不同于成就测试（或教育测试），其目的在于测量未来的成就。它又和智力测试不同，后者主要是提出个人认知发展总水平的综合衡量。事实上，一种传统的智力测试总是包括一些分得清的特殊能力，但其中分测试的分数又不能成为各种特殊能力个别差异的可靠指标。因此，从测验学的角度看，一般叫做能力倾向测试。不同岗位所需要的能力倾向不同，如表 5-4 所示。

表 5-4　各岗位需要的能力要求

岗位名称	能　力
副总经理	企业经营管理决策能力、组织能力、协调能力和创新能力等
技术部部长	观察能力、思维能力、领导能力、发明创新能力等
生产部长	企业生产指挥和协调解决生产问题的能力等
行政专员	分析判断能力、起草文案能力和事务处理能力等
装配	手臂灵活性、操作机械能力
司机	快速反应能力、注意力
消防队员	爆发力
染整工人	辨色能力
机加工	手眼协调能力
技术革新、技术推广人员	观察能力、记忆能力、思维能力、想象力、操作能力等

2．能力倾向测试的分类

能力倾向测试的目的在于发现被测试者的潜在才能，深入了解其长处和发展倾向。能力倾向测试按内容可划分为一般能力倾向测试和特殊能力倾向测试。

（1）一般能力倾向测试。一般能力倾向测试（General Attitude Test Battery，GATB）主要是测量一个人多方面的特殊潜能。例如，区分能力倾向测验，它可以预测一个人哪方面潜在能力较强或较弱，多用于选择人才和就业指导。一般能力倾向测试主要测量思维力、想象力、记忆力、推理力、分析力、数学能力、空间关系力、语言能力等，典型方法有一般能力倾向测试、区分性能力倾向测试。

（2）特殊能力倾向测试。特殊能力倾向测试偏重测量个人的特殊潜在能力，如音乐能力、机械能力。特殊能力倾向测试包括文书能力测试、机械能力测试、创造力测试、音乐能力测试、霍恩美术能力测试和心理运动机能测试等。特殊能力倾向测试要测量独特于某一职业的能力，典型方法有明尼苏达办事员能力测试、斯奈伦视力测试、西肖音乐能力测试、梅尔美术判断测试、飞行能力测试。

➔　5.3.2　一般能力倾向测试

GATB 由 15 种测验项目构成，其中 11 种是纸笔测验，4 种是器具测验，可以测定 9 种能力倾向。

1．GATB 的项目

表 5-5 列出了 GATB 的 15 个分测试及其测评目的和每项测试的时间限制。

表 5-5　GATB 的具体项目、测试目的及时间限制

	测验项目	测试要求及得分标准	测评目的	测试时间
纸笔测验	1　工具匹配	用简单的工具之类的图形，让受测者判别 4 个图形中哪个与所呈现的图形一样；图形的差异仅仅是黑白的涂法不同。答对的合计得分	S、P	1 分 30 秒
	2　名字比较	比较判定左右一对名词或数字等的异同，如 3569—3596。答对的合计得分	V	3 分
	3　画纵线	不要碰到 H 两侧的线，但必须切到 H 的横线，尽量多地画短线。正确画出的短线数合计得分	K	15 秒
	4　计算	进行加减乘除的计算，答对的合计得分	N	3 分 30 秒
	5　平面图判断	让受测者判别改变左框中图形的位置，能构成右边图形中的哪个图形。答对的合计得分	S、N	2 分
	6　打点速度	在连续排列的四个方框中，用铅笔在每个框内尽快地打 3 个点，所打点数为得分	K	30 秒
	7　立体图判断	让受测者判断将左框中展开的图形折叠或弄圆等，看能构成右边 4 个图中的哪个。答对的合计得分	G、N	1 分 30 秒
	8　算术应用	解算术应用题，答对的合计得分	Q、G	3 分 30 秒
	9　语义	例如，从下面 4 个词语中选出词义相同或相反的两个词语：①粗；②广；③细；④小	V、G	2 分
	10　打记号	在四个方框中，尽快地写入记号，填入记号的数为得分	K	30 秒
	11　形状匹配	从一组图形中选出形状、大小与另一组图形一样的各个图形，答对的合计得分	S、P	2 分
器具测验	12　插入	手腕作业检查盘的上部与下部各有 48 个孔，上部插着 48 根圆棒。受测者两手同时从上部的孔中逐个拔出圆棒，将其插在对应的下部的孔中，以正确插入下部的数为得分	M	15 秒×3 次
	13　调换	同样使用手腕作业检查盘，用单手拔出一根棒，用同一只手将拔出的棒上下反转，插入原来的孔中，正确插入数为得分	M	30 秒×3 次
	14　组装	手指灵巧检查盘有 50 个孔，在这里附有金属的小铆钉和座圈。受测者从上半部盘的孔中，用一只手拔出图形的铆钉，同时用另一只手从旁边圆柱中拔出座圈，把它安在铆钉上，仍然用一只将其插进与拔出的孔相对应的下半部的孔中，正确插入数为得分	F	1 分 30 秒
	15　分解	使用上述手指灵巧检查盘，受测者从下部盘的孔中拔出铆钉，将座圈取出，用一只手将座圈插在旁边圆柱上，用另一只手将铆钉插在与下部拔出位置相对应的上半盘的孔中，以插入上半部位置的铆钉数为得分	F	1 分

对表 5-5 中"测评目的"栏解释如下。

（1）智能（G）：指一般的学习能力，对测验说明、指导语和诸原理的理解能力，推理判断的能力，迅速适应新环境的能力。

（2）数理能力（N）：指在正确、快速地进行计算的同时，能进行推理，解决应用问题

的能力。

（3）言语能力（R）：指理解言语的意义及与它关联的概念，并有效地掌握它的能力。对言语相互关系及文章和句子意义的理解能力,也包括表达信息和自己想法的能力。

（4）书写知觉（Q）：指对词、印刷物、各种票据之细微部分正确知觉的能力；能直观地比较辨别词和数字，发现错误或校对的能力。

（5）空间判断能力（S）：指对立体图形及平面图形与立体图形之间关系的理解、判断能力。

（6）形状知觉（P）：指对实物或图解之细微部分正确知觉的能力；根据视觉能够对图形的形状和阴影部分的细微差异进行比较辨别的能力。

（7）手指灵巧度（F）：指快速、正确地活动手指，用手指很准确地操作细小东西的能力。

（8）手腕灵巧度（M）：指随心所欲地、灵巧地活动手及手腕的能力，如手拿、放置、调换、翻转物体时手的精巧运动和腕的自由运动能力。

（9）动作协调（K）：指正确、迅速地使眼和手相协调，并迅速完成操作的能力，要求手能跟随眼睛能看到的东西正确而迅速地做出反应动作，并进行准确控制。

这九种能力可以概括为三个一般因素：一般学习因素，包括智力、言语能力和数理能力；知觉因素，包括空间判断能力、形状知觉和书写知觉；心理运动因素，包括动作协调、手指灵巧度和手腕灵巧度。

2．一般能力倾向与职业类型的匹配

GATB 不仅仅是一套能力测试题，它还在测试的基础上判定了 15 种与职业能力倾向相匹配的职业类型，如表 5-6 所示。

表 5-6　GATB 所判定的职业能力倾向与职业类型匹配表

序　号	职　　业	职业能力倾向类型
1	人文系统的专门职业	G-V-N
2	特别需要言语能力的事务职业	G-N-Q
3	自然科学系统的专门职业	G-N-S
4	需要数学能力的一般事务职业	G-N-Q
5	机械装置的操纵运转及警备保安职业	G-Q-M
6	机械事物的职业	G-Q-K
7	需要一般性判断和注意力的职业	G-Q
8	美术作业能力	G-S-P
9	设计、制图作业及电器职业	N-S-M
10	制版、描图的职业	Q-P-F
11	检查分类职业	Q-P
12	造型手指作业的职业	S-P-F
13	造型手臂作业的职业	S-P-F
14	手臂作业的职业	P-M
15	看视作业、身体性作业的职业	K-F-M

➤ 5.3.3　特殊能力倾向测试

特殊能力倾向测试包括文书能力测试、机械能力测试、创造力测试、音乐能力测试、霍恩美术能力测试和心理运动机能测试等。本书主要介绍文书能力测试、机械能力测试和创造力测试这三种特殊能力倾向测试。

1. 文书能力测试

文书能力测试的特点是强调知觉速度和动作的敏捷性。但在实际的文书工作中，除了需要这两种能力外，言语和数理能力也很重要。因此许多文书能力测试题目中包括与智力测试类似的题目及测量知觉速度和准确性的题目。文书能力测试又分为一般文书能力测试及测量速记能力、计算机程序编制与操作能力的测试。

文书能力测试目前的测试方法有三种：明尼苏达文书测试、一般文书测试和计算机操作能力测试。

（1）明尼苏达文书测试（Minnesota Clerical Test）。该测试由安得鲁和帕特森编制，主要用于选拔职员、检验员和其他要求知觉和操纵符号能力的职业人员。测试分两部分：数字比较和姓名比较，要求被测试者检查 200 对数字和 200 对姓名的匹配正误。测试以正确题数减去错误题数记分，其重测信度为 0.70～0.89，测试分数与教师和上级评定有中等相关。

📖 **相关链接**

明尼苏达文书测试举例

如果同一组的两个数或名称完全相同，则在中间的线上打钩。

（1）66273894——66273984

（2）527384578——527384578

（3）New York World——New York World

（4）Cargilll Grain Co——Cargilll Grain Co

（2）一般文书测试（General Clerical Test）。该测试是由美国一家公司发行的一种综合的文书能力测试，测试包括九个部分，按三种不同的能力分三组记分，这三种所测能力的具体分测试及测试目的如表 5-7 所示。

表 5-7　一般文书测试明细表

所测能力	具体分测试及测试目的
文书速度和准确性	由校对和字母排列两个分测试组成，目的在于测量一般的文书才能
数字能力	由简单计算、指出错误、算术推理三个分测试组成，旨在测量被测试者的算术潜能
言语流畅性	由拼字、阅读理解、字词和文法三个分测试组成，目的在于测量语文的流利能力

测试时间约为 50 分钟，测试结果除总分外，还有三个组的分数。

（3）计算机操作能力测试。由于计算机在办公自动化中的作用越来越重要，文书人员也要求具有一定的程序编制和计算机操作能力。计算机程序员能力倾向成套测试由帕洛摩编制，包括五个分测试：言语意义、推理、字母系列、数字能力和制图能力，主要用于评估和选择学习计算机课程的申请者。编制过程中，研究者对初学者和有经验的程序员的测试结果进行分析，选择合适的测题编成测试，常模以百分位表示。

计算机操作能力倾向测试由赫罗威编制，包括三个分测试，分别为序列再认、格式检查（检查字母和数字遵从的特定格式）和逻辑思维，用来评估个人在学习计算机操作时重要的能力倾向。

2．机械能力测试

机械能力测试是最早和最经常用于工业或军事测试中的特殊能力倾向测试。但大多数机械能力测试测量的能力很广泛，如视动协调因素、知觉及空间关系能力、机械推理和机械知识等。在机械能力测试上存在性别差异，男性通常在空间和机械理解题上得高分，而女性在手部灵巧度与知觉辨别题上得分高，且这种差异与年龄成正比，这可能有文化因素的作用。

在20世纪20年代后期，帕特森及其同事在明尼苏达大学对机械能力做了严格的分析，结果产生了三个测试：明尼苏达机械拼合测试、明尼苏达空间关系测试和明尼苏达书面形状测试。

（1）明尼苏达机械拼合测试。空间知觉是机械职业能力中非常重要的因素，这种因素主要用于衡量人们的立体视觉及空间操作能力。明尼苏达机械拼合测试要求被测人员拼排随机排放的机械物体，目的在于衡量人们动作的敏捷性、空间知觉及机械理解能力。

（2）明尼苏达空间关系测试。该测试由特拉布等修订，包括A、B、C、D四块板，两套几何形状的木块，一套插在A板和B板的凹陷处，另一套插在C板和D板的凹陷处。测试开始时，这些木块是零散摆放的，被测试者的任务是捡起木块并尽可能快地放入板中的特定凹陷处。完成所有木块所需时间为10～20分钟，成绩按时间和错误次数记分。测试信度高达0.80，测试与特定工作的相关在0.50左右。

（3）明尼苏达书面形状测试。该测试由里克特和夸沙修订，为明尼苏达空间关系测试的纸笔形式。题目采用多重选择形式，每题包括一个分解几何图案题和五个拼凑成整体的选项图案，要求被测试者在五个选项图案中选择一个图案，正好是分解图案拼凑成整体的形状。测试的复本信度为0.80～0.89。研究表明，在测三维空间的立体视觉和操作能力时，这个测试是有效和有用的工具之一，在预测工厂工作和工程等技术课程成绩、上级评定及在检验、包装、机械操作等工业职业的实际成就方面很有用处。虽然编者原意是设计一个比明尼苏达空间关系测试更有效实施的一种修订形式，但结果发现二者的相关性相对于它们自身的复本信度要低。

3．创造力测试

创造力是指产生新思想，发现和创造新事物的能力。它是成功地完成某种创造性活动所必需的心理品质。例如，创造新概念、新理论，更新技术，发明新设备、新方法，创作新作品都是创造力的表现。创造力是一系列连续的、复杂的、高水平的心理活动。它要求人的全部体力和智力的高度紧张，以及创造性思维在最高水平上进行。

创造力测试主要测量各种创新思维能力。20 世纪 50 年代，吉尔福等心理学家发现，智力测试不能测量人的创造力。目前所编制的创造力测试的题目多属开放型，导致在评分和确定效度和信度方面有些困难。创造力测试目前还主要用于科学研究。创造力测试是心理测试适应时代需要的一个新动向。当前的几个创造力测试的信度一般比智力测试高。但创造力测试在一定程度上还是能够预测一个人创造成就的大小的。创造力测试的代表性工具有吉尔福特创造力测试和威廉斯创造力测试。

（1）吉尔福特创造力测试。吉尔福特是美国心理学会主席，他与同事创编了一套测验题，共有 13 个部分。其中前 10 个要求言语反应，后 3 个为图形内容的非言语测验。这套量表的适用范围主要是初中以上文化水平的青少年及成人，其测试项目和测试内容如表 5-8 所示。

表 5-8　吉尔福特创造力测试表

测试项目	测试内容	举例
词语流畅性测验	要求被测试者迅速写出包含有某一特定字母的单词	如 "a"
观念流畅性测验	要求被测试者迅速写出属于某种特殊类别的事物	如 "半圆结构的物体"
联想流畅性测验	要求被测试者列举某一词的近义词	如 "承担"
表达流畅性测验	要求被测试者写出具有 4 个词的一句话，这 4 个词的词头都指定某个字母	如 "k-u-y-i"
非常用途测验	要求被测试者列举出某种物体通常用途之外的非常用途	如 "砖头"
比喻解释测验	要求被测试者填充意义相似的几个句子	如 "这个妇女的美貌已是秋天，她……"
用途测验	要求被测试者尽可能列举出某件东西的用途	如 "空罐头瓶"
故事命题测验	要求被测试者写出一个短故事情节的所有合适的标题	如："冬天到了，一个百货商店的新售货员忙着销售手套，但他忘记了手套应该配对出售，结果商店最后剩下 100 只左手手套。"
后果推断测验	要求被测试者列举某种假设事件所有不同的结果	如："如果每周再多一天休息，那么会发生什么结果？"
职业象征测验	要求被测试者根据某个称呼列举出它代表或象征的所有可能的工作	如 "灯泡"
绘图测验	要求被测试者把某个简单图形复杂化，组成尽可能多的可辨认的物体	用五条直线组成不同的图形
装饰测验	要求被测试者在普通物体的轮廓上尽可能多地设计出不同的装饰方案来	
加工物体测验	要求被测试者利用一套简单的图案，如圆形、三角形、长方形、梯形等，画出指定的事物（电视）。在画物体时，可以重复使用任何一个图形，也可以改变其大小，但不能添加其他图形和线条	

（2）吉尔福特创造力测试。威廉斯继承并发展了吉尔福特的三维智力理论，创立了"威廉斯创造力倾向测试量表"，具体内容如"威廉斯创造力倾向测量表示例"所示。

威廉斯创造力倾向测量表示例

一、完整测量表

这是一份帮助你了解自己创造力的练习。在下列句子中，如果你发现某些句子所描述的情形很适合你，则请在题后的表格里"完全符合"的选项内打钩；若有些句子只是在部分时候适合你，则在"部分符合"的选项内打钩；如果有些句子对你来说根本是不可能的，则在"完全不符"的选项内打钩。

注意：每题都要做，不要花太多时间去想。所有题目都没有"正确答案"，凭你读完每句话的第一印象作答。虽然没有时间限制，但尽可能地争取以较快的速度完成，越快越好。

切记：凭你自己的真实感受作答，在最符合自己的选项内打钩。每题只能打一个钩。

1. 在学校里，我喜欢试着对事情或问题做猜测，即使不一定能猜对也无所谓。

　　　　　　　　　　　　　　　　□完全符合　□部分符合　□完全不符

2. 我喜欢仔细观察我没有见过的东西，以了解详细的情形。

　　　　　　　　　　　　　　　　□完全符合　□部分符合　□完全不符

3. 我喜欢变化多端和富有想象力的故事。　□完全符合　□部分符合　□完全不符

4. 画图时我喜欢临摹别人的作品。　　　　□完全符合　□部分符合　□完全不符

5. 我喜欢利用旧报纸、旧日历及旧罐头盒等废物来做成各种好玩的东西。□完全符合　□部分符合　□完全不符

6. 我喜欢幻想一些我想知道或想做的事。　□完全符合　□部分符合　□完全不符

7. 如果事情不能一次完成，我会继续尝试，直到完成为止。□完全符合　□部分符合　□完全不符

8. 做功课时我喜欢参考各种不同的资料，以便得到多方面的了解。

　　　　　　　　　　　　　　　　□完全符合　□部分符合　□完全不符

9. 我喜欢用相同的方法做事情，不喜欢找其他新的方法。□完全符合　□部分符合　□完全不符

10. 我喜欢探究事情的真相。　　　　　　□完全符合　□部分符合　□完全不符

11. 我喜欢做许多新鲜的事。　　　　　　□完全符合　□部分符合　□完全不符

12. 我不喜欢交新朋友。　　　　　　　　□完全符合　□部分符合　□完全不符

13. 我喜欢想一些不会在我身上发生的事。□完全符合　□部分符合　□完全不符

14. 我喜欢想象有一天能成为艺术家、音乐家或诗人。

　　　　　　　　　　　　　　　　□完全符合　□部分符合　□完全不符

15. 我会因为一些令人兴奋的念头而忘了其他事。

　　　　　　　　　　　　　　　　□完全符合　□部分符合　□完全不符

16. 我宁愿生活在太空站，也不愿生活在地球上。

　　　　　　　　　　　　　　　　□完全符合　□部分符合　□完全不符

17. 我认为所有问题都有固定答案。　　　□完全符合　□部分符合　□完全不符

18. 我喜欢与众不同的事情　　　　　　　□完全符合　□部分符合　□完全不符

19. 我经常想知道别人正在想什么。　　　□完全符合　□部分符合　□完全不符

20. 我喜欢故事或电视节目中所描述的事。□完全符合　□部分符合　□完全不符

21. 我喜欢和朋友在一起，和他们分享我的想法。

　　　　　　　　　　　　　　□完全符合　□部分符合　□完全不符

22. 如果一本故事书的最后一页被撕掉了，我就自己编造一个故事，把结局补上去。

　　　　　　　　　　　　　　□完全符合　□部分符合　□完全不符

23. 我长大后，想做一些别人从没想过的事。　□完全符合　□部分符合　□完全不符

24. 尝试新的游戏和活动是一件有趣的事。　□完全符合　□部分符合　□完全不符

25. 我不喜欢受太多规则限制。□完全符合　□部分符合　□完全不符

26. 我喜欢解决问题，即使没有正确答案也没关系。

　　　　　　　　　　　　　　□完全符合　□部分符合　□完全不符

27. 　有许多事情我都很想亲自去尝试。

　　　　　　　　　　　　　　□完全符合　□部分符合　□完全不符

28. 我喜欢唱没有人知道的新歌。　　□完全符合　□部分符合　□完全不符

29. 我不喜欢在班上同学面前发表意见。　□完全符合　□部分符合　□完全不符

30. 当我读小说或看电视时，我喜欢把自己想成故事中的人物。

　　　　　　　　　　　　　　□完全符合　□部分符合　□完全不符

31. 我喜欢幻想200年前人类生活的情形。　□完全符合　□部分符合　□完全不符

32. 我常想自己编一首新歌。　　　□完全符合　□部分符合　□完全不符

33. 我喜欢翻箱倒柜，看看里面有些什么东西。

　　　　　　　　　　　　　　□完全符合　□部分符合　□完全不符

34. 画图时，我很喜欢改变各种东西的颜色和形状。

　　　　　　　　　　　　　　□完全符合　□部分符合　□完全不符

35. 我不敢确定我对事情的看法都是对的。　□完全符合　□部分符合　□完全不符

36. 对于一件事情先猜猜看，然后看是不是猜对了，这种方法很有趣。

　　　　　　　　　　　　　　□完全符合　□部分符合　□完全不符

37. 玩猜谜之类的游戏很有趣，因为我想知道结果如何。

　　　　　　　　　　　　　　□完全符合　□部分符合　□完全不符

38. 我对机器感兴趣，也很想知道它的内部是什么样子，以及它是怎样转动的。

　　　　　　　　　　　　　　□完全符合　□部分符合　□完全不符

39. 我喜欢可以拆开来玩的玩具。　　□完全符合　□部分符合　□完全不符

40. 我喜欢想一些新点子，即使用不着也无所谓。

　　　　　　　　　　　　　　□完全符合　□部分符合　□完全不符

41. 一篇好的文章应该包含许多不同的意见或观点。

　　　　　　　　　　　　　　□完全符合　□部分符合　□完全不符

42. 为将来可能发生的问题找答案，是一件令人兴奋的事。

　　　　　　　　　　　　　　□完全符合　□部分符合　□完全不符

43. 我喜欢尝试新的事情，目的只是想知道会有什么结果。

　　　　　　　　　　　　　　□完全符合　□部分符合　□完全不符

44. 玩游戏时，我通常是有兴趣参加，而不在乎输赢。

　　　　　　　　　　　　　　□完全符合　□部分符合　□完全不符

45. 我喜欢想一些别人常常谈过的事情。　　□完全符合　□部分符合　□完全不符

46. 当我看到一张陌生人的照片时，我喜欢去猜测他是一个怎样的人。
　　　　　　　　　　　　　　　　　　　□完全符合　□部分符合　□完全不符

47. 我喜欢翻阅书籍及杂志，但只想大致了解一下。
　　　　　　　　　　　　　　　　　　　□完全符合　□部分符合　□完全不符

48. 我不喜欢探寻事情发生的各种原因。　　□完全符合　□部分符合　□完全不符

49. 我喜欢问一些别人没有想到的问题。　　□完全符合　□部分符合　□完全不符

50. 无论在家里还是在学校，我总是喜欢做许多有趣的事。
　　　　　　　　　　　　　　　　　　　□完全符合　□部分符合　□完全不符

二、评分方法

本量表共 50 题，包括冒险性、好奇性、想象力、挑战性四项。

冒险性：包括第 1、5、21、24、25、28、29、35、36、43、44 这 11 道题。其中第 29、35 题为反面题目，得分顺序分别为正面题目完全符合 3 分，部分符合 2 分，完全不符 1 分；反面题目完全不符 1 分，部分符合 2 分，完全符合 3 分。

好奇性：包括第 2、8、11、12、19、27、33、34、37、38、39、47、48、49 这 14 道题，其中第 12、14 题为反面题，其余为正面题目。计分方法同冒险部分。

想象力：包括第 6、13、14、16、20、22、23、30、31、32、40、45、46 这 13 道题，其中第 45 题为反面题，其余为正面题。计分方法同冒险性部分。

挑战性：包括第 3、4、7、9、10、15、17、18、26、41、42、50 这 12 道题，其中第 4、9、17 为反面题，其余为正面题。计分方法同冒险性部分。

计算自己的最后得分，得分高说明能力强，得分低说明能力差。

⊃ 5.4　人格测试

↣ 5.4.1　人格测试概述

1. 人格的含义

人格是指一个人比较稳定的心理活动特点的总和，它是一个人能否施展才能、有效完成工作的基础。某人的人格缺陷会使其所拥有的才能和能力大打折扣。人格是由多方面内容组成的，可以包括性格、兴趣、爱好、气质、价值观等，因此，我们不能希望通过一次测试或一种测试，就把人的所有人格都了解清楚，而是分别进行测试了解，以准确、全面地了解一个人的整体人格。在招聘中可通过人格测验，了解一个人人格的某一方面，再结合其他指标来考虑他适合担任哪些工作。

2. 人格测试的含义

人格测试（Personality Test）也称个性测试，用来测量个体行为独特性和倾向性等特征。最常用的方法有问卷法和投射技术法，问卷法由许多涉及个人心理特征的问题组成，进一步分出多个维度或分量表，反映不同人格特征。人格测试是针对人格特点的标准化测量工

具，它根据人格理论，从特定的几个方面对被测者的人格特征进行考察，体现在人格测试中就是各个测量指标。

5.4.2 人格测试的工具

人格测试工具在生活和工作中的应用越来越普遍，每个测量工具都有其自身的假设前提和理论基础，且测量维度也是不同的，即使同一个名称的测量维度在不同测量工具里的含义也可能会有差别，所以个人或企业在测评时要依据测量的因素有针对性地选择测试工具。人格测试工具的类型大致可分为三类：自陈量表、投射测试和评定量表。

1. 自陈量表

自陈量表是让被测试者按照自己的意见，对自己人格特质进行评价的一种方式，通常也称为人格量表。由于自陈量表所测量的是人格特质，所以在人格理论上遵从特质论。自陈量表通常由一系列问题组成，一个问题陈述一种行为，要求被测试者按照自己的真实情形来回答。例如，你曾经害怕自己发疯吗？回答是或否。自陈量表具有代表性的人格测试工具有卡特尔 16 种人格因素问卷、艾森克人格问卷、明尼苏达多项人格测验、霍兰德的职业测试和马斯顿的 DISC 个性测评量表等测试量表，具体各测试量表的测试内容和适用范围如表 5-9 所示。

表 5-9　自陈量表式人格测试工具

工具名称	测试内容	适用范围
卡特尔 16 种人格因素	卡特尔在其人格的解释性理论构想的基础上编制了 16 种人格因素问卷，这 16 个因素或分量表的名称和符号分别是：乐群性(A)、聪慧性(B)、稳定性(C)、恃强性(E)、兴奋性(F)、有恒性(G)、敢为性(H)、敏感性(I)、怀疑性(L)、幻想性(M)、世故性(N)、忧虑性(O)、实验性(Q1)、独立性(Q2)、自律性(Q3)、紧张性(Q4)	凡是有相当于初中以上文化程度的青壮年和老年人都适用，广泛用于人员的选拔和评定
艾森克人格问卷	该问卷由英国伦敦大学心理系和精神病研究所艾森克教授编制。他搜集了大量有关的非认知方面的特征，通过因素分析归纳出三个互相成正交的维度，从而提出决定人格的三个基本因素：内外向性(E)、神经质(又称情绪性)(N)和精神质(又称倔强、讲求实际)(P)，人们在这三方面的不同倾向和不同表现程度，便构成了不同的人格特征	应用于医学、司法、教育等领域，适合各种人群测试
明尼苏达多项人格测验	内容包括健康状态、情绪反映、社会态度、心身性症状、家庭婚姻问题等 26 类题目，可鉴别强迫症、偏执狂、精神分裂症、抑郁性精神病等	该测验最常用于鉴别精神疾病；对人才心理素质、个人心理健康水平、心理障碍等都可适用
霍兰德的职业测试	霍兰德职业兴趣自测是由美国职业指导专家霍兰德根据他本人大量的职业咨询经验及其职业类型理论编制的测评工具。霍兰德认为，个人职业兴趣特性与职业之间应有一种内在的对应关系。根据兴趣的不同，人格可分为研究型（I）、艺术型（A）、社会型（S）、企业型（E）、传统型（C）、现实型（R）六个维度，每个人的性格都是这六个维度不同程度的组合	适合于高中生，通过此测试可以让高中生确定自己的兴趣爱好，给大学的专业选择提供参考
DISC 个性测评量表	DISC 个性测验是国外企业广泛应用的一种人格测验，用于测查、评估和帮助人们改善其行为方式、人际关系、工作绩效、团队合作、领导风格。DISC 个性测验由 24 组描述个性特质的形容词构成，每组包含四个形容词，这些形容词是根据支配性（D）、影响性（I）、稳定性（S）和服从性（C）四个测量维度及一些干扰维度来选择的，要求被测试者从中选择一个最适合自己和最不适合自己的形容词	企业招聘测评选拔人才

最近，很多企业在人才测评时很流行使用九型人格测试，九型人格学是一门有 2000 多年历史的古老学问，它按照人们习惯性的思维模式、情绪反应和行为习惯等性格特质，将人的性格分为九种类型。

（1）完美主义者：完美者、改进型、捍卫原则型、秩序大使。

（2）助人者：成就他人者、助人型、博爱型、爱心大使。

（3）成就者：成就者、实践型、实干型。

（4）艺术型：浪漫者、艺术型、自我型。

（5）智慧型：观察者、思考型、理智型。

（6）忠诚型：寻求安全者、谨慎型、忠诚型。

（7）快乐主义型：创造可能者、活跃型、享乐型。

（8）领袖型：挑战者、权威型、领袖。

（9）和平型：维持和谐者、和谐型、平淡型。

九型人格测试主要用于帮助个人有效地掌握自己的行为习惯，测试中所回答的问题答案没有好与坏、正确与错误之别，它仅用来反映被测试者的个性和世界观。下面的"霍兰德职业倾向测试示例"展示了自陈量表式的问卷是如何编制的。

霍兰德职业倾向测试示例

请根据对每道题目的第一印象作答，不必仔细推敲，答案没有好坏、对错之分。具体填写方法是，根据自己的情况，如果选择"是"，请打√，否则请打×。

1. 我喜欢把一件事情做完后再做另一件事。（　　）

2. 在工作中我喜欢独自筹划，不愿受别人干涉。（　　）

3. 在集体讨论中，我往往保持沉默。（　　）

4. 我喜欢做戏剧、音乐、歌舞、新闻采访等方面的工作。（　　）

5. 每次写信我都一挥而就，不再重复。（　　）

6. 我经常不停地思考某个问题，直到想出正确的答案为止。（　　）

7. 对别人借我的东西和我借别人的东西，我都能记得很清楚。（　　）

8. 我喜欢抽象思维的工作，不喜欢动手的工作。（　　）

9. 我喜欢成为人们注意的焦点。（　　）

10. 我喜欢不时地夸耀一下自己取得的成就。（　　）

11. 我曾经渴望有机会参加探险。（　　）

12. 当我独处时，会感到更愉快。（　　）

13. 我喜欢在做事情前，对此事情做出细致的安排。（　　）

14. 我讨厌修理自行车、电器一类的工作。（　　）

15. 我喜欢参加各种各样的聚会。（　　）

16. 我愿意从事虽然工资少、但是比较稳定的职业。（　　）

17. 音乐能使我陶醉。（　　）

18. 我办事很少思前想后。（　　）

19. 我喜欢经常请示上级。（　　）

20. 我喜欢需要运用智力的游戏。（　　）

21. 我很难做那种需要持续集中注意力的工作。（　　）
22. 我喜欢亲自动手制作一些东西，从中得到乐趣。（　　）
23. 我的动手能力很差。（　　）
24. 和不熟悉的人交谈对我来说毫不困难。（　　）
25. 和别人谈判时，我总是很容易放弃自己的观点。（　　）
26. 我很容易结识同性朋友。（　　）
27. 对于社会问题，我通常持中庸态度。（　　）
28. 当我开始做一件事情后，即使碰到再多的困难，我也要执着地干下去。（　　）
29. 我是一个沉静而不易动感情的人。（　　）
30. 当我工作时，我喜欢避免干扰。（　　）
31. 我的理想是当一名科学家。（　　）
32. 与言情小说相比，我更喜欢推理小说。（　　）
33. 有些人太霸道，有时我明明知道他们是对的，也要和他们对着干。（　　）
34. 我爱幻想。（　　）
35. 我总是主动地向别人提出自己的建议。（　　）
36. 我喜欢使用榔头一类的工具。（　　）
37. 我乐于解除别人的痛苦。（　　）
38. 我更喜欢自己下了赌注的比赛或游戏。（　　）
39. 我喜欢按部就班地完成要做的工作。（　　）
40. 我希望能经常换不同的工作来做。（　　）
41. 我总留有充裕的时间去赴约会。（　　）
42. 我喜欢阅读自然科学方面的书籍和杂志。（　　）
43. 如果能掌握一门手艺并能以此为生，我会感到非常满意。（　　）
44. 我曾渴望当一名汽车司机。（　　）
45. 听别人谈"家中被盗"一类的事，很难引起我的同情。（　　）
46. 如果待遇相同，我宁愿当商品推销员，而不愿当图书管理员。（　　）
47. 我讨厌跟各类机械打交道。（　　）
48. 我小时候经常把玩具拆开，把里面看个究竟。（　　）
49. 当接受新任务后，我喜欢以自己独特的方法去完成它。（　　）
50. 我有文艺方面的天赋。（　　）
51. 我喜欢把一切安排得整整齐齐、井井有条。（　　）
52. 我喜欢做一名教师。（　　）
53. 和一群人在一起的时候，我总想不出恰当的话来说。（　　）
54. 看情感影片时，我常禁不住眼眶湿润。（　　）
55. 我讨厌学数学。（　　）
56. 在实验室里独自做实验会令我寂寞难耐。（　　）
57. 面对急躁、爱发脾气的人，我仍能以礼相待。（　　）
58. 遇到难解答的问题时，我常常放弃。（　　）
59. 大家公认我是一名勤劳踏实、愿为大家服务的人。（　　）
60. 我喜欢在人事部门工作。（　　）

职业人格的类型（符合以下"是"或"否"答案的记 1 分，不符合的记 0 分）：

常规型："是"（7，19，29，39，41，51，57）；否（5，18，40）。

现实型："是"（2，13，22，36，43）；否（14，23，44，47，48）。

研究型："是"（6，8，20，30，31，42）；否（21，55，56，58）。

管理型："是"（11，24，28，35，38，46，60）；否（3，16，25）。

社会型："是"（26，37，52，59）；否（1，12，15，27，45，53）。

艺术型："是"（4，9，10，17，33，34，49，50，54）；否（32）。

请将得分最高的三种类型从高到低排列，得出一个（或两个）三位组合答案，再对照《人格类型与职业环境的匹配》和《测试结果与职业匹配对照表》得出人格类型所匹配的职业。

2. 投射测试

投射测试是以弗洛伊德的人格理论为依据的，投射测试一般由若干个模棱两可的刺激所组成，被测试者可以任加解释，使自己的动机、态度、感情和性格等在不知不觉中反映出来，然后由测试者将这些反映加以分析，就可以推论出若干人格特质。投射测试的类型如表 5-10 所示。

表 5-10　投射测试的类型

类　型	描　述	典　型　应　用
词语联想法	提供一个词，要求迅速（3 秒内）说出脑海中出现的一串词语	考察消费者对某一产品的印象、品牌意象
句子和故事完整测试法	提供一个不完整的句子或故事，要求将其补完整	购买某款式手机的人是……
漫画测试法	提供漫画或其他图像，要求补充画面说明或人物对话等	测试对某两种设计的不同态度的评价
照片归类法	出示一组与测试目的相关的照片，让被测试者进行归类	将某产品的照片与可能使用该类产品的用户对应起来
绘图法	要求被测试者画出自己的感受，或者对事物的认知	画出你最喜欢的手机样式

相关链接

好玩的房树人测试

请大家拿起纸和笔，在图画的世界里漫游，解读心灵密码。一起来玩吧！

游戏规则：请用铅笔在一张 A4 白纸上任意画一幅包括房子、树木、人物在内的画；想怎么画就怎么画，但要求你认真地画；不要采取写生或临摹的方式，也不要用尺子，在时间方面不限，也允许涂改。

游戏揭秘（具体解释请大家在网上自行查询）：

1. 房子——成长的场所，代表家庭、家族、私人领域，喻指安全感。

2. 树——个体与环境的关系、生命的意义、自我形象、平衡状态。

3. 人——自我形象和人格完整性。

4. 房、树、人的整体位置。

3．评定量表

评定量表由一组描述个体特征或特质的词或句子组成，要求他人经过观察，对某个人的某种行为或特质做出评价。评定量表在形式上与自陈量表相似，只是作答者是他人而已，要求选择与被测试者最相符的一项。评定量表的结果常作为编制人格测验的效标资料。

课后测试题

一、单项选择题

1．韦克斯勒将离差智商的平均数定为 100，标准差为（　　）。

A．17　　　　　　B．15　　　　　　C．16　　　　　　D．13

2．在心理测试中，效度是指一个心理测试的（　　）。

A．稳定性　　　　B．准确性　　　　C．可信度　　　　D．区分度

3．关于投射测试叙述错误的是（　　）。

A．是一种人格量表

B．从被测试者的想象性作答中，探索其内在情感、态度和动机

C．包括罗夏墨迹测试和 TAT 等

D．是一种客观性最高的测试

4．（　　）表示的是个体智力在同年龄组中所处的位置。

A．离差智商　　　B．比率智商　　　C．百分等级　　　D．标准九分数

5．比率智商是（　　）与实足年龄之比。

A．生理年龄　　　B．真实年龄　　　C．心理年龄　　　D．智力商数

6．常用的精神症状评定量表是（　　）。

A．气质类型测验　　　　　　　　　　B．韦氏智力量表

C．90 项症状自评量表　　　　　　　D．卡特尔人格测定量表

7．卡特尔经过因素分析确定了人格的多少项根源特质？（　　）

A．16　　　　　　B．12　　　　　　C．90　　　　　　D．38

8．心理测量常用的方法不包括（　　）。

A．观察法　　　　B．咨询法　　　　C．作品分析法　　D．心理测验法

9．一位 20 多岁的男青年与同事相处不好，总觉得对方跟自己过不去，不知如何处理这种关系。如需对他做心理评估，应首先考虑选用的量表是（　　）。

A．16 种人格因素问卷　　　　　　　B．艾森克人格问卷

C．明尼苏达多项人格测验　　　　　　D．韦氏成人智力测验

10．艾森克个性问卷目前应用的有（　　）。

A．新生儿问卷　　　　　　　　　　　B．婴儿问卷

C．学龄前儿童问卷　　　　　　　　　D．成人问卷

二、简答题

1. 常用的心理测量方法有哪些？请加以解释说明。
2. 根据心理测试内容可以将心理测试划分为几种类型？请加以解释说明。
3. 什么是心理测试的标准化？
4. 人格测试的工具有哪些？请举例说明。

三、案例分析题

如表 5-11 所示是某求助者的韦氏成人智力量表的测验结果。请将答案写入括号内。

表 5-11　某求助者的韦氏成人智力量表测验结果

	言语测验							操作测验								言语	操作	总分
	知识	领悟	算术	相似	数广	词汇	合计	数符	填图	积木	图排	拼图	合计					
原始分	16	21	7	17	8	58		58	13	44	24	38		量表		57	64	121
量表分	10	13	5	11	6	12	57	13	10	14	11	15	64	智商		91	120	105

1. 该求助者得分处于 84 百分等级的分测验是（　　）（多选题）。

A. 领悟　　　　B. 数字符号　　　C. 相似性　　　D. 图片排列

2. 与全量表分相比，该求助者测验结果中的强项是（　　）（多选题）。

A. 领悟　　　　B. 拼图　　　　　C. 积木　　　　D. 数字符号

3. 从测验结果可以看出，该求助者（　　）（单选题）。

A. 言语技能发展较操作技能好

B. 可能有运动性非言语技能缺陷

C. 视觉加工模式发展较听觉加工模式好

D. 言语能力和操作能力的差异没有实际意义

四、技能操作题

乐清市京祥电子商务有限公司拟招聘两名网店运营助理，具体要求如下所示。

薪资待遇：3000～5000 元

学历要求：不限

招聘职位：网店运营（2 人）

工作年限：不限

工作性质：全职

工作时间：每天 9：00—18：00，单双休

岗位职责：

1. 负责淘宝店铺日常数据的收集统计工作，并做出评估与分析，提出处理方案。
2. 监控营销数据、交易数据及产品管理，包括产品上新、库存协调、库存分析。
3. 提高店铺产品、类别搜索综合排名，包括店铺商品标题关键字等各类活动营销推广。
4. 负责向运营团队及各部门提供各类准确运营数据分析报表。
5. 主管分配的其他任务。

任职要求：

1. 大专及以上学历，专业不限，熟悉淘宝，京东等工作流程的优先考虑。
2. 具有较强的沟通能力、表达能力和团队合作精神。
3. 工作积极主动，富有进取心，服从安排，能够胜任一定强度的工作需要。

请根据网店运营助理的以上信息设计一份针对该岗位的人格测评测试题。

第 6 章　笔试测评法

学习目标

- 一般掌握
  - 笔试测评的相关概念。
  - 笔试的类型。
  - 笔试的实施程序。
- 重点掌握
  - 双向细目表的编制。
  - 笔试题的形式。
  - 笔试的实施与管理。

学习导航

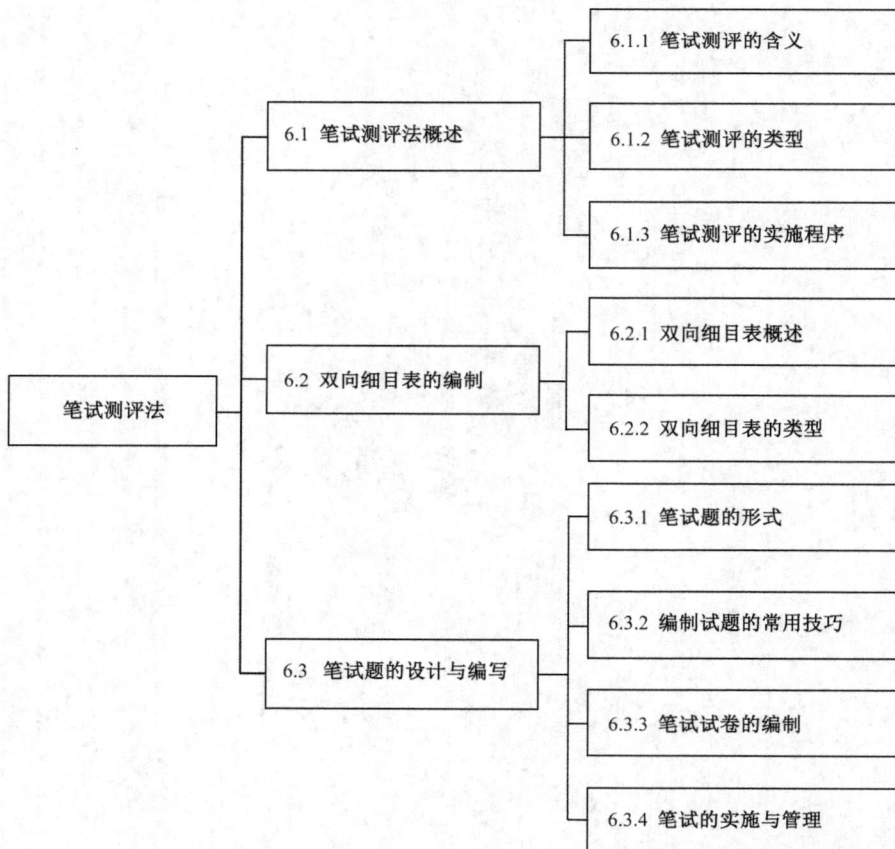

⊞ 导入案例

有人专门开发了一款 e 代测软件，该软件选择用笔试的方式来帮企业匹配人才。说得官方一点，就是用第三方的服务对人才先做一个比较客观、初步的测评，经过筛选之后，向企业推送人才。求职者听到这种模式很创新，只要通过测评达到一定分数，就有去大企业面试的机会，因此都很兴奋，也很愿意通过 e 代测做测评。e 代测把专业对口、分数达标、经验值合适的求职者向企业推送了十几个，由于到达面试环节的求职者已经经过一次初筛，这个时候人才和企业的对接已经很精准，通过这种方式，公司在一周之内就能找到合适的人才。

⊞ 案例点评

从该案例可以看出，选拔成功的原因在于通过笔试可以诊断出应聘者的基本情况，通过非常详细的报告来判断与企业需求的人才匹配程度。例如，一道编程题 30 分，判卷 10 分或 20 分，那么报告会详细分析应聘者哪些方面做得很好，哪些方面还有所欠缺，最后呈现给企业的，是这个人的聪明程度、技术程度、个性特质，这样企业在选择人才的时候就更加简单直接。

⊃ 6.1　笔试测评法概述

✈ 6.1.1　笔试测评的内涵

笔试是一种最古老、最基本的人员甄选方法。它是指应聘者在试卷上依据事先拟好的题目做出解答，然后由主考人根据其解答的正确程度评定成绩的一种测试方法。这种方法可以有效地测量应聘者的基本知识、专业知识、管理知识、综合分析能力及文字表达能力等素质的差异。

笔试有三个显著的特点：一是客观性，试题依据一定的内容和客观标准拟制，评卷依据客观尺度，人为干扰因素少，具有较强的区别功能；二是广博性，试题可以多种多样，测试范围广泛，结果的可信度较高；三是经济性，可在同一时间、不同地点，同时考核大批应试者，提高甄选的效率。如今笔试测评的应用范围越来越广泛，如高考、研究生考试、公务员考试和各种类型的资格认证考试等，笔试已成为测试、鉴别和选拔人才的主要手段，笔试的应用领域如表 6-1 所示。

表 6-1　笔试的应用领域

笔试的运用	绩效考核	晋　升	人员招聘
测试类型	1. 培训的驾校考核 2. 学习型组织的绩效考核	1. 内部提拔 2. 甄选条件相同人员	1. 校园招聘 2. 社会招聘
根据目的的侧重点	侧重知识的掌握速度、程度的测验	侧重能力层面的测验	侧重专业知识、技能或工作经验

笔试是一种主试人员通过书面设问，应试者进行书面作答的静态测评方式。测评的题

目一般是根据被测评者要从事的工作性质、工作条件和岗位职责所必备的理论知识等测评要素来设计的。通过笔试可以测评被测评者的专业知识、基本知识、外语知识、文字表达能力、逻辑分析能力等素质能力的差异。

6.1.2 笔试测评的类型

根据试题的性质，笔试可以分为论文式笔试和直答式笔试。根据考试的科目不同，笔试可分为基础文化测试和专业知识测试，如表6-2所示。

表6-2 笔试的类型

划分方式	笔试的类型	内　涵	举例说明	适用范围
根据试题的性质划分	论文式笔试	应试者按照论文题目，写出一定字数的文章，发表自己的观点、看法和主张	"在执行领导交给你的任务时，如果违背你的价值观你会怎么做？"	适用招聘高级管理人员
	直答式笔试	通过填空、判断、计算和问答等形式来测试应试者的知识水平	1. 数字找规律：4 20 54 112____324 A. 200 B. 254 C. 300　D. 189 2. 在SQL查询中使用where子句的作用是指出 A. 查询目标　　　B. 查询结果 C. 查询视图　　　D. 查询条件 3. 黑盒测试包括哪些方法？	适用于招聘一般人员
根据考试的科目划分	基础文化测试	主要是针对应聘者应具有的基本文化素质而进行测试	在与顾客的交流过程中，一般情况下，你关注以下哪一方面？ A. 顾客的需求 B. 交易能否成功 C. 引导顾客的思路或观念 D. 视情况而定	适用于各种工种和岗位招聘
	专业知识测试	主要是针对应聘者应具有的专业知识和对公司的了解程度而进行测试	顺丰速运非司机岗位测评笔试题： 下列不是航空运输特点的是（　　）。 A. 破损率低、安全性好 B. 长距离运输速度快 C. 投资大、运量小，易受天气影响 D. 机动灵活、简捷方便	适用于各种工种和岗位招聘

（1）论文式笔试和直答式笔试。

①论文式笔试通常是应试者按照论文题目，写出一定字数的文章，发表自己的观点、看法和主张。论文题目有三种选择方法：自由选择、区间选择、指定选择。自由选择就是应试者选题完全不受任何限制，由其任意选取一个题目；区间选择就是应试者从指定的若干题目中选取一个；指定选择就是主考人指定题目，应试者没有选择余地。一般来说，为了了解应试者的创造能力、决策能力、推理判断能力和综合分析能力，并了解应试者对某一问题的独特见解和态度，可以运用论文式笔试进行综合考核。这种方法主要适用于招聘高级管理人员。

②直答式笔试是通过填空、判断、计算和问答等形式来测试应试者的知识水平。它主要考察应试者的学历、理解能力和记忆能力，该方法适用于招聘一般人员。

（2）基础文化测试和专业知识测试。

①基础文化测试主要是针对应聘者应具有的基本文化素质而进行的测试，常考的科目有语文、数学、英语等，适用于各种工种和岗位招聘。

②专业知识测试主要是针对应聘者应具有的专业知识和对公司的了解程度而进行的测试。招聘的工种和岗位不同，专业测试的科目也不同。这种测试适用于各种岗位工种的招聘。

✈ 6.1.3　笔试测评的实施程序

笔试是用人单位用于人员筛选的方法之一，是用人单位根据拟招聘的岗位需要的知识和能力，事先编好试题，然后安排应试者考试，相关的部门根据应试者的答题评定成绩的一种方法。笔试是企业招聘与录用工作中一项重要的工具，实施笔试有一系列的程序。笔试的实施程序如图 6-1 所示。

图 6-1　笔试的实施程序

1．制定测试方案

具体内容如下。

（1）笔试的实施目的和要点。

（2）笔试实施的计划安排（时间、地点、负责人、规模）。

（3）实施过程中可能出现的问题和应采取的措施。

（4）笔试实施的效果预测。

2．成立笔试实施小组

笔试实施小组负责整个笔试的实施，包括试题的编制、阅卷人员的确定及费用的预算等。笔试实施小组具体可由人力资源招聘人员、用人部门负责人和专业人员组成。

笔试实施小组成员的质量和数量对整个测试工作起着举足轻重的作用，合理的人员搭配和人数确定，能使测试的指标体系和参照标准体系发挥预计的效用。

总体来说，笔试实施小组应具有以下素质。

（1）坚持原则，公正不偏。

（2）有主见，善于独立思考。

（3）有测试方面的工作经验。

（4）具有一定的文化水平。

（5）有事业心，不怕得罪人。

（6）作风正派，办事公道。

（7）了解被测对象的情况。

在笔试实施小组中，人员的知识和素质参差不齐，而且各种能力素质测试的方法都具有相当的技巧和微妙性，因此必须对小组成员加以培训，使之了解、熟悉并掌握各种方法和相关知识，尽量避免个人感情因素对测试工作的干扰。

3．收集资料

这一步的工作主要是为试题的编制做准备。

4．编制笔试试题

根据考察的要素确定试题的类型、内容、难易度、题量的多少和试题答案等内容。其中编制试题有一项重要内容就是构建笔试的测验指标，构建指标体系的设计方法有工作分析法、素质结构分析法、榜样分析法、培训目标概括分析法、价值分析法、历史概括法、文献查阅法等。各种方法构建的指标基本类似，主要有基本知识、专业知识、文字表达能力、逻辑思维能力及工作经验。可以根据实际情况进行组合、添加和筛选。如表 6-3 所示为各种测验指标的常用题型。

表 6-3　各种测验指标的常用题型

题　　型	特　　点
基本知识	选择、填空、问答等，比较广
专业知识	多用具体、答案固定的题型
文字表达能力	主要是主观题、开放题
逻辑思维能力	通常用数学方面的知识
工作经验	管理游戏、情景模拟等

5．试题试测

在企业条件允许的情况下，试题编制好以后，选择一部分相关人员（如用人部门的办公人员、相关专家等）进行试测，然后根据试测的反馈结果对试题做出进一步完善，以提高试题的信度和效度。试题试测要从全面到具体进行检测，大的检验是对试卷的题目是否较好地反映了测评指标、复本是否等值、试卷的难度是否恰当等进行审查。要解决这些问题，可以对试卷逐项进行审查，也可以做必要的预测试。小的检验主要是对整个试卷的文字、指导语、格式、正确答案在不同选项中出现的频数进行审查。所谓预测试就是指用编制好的试卷对与将来正式测评相似的对象进行测试，以检验试卷的质量。预测试的实施过程与环境条件应与将来的正式测评相似。预测试结束后，根据记录和测试结果，便可以对试卷的各项指标进行评价、审查、修改，使之成为一套较好的测评试卷。

6．笔试的实施

在前期准备工作都已完备的情况下，就可以组织应试者的考试工作了，其中包括考场管理和试卷保管等内容。笔试的实施是保证测评准确、公平的重要环节，因为准确性和公平性的前提条件是控制误差，这就要求在测验实施的过程中能排除无关因素的干扰。

7. 评卷

评卷人员应客观公正地开展评卷工作。试卷的评阅是整个测验的尾声，也是十分重要的环节。只有客观公正地评阅试卷，才能保证测验的有效性和可靠性。笔试试卷的评阅主要分为客观题评阅和主观题评阅。随着现代科技的发展，笔试阅卷的方式也发生了较大的改变，机器评阅客观题已被广泛应用。阅卷过程中会存在很多阅卷误差，如表 6-4 所示，这些误差要尽力避免。

表 6-4　阅卷的误差分析

误差类型	误差概述
阅卷人员主观因素造成的误差	阅卷者的责任心、工作态度等对阅卷的质量有很大影响，同时也是造成误差的重要因素；阅卷者的业务素质高低、个人欣赏水平、风格的不同，容易造成阅卷标准不同，对阅卷的客观性造成影响
阅卷流程顺序因素造成的误差	人们处理事物的时候，外界环境在头脑中的反映和信息传入大脑，有一个顺序效应问题。主观题的阅卷中这类问题十分明显。匿名阅卷往往有先紧后松的现象，即开始阅卷较严，后来尺度宽松，存在宽容定势
理想模式和参照效应的误差	理想评分模式指评卷人设想存在一个理想化的评分对象，这会造成提高或降低阅卷标准；参照效应指一份水平较高的试卷出现后，阅卷者以其为参照，脱离参考答案，降低评卷的客观性
阅卷环境因素造成的误差	阅卷是一项要求较高的工作，而阅卷又往往处于临时工作环境中，集中、重复、单调的活动常常使阅卷者出现疲劳现象。这时阅卷人容易出现注意力分散、反应迟钝、情绪波动的行为，造成人为的阅卷误差
晕轮效应造成的误差	晕轮效应指对被试者的一般印象影响到对具体某个问题的评价。例如，卷面字迹整洁与否会使阅卷者产生第一印象，影响标准的掌握，从而忽视了内容等其他方面
其他因素造成的误差	包括由于阅卷者水平不一、注意力分散、外界干扰或疲劳引起视觉因素造成的误差，书写潦草造成的误差，小题分值合计时的操作误差和计算机误差的现象也经常出现

8. 发布成绩

评卷结束后，通知通过考试的应试者进入下一考核环节，对被淘汰的应试者，在条件允许的情况下，也应该委婉告知。

⊃ 6.2　双向细目表的编制

↦ 6.2.1　双向细目表概述

1. 双向细目表的含义

双向细目表（Two-Way Checklist）是用于表明测评内容、测评目标及其相对重要程度的一种表格。它通过指出考试所包含的内容、测量的各种行为目标与技能，以及对每个内容、技能的相对重视程度，以保持考试题目具有适当的代表性。双向细目表是一个由测量的内容材料维度和行为技能所构成的表格，它能帮助成就测量工具的编制者决定应该选择哪些方面的题目及各类型题目应占的比例。

双向细目表是在命题中根据考试的目的和要求制订的测试内容和目标的具体计划，并以图表形式详细、明确地列出各项内容的量化指标，用以规范、指导编题和制卷。

命题双向细目表是一种考查目标（能力）和考查内容之间的关联表。一般地，表的纵向列出的各项是要考查的内容，横向列出的各项是要考查的能力，在知识与能力共同确定的方格内是考题类型、分数、难度值。

2. 双向细目表的基本要素

双向细目表主要由三个要素构成：考查目标、考查内容和考查目标与考查内容所占的比例。

（1）考查目标。考查目标又称考查能力层次，体现了考试对被测评者应具备的具体能力的要求，或者说是认知行为上要达到的水平。美国教育学家布鲁姆将教学认知目标分为六个层次：识记、理解、应用、分析、综合和评价，体现了对学生从简单的、基本的到复杂的、高级的认知能力的考核。每前一目标都是后续目标的基础，即没有识记，就不能有理解；没有识记与理解，就难以应用。因此，一个考核知识点在同一试卷中对应一种题型，原则上只能对应一种能力层次，也可以根据实际需要改动。

（2）考查内容。考查内容又称考查知识块，体现了考试涉及的基本内涵及纲要。例如，在选拔技能人员的考试中，考试的内容就应该是技能人员应具备的知识和技能。

（3）考查目标与考查内容所占的比例。考查目标与考查内容所占的比例又称权重，它反映了考试目标与考试内容之间的相对重要性，体现了考试的侧重点与倾向性。

考查目标与考查内容所占的比例简单地说就是标准化考试首先要确定考什么，为什么考，考什么人。这类问题要用命题双向细目表的形式表现出来。按科学程序制定出来的命题双向细目表，可以较好地回答该门考试在能力上"考什么"和在内容上"考什么"的问题，而且具体规定了各项考查的比例。

3. 双向细目表的编制

双向细目表的结构主要由横轴表和纵轴表构成。横轴表上通常有五种能力：识记、理解、分析综合、表达应用、欣赏评价。纵轴表上为测试内容。左面第一列是大题目内容，第二列是小题内容及序号。编制双向细目表一般有五个步骤，如图6-2所示。

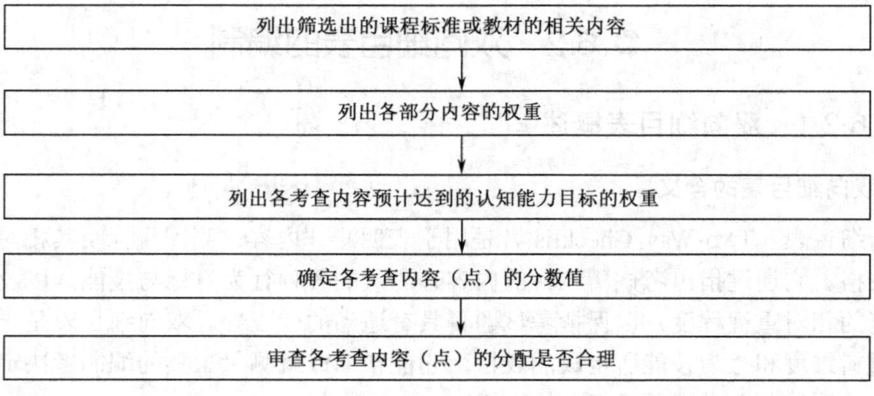

列出筛选出的课程标准或教材的相关内容

列出各部分内容的权重

列出各考查内容预计达到的认知能力目标的权重

确定各考查内容（点）的分数值

审查各考查内容（点）的分配是否合理

图 6-2 双向细目表的编制

（1）列出筛选出的课程标准或教材的相关内容。先要认真分析教材，把教材中的知识点找出来，做出课程标准，然后列出其中重点，通常是把新授的、经过一定训练的内容，作为测验重点，最终列出考查内容。

（2）列出各部分内容的权重。列出各部分内容的分数比例，这一点可根据不同学科各自的特点灵活安排，没有定式。

（3）列出各考查内容预计达到的认知能力目标的权重。测评题目要涵盖测评目标或学习水平目标，根据美国教育学家布鲁姆对教学认知目标分解的六个层次——识记、理解、应用、分析、综合和评价，对这六级不同目标进行合理的权重分配。

（4）确定各考查内容（点）的分数值。在测评知识的内容和其应达到的认知能力目标所对应的表格内，分配各考查点的题型及得分，再根据相应的权重计算各得分的实际分数值。

（5）审查各考查内容（点）的分配是否合理。应重点审查各认知能力目标的权重分配是否合理，审查各测评知识内容权重分配是否合理。

➢ 6.2.2　双向细目表的类型

双向细目表是包括两个维度(双向)的表格，细目表也可以是多维的，但一般用双向细目表。较常见的双向细目表有四种：反映测验内容与测验目标关系的双向细目表、反映测验内容与测验目标、题型之间关系的双向细目表，反映题型与难度、测验目标之间关系的双向细目表，反映题型与难度、测验内容之间关系的双向细目表。

1．反映测验内容与测验目标关系的双向细目表(见表 6-5)

表 6-5　反映测验内容与测验目标关系的双向细目表

测验内容	测 验 目 标					合计
	识记	理解	应用	分析与综合	创新	
第三节 薪酬调查的流程						
一、确定薪酬调查范围和对象	一、3/（3）	二、2/（2）				
二、选择薪酬调查的方式	一、17/（4）	二、3/（5）				
三、统计分析薪酬调查数据	一、7/（5）	一、11/（2）		二、1/（10）		
四、撰写薪酬调查报告	一、9/（3）		一、10/（3）		二、4/（6）	
实训：某岗位的薪酬满意度调查	二、5/（5）					
合计						

注：本表仅为试卷的一部分内容，不是一张完整的试卷双向细目表。"一、"为选择题，"二、"为简答题，/左侧的数字为小题号，右侧括号内的数字是分值。

2．反映测验内容与测验目标、题型之间关系的双向细目表

反映测验内容与测验目标、题型之间关系的双向细目表是对反映测验内容与测验目标关系的双向细目表的进一步修改，增加了试卷的题型，如表 6-6 所示。

表 6-6　反映测验内容与测验目标、题型之间关系的双向细目表

测验内容	选择题	简答题	证明题	应用题	分析题	合计
	识记、理解	识记、理解	分析综合	应用	分析综合、创新	
合计						

3．反映题型与难度、测验目标之间关系的双向细目表

反映题型与难度、测验目标之间关系的双向细目表体现了题型数量、难易度、测量内容的分配问题。该表可以使试题取样具有更高的代表性，可以适当控制试题的难易程度，表中的数据比较容易分配，但它没有反映出测评目标，如表 6-7 所示。

表 6-7　反映题型与难度、测验目标之间关系的双向细目表

题型		填空题	选择题	判断题	简答题	叙述题	合计
题数		15	20	5	4	2	46
分数		每小题 1 分，共 15 分					
难易程度	A	8					
	B	7					
	C						
	D						
认知度	I	8A I 7B I	5A I				
	II		1A II 7B II 1C II				
	III		4CIII				
	IV		2DIV				
合计							

注：难易度：A—较易；B—中等；C—较难；D—难度较大。认知度：I—识记；II—理解；III—简单应用；IV—综合运用。

4．反映题型与难度、测验内容之间关系的双向细目表

反映题型与难度、测验内容之间关系的双向细目表可以体现题型数量、难易度、测验内容的分配问题。优点是试题取样代表性高，试题难易程度也可以做适当控制，表中数据容易分配。局限性是未能反映测验目标。反映题型与难度、测验内容之间关系的双向细目表如表 6-8 所示。

表 6-8 反映题型与难度、测验内容之间关系的双向细目表

题型		题量	分数分布		难易度			覆盖面				合计
客观题	主观题		每小题分数	每大题总分	易	中	难	第一章	第二章	第三章	…	
选择题												
	简答题											
	计算题											
合计			100 分									

⊞ 即时案例

如表 6-9 所示为采用命题双向细目表的形式编写的信息技术科考试笔试试题。

表 6-9 命题双向细目表示例

知识范围		题型与题号				考试水平（题数）				预估难度
模块	知识点	选择题	判断题	填空题	简答题	识记	理解	运用	综合	分值
创建和谐社区	Excel 的基本操作	一（1）	二（1）			1	1			易 1
	数据类型与格式	一（2）、一（5）		三（1）		1		2		中 2
	数据填充			三（2）				1		中 2
	公式与函数	一（3）		三（3）		1		1		中 2
	排序与分类汇总	一（4）	二（2）			1	1			易 1
做交通安全宣传大使	认识动画		二（6）				1			易 1
	Flash 工具的初步认识与使用	一（7）、一（8）、一（14）、一（23）、一（24）、一（25）	二（4）、二（5）	三（4）		3	2	4		易 1
	逐帧动画	一（9）、一（12）	二（3）	三（5）、三（6）		2	1	1		易 1
	动作补间动画	一（10）、一（11）	二（7）	三（6）、三（10）		1	2	2		易 1
	形状补间动画	一（13）、一（21）	二（8）	三（7）		1	1	2		中 2
	遮罩动画	一（15）、一（16）、一（17）、一（18）、一（19）	二（9）	三（8）		2	3	3		中 2
	引导线动画	一（20）		三（9）				1		易 1
	幻灯片演示文稿	一（22）				1				易 1
	按钮的制作与应用		二（10）			1				易 1
	综合应用	一（6）			四（1）	1			1	易 1
分值		50	20	20	10	总分:100 分				

填写说明：

（1）命题人结合命题大纲,根据命题意图填写知识模块和知识点；

（2）题号用大题号后括住小题号的形式书写,如第三题第 2 小题表示为"三（2）"；

（3）最后统计出各题型的题数、分值及总题数和总分值。

⊃ 6.3　笔试题的设计与编写

✈ 6.3.1　笔试题的设计形式

笔试题可以分为客观性试题和主观性试题，其主要形式如表 6-10 所示。

表 6-10　笔试题的主要形式

	主要形式		主要形式
客观性试题	判断题 单项选择题 多项选择题 填空题 匹配题	主观性试题	计算题 简答题、论述题 情境模拟题 案例分析题 辨析题

在以上笔试题型中最常用的有七种形式：选择题、是非题、匹配题、填空题、论述题、情境模拟题、案例分析题等。无论客观性试题还是主观性试题都有其优缺点及特点，如表 6-11 所示。

表 6-11　客观性试题和主观性试题的比较

客观性试题	优点：题量大，覆盖面广，信度高，评分客观，准确，效率高	主观性试题	优点：总体上对具体知识、能力等素质进行综合考察，表述己见，反映思维过程
	缺点：难以考察应试者组织材料、文字表达、发散思维等高层次的认知能力		缺点：题量少，内容覆盖面窄，不够准确客观
	特征：（1）答案为命题者事先所提供；（2）考试结果的评价客观准确，不受阅卷者主观意识干扰；（3）固定应答，试题既提供测试内容，同时又提供备选答案		特征：（1）答案不是唯一固定的；（2）没有统一作答模式，允许自由阐述，灵活性高；（3）没有完全客观统一的赋分尺度

1．选择题

选择题一般由题干和备选项两部分组成。题干就是用陈述句或疑问句创设出解题情景和思路。备选项是指与题干有直接关系的备选答案，分为正确项和干扰项。选择题知识覆盖面广、题量多的特点，要求考生要踏实、牢固、全面地掌握所学基础知识，同时要培养概括、分析、评价等能力。设计选择题时应该注意一些要领，如表 6-12 所示。选择题类型较多，不同的情况可灵活使用，如表 6-13 所示。

表 6-12　选择题编写注意事项

题干编写要领	选项的编写
1．内容必需 2．表意清晰 3．文字精练	1．同一份试卷中每个题干后的待选答案数目应相同 2．非正确答案选项应有一定的迷惑性 3．备选答案从表述到形式上应尽可能一致 4．备选答案之间应该避免重叠现象 5．答案应以简短为宜 6．正确答案与迷惑选项要随机排列

表 6-13　选择题的类型

选择题类型	举　例
多项条件选择题	已知小明的心理年龄是 8 岁 4 个月，实际年龄是 9 岁，其智商是多少？ （a）85　　（b）90　　（c）92　　（d）92.6　　（e）100
类别选择题	艾森克是著名的＿＿＿＿心理学家。 （a）儿童　　（b）工程　　（c）管理　　（d）人格　　（e）社会
异类选择题	下面哪位与其他人不属于同一类人？ （a）小布什　　（b）普京　　（c）胡锦涛　　（d）希拉克　　（e）科尔
多项是非选择题	下面两个陈述哪个正确？ （1）2008 年奥运会在北京举行（2）美国的首都是费城 （a）1 和 2 都对　　（b）1 对 2 错　　（c）1 错 2 对　　（d）都错
因果条件选择题	如果测验的真方差增加，但误差方差不变，结果是： （a）测验信度增加 （b）测验信度下降 （c）测验总方差减小 （d）测验的信度和总方差不变

2．判断题

判断题是一种以对或错来选择的答案。一般表现为一句话，然后在后面的括号内打上"√"或"×"。判断题只有两种答案，对或错，似乎很容易，但很多判断题看上去似是而非，常使一些答题者感到困惑。设计判断题时应该注意以下要点。

（1）每题只包含一个观念，避免有两个以上观念造成题目似是而非、半对半错。

（2）是非题的答案必须是明确的而非有争议的。

（3）叙述要简单明了，避免语言复杂导致阅读能力受到干扰。

（4）应尽量避免使用否定词。

（5）避免使用具有暗示性特殊词汇和模棱两可的、定性的词汇。

（6）正确答案与错误答案比例相当，且随机排列。

（7）测题要多，30~50 个。

3．填空题

填空题要求被测评者用一个正确的词或句子来填充一个未完成的句子，其形式大概为，先给出已知条件，在而后的语句中空出要问的答案，以横线代替，以此要求被测评者填上正确答案。填空题（简答题）的编写原则如下。

（1）每句话缺的是重要字句，且和上下文有密切联系。

（2）只有唯一答案，最好只能用一个词填。

（3）空格不宜过多。不要因留下空格而丧失题意的完整性。

（4）不应照抄原句，助长学生死记硬背的学风。

（5）空白放在句子的后边，不宜放在前边。

（6）空白长度大小要一致。

4．匹配题

匹配题是较为特殊的选择题题型，匹配题的题目本身包括多个反应项（匹配题）和多个刺激项（被匹配题），被测评者在解答过程中要对反应项和刺激项进行理解和对应。举例如下。

刺激项目	反应项目
国家	首都
美国	莫斯科
中国	华盛顿
日本	北京
俄罗斯	东京

匹配题有完全匹配和不完全匹配两种类型，设计匹配题时应该遵循以下原则。

（1）刺激项目与反应项目位置清楚，一般反应项目在右边。

（2）匹配项目不宜过多或过少，最好使用不完全匹配6～15个项目，反应项2～3个。

（3）匹配方法要有明确规定和说明。

（4）同一组的题干与选项最好印在同一页。

5．论述题

论述题要求被测评者以长篇的文章对某一问题进行分析、评价，并表明自己的观点、态度、立场和主张等，进而测量被测评者的知识和才能。论述题的优点有：能测量个人组织材料的能力、综合能力、文字表达能力、评价、创造能力；准备简单，题目少；不允许被测试者猜测和死记硬背。其缺点有：取样不广且不均匀，缺乏代表性；评分主观不一致；评分易受无关因素的影响等。在设计论述题时应该注意以下几点。

（1）根据具体目标确定论述题型。

（2）以附加评分标准的方法，强调或限定作答要求。

（3）合理控制试题容量和作答时间。

（4）尽量不出选做题。

6．案例分析题

案例分析题是向被测评者提供一段背景资料，然后提出问题，在问题中要求被测评者阅读、分析给定的资料，依据一定的理论知识，或做出决策，或做出评价，或提出具体的解决问题的方法或意见等。案例分析题属于综合性较强的题目类型，考察的是高层次的认知目标。它不仅能考察被测评者了解知识的程度，而且能考察被测评者理解、运用知识的能力，更重要的是它能考察被测评者综合、分析、评价方面的能力。在编写案例分析题时应该注意以下几点。

（1）明确案例分析题的性质特点和结构规范。

（2）紧扣测评要素选择案例，站在局外角度设计问题、拟订答案要点和评分标准。

（3）根据所测能力要素设置问题，严格按照能力要素进行赋分。

（4）遵循典型、完整、简明原则。

7. 情境模拟题

情境模拟题是在试题中创造一个情境，让被测评者将其在模拟环境中的具体行为以文字的形式表达出来。该题型所测的要素为应变能力，题型是情境性题目，让被测试者人面临一种微妙、棘手、有压力的情境，观察被测试者思维的敏捷、周密、机智、灵活程度，以及情绪的稳定性。现实中很多人会把假设案例和情境案例混为一谈，事实上二者最大的差别是"虚"和"实"的差别。例如，"假如你和你的上司发生冲突了，你会怎么办？"这个就是假设案例题。"现在要解决一个分配奖金的问题，情况是这样的……你会怎么分配？假设你的上级的意见是这样的，你会怎么办？"这个是情境案例题。假设案例题因为其问题比较虚，所以能够测出人才的分析能力，但是看不到其真实的想法，测出来的人才很可能说得好，但是不一定做得好。情境案例题则不同，因为问题比较实，可以连续提问和追问，测出来的是人才的做法，从其做法中推测其想法。而且情境案例也可以用选择题的形式进行测评，例如下面的案例。

"甲是您公司销售部门经理，他直接向您汇报。他的部门总会错过一些销售计划，而且他每月的报告总是迟交。您与甲确定了一个时间进行面谈。但是，当您按约定时间到达他办公室时，甲却不在。他的秘书告诉您，几分钟前，甲的一个销售主管来找他，并抱怨有的员工迟到，工作效率不高。甲就同这个主管对部门员工进行了一次鼓舞士气讲话，并且强调了期望的工作业绩。当甲回来时，您已经等他半小时了。您将如何指出甲工作中的偏差？"

A. "我知道，作为管理者你已经干得很不错了，但是还有一点小问题我要给你提出来，是一些计划安排和时间管理方面的问题，或许它不是非常严重。"

B. "许多人认为你的工作能力有问题，所以你的部门产生了许多问题。他们认为要解决这些问题，主要还是在于你提升自己的能力。"

C. "你工作表现很差，体现了你能力的不足，可以看出问题的根源在你身上。你应该好好反省自己，不断完善自己。其实我觉得你还是很有前途的。"

D. "最近你的部门计划总是延后，部门报告总是迟交。我担心这样下去会对这个营销战略造成影响。你应该进行更好的授权并进行有效的时间管理。"

一个情境案例题可以测出人员的七八种特质，很多是稳定的特质，即素质，花费时间不到 15 分钟，精准度高，是面试官走向专业化水平的重要工具，在设计情境模拟题时应该注意以下几点。

（1）情境设计要符合逻辑，便于被测评者对号入座。

（2）情境设计要符合工作分析的要求，便于真实反映被测评者的能力水平。

（3）情景设计中的问题应该具有开放性，便于被测评者运用多角度、多方法来解决问题。

→ 6.3.2　编制试题的常用技巧

笔试命题时的试题主要有两个来源：一是采用他人的现成试题；二是自己编写新试题。自己编写新试题通常有改编试题和新编试题两种方式。

1．改编试题

改编试题是对原有试题进行改造,使之从形式上、考查功能上发生改变而成为新题。通常情况下，改编的试题往往难度会相应提高。由于是对现有材料的深挖掘,所以改编所得的新题一般带有一定的新颖性和创造性。改编试题的方法有很多，如改变设问角度、改变已知条件、改变考查目标、转换题型、题目重组等。

2．新编试题

新编试题重点体现一个"新"字，即创设新情境、提供新材料。试题设问要新颖,思维性要强。新编试题首要的问题是材料背景的局限性，通常可取材于国内外热点时事、热点问题等。

对命题者来说，工作中的实践经历也是获取命题材料的非常好的渠道，工作中的许多情境都非常新颖，非常贴近现实工作生活，是很好的命题素材。

有了好的材料，如何选择利用将其改编成试题，难度还很大。一方面要求命题者要有较强的专业知识和对相关教材的深入理解；另一方面命题者还要有熟练的命题技巧。因此，以新材料展开命题，往往带有一定的随机性和不确定性，偶尔获得一个好的材料，灵感突现，说不定就能命制出一道好的试题。

➤ 6.3.3　笔试试卷的编制

1．试题的构成要素

不论什么类型的试题，其构成要素归纳起来，皆由立意、情境、设问和答案与评分参考四个要素构成。

（1）立意。立意要反映考查目的，是试题的核心和主题，包括知识与能力。对立意的具体要求如下。

①立意要正确实现测评目的，体现能力考查的主旨。

②立意要准确，每题的考查目标应独立、完整。

③立意要突出重点，考查目标要有层次和相关性。

（2）情境。情境是实现立意的材料和介质，关系着立意的表达程度。在试题中对情境设置的要求如下。

①服从立意，根据立意的要求剪裁、选择有关知识内容，尽量避免无用信息。

②根据被测评者的生活经验和理解程度设计情境。

③情境科学、可信。

④情境新颖，有相当的信息量和一定的深度。

（3）设问。设问是试题的呈现形式，关系着立意实现的程度。对设问的具体要求如下。

①围绕立意、根据情境选编设问。

②设问针对重点内容并涵盖其他内容。

③设问方式新颖、巧妙、灵活。

④设问语言准确、简洁、通俗。

（4）答案与评分参考。答案与评分参考是试题的重要构成部分，没有答案与评分参考不能称其为完整的试题。对答案与评分参考的具体要求如下。

①选择题答案要唯一，具有排他性。

②答案与评分参考的关系要一致。

③评分参考的要求：主观题评分参考要鼓励被测评者有创见地答题；评分细则可操作性强，易于控制评分误差。

2．试卷结构的设计

（1）笔试的试卷结构样例。笔试的试卷结构一般是由内容结构、目标结构、分数结构、题型结构、难度结构和时限结构等多维、多层成分彼此关联而构成的集合性有机系统。

（2）确立笔试试卷结构的基本要领。试卷结构的确立具有很强的专业性和技术性。笔试试卷结构设计的实施步骤如下所示。

①确定测评范围和水平要求。

②分解内容，理清关系，整合体系。

③绘制双向细目表，固定各要素结构及其比例关系。

3．试卷编排的思路

试题编排有三种思路：一是将题型相同的题目编排在一起；二是按题目的难度不同，按由易到难的顺序编排；三是按题目所测的内容编排，即把测评同一内容的各个题目编排在一起。在试题的实际编排过程中，通常是上述方法组合使用。

为防止相邻座位的被测评者互通信息、相互抄袭，可通过编制 A、B 卷的方式。两卷的题目不变，只是两份试卷的试题顺序交错排列，或者对选择题的正确答案变换位置。目前，越来越多的笔试都采用了 A、B 卷的形式，并取得了积极的效果。

4．编制试卷复本

为增加实际的效用，一种测试至少要有等值的两份，份数越多，使用起来越便利。所谓等值需要符合下列条件：其一，各份测试测量的是同一种心理特质；其二，各份测试具有相同的内容和形式；其三，各份测试不应有重复的项目；其四，各份测试项目数量相等，并且有大体相同的难度和区分度。

一般来说，只要有足够数量的测试项目，编制复本的手续是很简单的，先将所有可用的项目按难度排列，其次序为 1、2、3、4、5、6……

如果要分成两个等值的测试题本，可采用下面的分法：

甲本：1、4、5、8、9、12、13、16、17、20……

乙本：2、3、6、7、10、11、14、15、18、19……

如果要分成 3 个等值的测试题本，可采用下面的分法：

甲本：1、6、7、12、13、18、19、24……

乙本：2、5、8、11、14、17、20、23……

丙本：3、4、9、10、15、16、21、22……

采用上面的分法可使各复本之间在难度上基本相等，从而获得大体相同的分数分布。复本编好后，应该再测试一次，以确定各份测试究竟是否等值。

5. 试卷的鉴定测试

笔试题编好后,必须对其可靠性和有效性进行鉴定, 以便确定该笔试题是否可用。对笔试题的鉴定, 主要是确定其信度系数和效度系数。

(1)信度。一致的程度越高, 稳定性越大, 就意味着笔试题结果越可靠。如果用某套笔试题对同一被测试者先后进行两次测试, 结果第一次得 80 分, 第二次得 50 分, 结果的可靠性就值得怀疑了。一般而言, 笔试题都会有一定的误差, 误差越小, 信度就越高。

信度可用重测信度、复本信度和同质信度等方法来进行评估。重测信度是指将同一笔试题在相同的条件下对同一组被测评者先后实施两次, 两次笔试题结果的相关系数。复本信度是指用两份或几份在构想、内容、难度、题型和题量等方面都平行的笔试题对同一组被测评者笔试题结果之间的相关系数。同质信度是指笔试题内部各题之间得分的一致性, 通常用分半信度、库德-理查逊公式或 α 系数来表示。

信度是衡量笔试题质量的最基本的指标之一, 因而笔试题编好后应首先鉴定该笔试题的信度。

(2)效度。看一个测量工具是否有效, 要看它所测量的东西是不是它所要测的目标特质。一个新编笔试题应该对其构想效度、效标效度进行估计, 报告相应的结果, 而内容效度可做一定的论证或说明。效度也是衡量笔试题质量的最基本的指标之一, 笔试题编好后, 必须检验该笔试题的效度。

(3)笔试题量表与常模。任何测量都是以数量化的形式来表达测量结果的。心理测试是以心理笔试题为测量工具的, 它必须采用一定的量表作为标准化的记分制度, 来实现笔试题结果的数量化。所以, 笔试题编制者为了说明和解释笔试题结果, 必须根据笔试题的性质、用途及所要达到的测量量表的水平, 按照统计学的原理, 把某一标准化样本的笔试题分数转化为具有一定参照点、等值单位的导出分数, 这就是所谓的测量量表。在心理笔试题中, 常见的笔试题量表有百分等级量表、标准分数量表、年龄量表、年级量表等。如果将标准化样本的笔试题分数与相应的某一个或几个笔试题量表分数一起用表格的形式呈现出来, 就是该笔试题的常模表。标准化的心理笔试题都在笔试题手册中提供可供解释笔试题分数的常模表。

6. 编写答案与评分标准

答案的编制主要是对于主观题的参考答案和对于客观题的标准答案两大类。对于参考答案的编制主要是给出试题涉及的相关关键知识点, 然后为每个知识点分配计分权重。而对于标准答案的编制则需要确保答案的标准性、唯一性、无可争议性及对应性

评分标准的编制主要是指确定测试的总分值及每道试题的分值和计分标准的一个过程。要做好这一方面的工作, 必须先确定测验的总分值, 然后根据指标体系的权重赋分值, 接着对每种题型进行赋分值, 最后制定得分标准。

事先编写标准答案和评分标准不仅可以避免测评结束后临时制定答案标准影响评分的客观性, 而且是对试卷再次进行审查和完善的重要环节。

✈ 6.3.4　笔试的实施与管理

测验试题编制完成后，就要进行测验的实施环节了。笔试的实施是保证测评准确、公平的重要环节，因为准确性和公平性的前提条件是控制误差，这就要求在测验实施的过程中排除无关因素的干扰。本书将介绍笔试实施的各个环节，以及怎样避免和减少各种偶然因素和工作过失，以此来保证测验过程的客观性、可靠性。笔试的实施与管理步骤如图 6-3 所示。

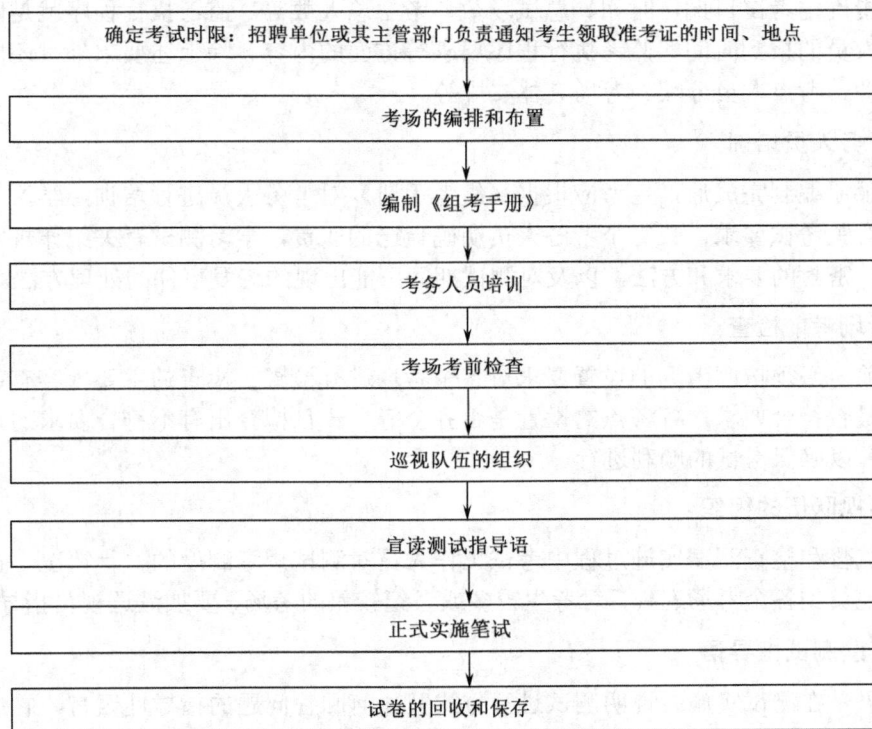

确定考试时限：招聘单位或其主管部门负责通知考生领取准考证的时间、地点

考场的编排和布置

编制《组考手册》

考务人员培训

考场考前检查

巡视队伍的组织

宣读测试指导语

正式实施笔试

试卷的回收和保存

图 6-3　笔试的实施与管理步骤

1．确定考试时限

笔试中速度是需要考虑的重要因素之一，大多数测试既要考察反应速度，也要考察解决有较大难度试题的能力。一般来说，考试时限大约为能使 90%的被测试者者完成试题的时间。如果题目从难到易排列，则力求大多数被测试者能在规定时限内完成会答的试题。确定时限的方法一般是尝试法，既通过预测来确定，通常招聘单位或其主管部门负责通知考生领取准考证的时间、地点，人事考试机构负责核发准考证并做好记载。

2．考场的编排和布置

考场的编排和布置应以方便被测试者答卷、方便监考人员检查、方便考试秩序和考试纪律维持为原则。一般来讲，考场应设置在交通便利且安静、设备齐全、光线充足的地方，要做到单人、单桌、单行、应试者前后左右之间距离 1 米以上，并且每个考场门口应贴上考场考生信息，便于考生对号入座。考场应根据考场大小安排监考人员，一般以 2～3 人为宜，他们负责维持考场秩序，严肃考场纪律，组织考生按时入场入座，收发试题和草稿纸等。通常笔试考场由人社部门所属人事考试机构负责选定，并按规定做好考试前的各项准备工作。

3. 编制《组考手册》

在施测前编制《组考手册》，明确测试的组织分工、考务安排、监考执行程序方面的要求。组织分工方面，一般是每个考点有主考 1 人，副主考 1～2 人，监考人员 2～3 人。考务安排是指确定考试日期、时间、总试场数、考生总人数等。监考执行程序就是明确各类考试工作人员的报到时间、监考执行程序要求等方面的内容。除上述要求外，还应明确规定考点主考、考点人员分配、考场具体安排等。

4. 考务人员培训

组考手册编制完成后，主考应根据《组考手册》对考务人员进行培训，学习《组考手册》上的有关考试要求，让每个考务人员明确自己的职责，学习测试有关纪律规定，掌握试卷整理、密封的要求和方法，以及对测试期间可能出现的突发事件的处理方法。

5. 考场考前检查

测试前，必须按照考场的设置要求对各个考场进行检查。检查的主要内容有：考场地点的选择是否符合要求，各考点的设置是否齐全等。一旦检查出有不符合要求的，应立即进行更换，以确保考试的顺利进行。

6. 巡视队伍的组织

为了监督和检查测试实施过程中考试工作人员对测试规章制度的执行情况，在测试期间委派巡视员到各个考场巡视，对考生较多或考纪较差的考场，要加派巡视员指导和监督。

7. 宣读测试指导语

指导语是在测试实施时说明测试进行方式及如何回答问题的指导性语言，它通常分为对主试者和对被试者。这里重点说的是后者，即对被试者的指导语。同一测试内容的实施过程中应该使用统一的指导语，指导语可以放在试卷开头由被试者自行阅读，也可以由考官口头说明，还可以播放指导语录音，以保证被试者明确考试的要求。

8. 正式实施笔试

施测的步骤可以参照以下流程，具体施测流程可以根据具体情况进行相应改变。

（1）施测前 20 分钟，监考人员领取试卷、答题卡、草稿纸等，进入考场。

（2）施测前 15 分钟，被试者进入考场，监考人员向被试者宣读有关考试、考场的规定，以及测试的指导语。

（3）施测前 10 分钟，监考人员拆开试卷袋，逐份核对。测试前 5 分钟开始分发试卷，要求被试者拿到试卷后，检查试卷有无缺漏、破损或打印不清晰等问题，如无则要求被试者在规定的地方填写姓名、考号等信息。

（4）测试开始，考场铃声响起，监考人员宣布考试开始，被试者开始答题。

（5）测试开始后，监考人员逐个核对被试者信息，如有不符，立即查明，予以处理。

（6）测试时间到，考场铃声响起，被试者停止答题，监考人员收卷、清点，按要求整理好试卷，交由主考验收，验收合格后装订、密封，再交考点办公室。

9. 试卷的回收和保存

考试施测结束后，各考场主考负责对密封试卷的检查、清点工作，核对无误后，送往指定试卷存放地点。纸笔测试的试卷可以作为档案保存，因为其有重要的参考价值。一方面，对企业来讲，测试结果反映了一定阶段人员的知识、能力水平，可以作为员工培训、考评等后续工作的依据，同时还可以为以后测试提供参考和作为试题来源进行选择；另一方面，对被试者来说，已经测试过的试卷可以作为测试复习的"指挥棒"来指导他们的复习和练习，因为通常是测试着重考什么，被试者就复习什么，测试怎么考，被试者就怎么学习。测试组织人员除了提高笔试测试的编制水平外，还应该做好每次试题的存档工作，把试卷当做一种历史资料保存下来。

课后测试题

一、单项选择题

1. 不属于笔试的优点的是（　　）。

A. 经济性　　　　　　B. 广博性　　　　　　C. 客观性　　　　　D. 全面性

2. 根据试题的性质，笔试可以分为论文式笔试和（　　）。

A. 直答式笔试　　　　B. 基础文化测试　　　　C. 专业知识测试　D. 综合知识测试

3. （　　）是通过填空、判断、计算和问答等形式来测试应试者的知识水平。

A. 论文式笔试　　　　B. 直答式笔试　　　　C. 情景式笔试　　　D. 考察式笔试

4. （　　）是用于表明测评内容、测评目标及其相对重要程度的一种表格。

A. 双向细目表　　　　B. 命题细目表　　　　C. 单向细目表　　　D. 多项细目表

5. 一般地，双向细目表主要由三个要素构成：考查目标、考查内容和（　　）。

A. 考查目的　　　　　　　　　　　　　　B. 考查方向

C. 考查目标与考查内容所占的比例　　　　D. 考查结果

6. 双向细目表较常见的有四种：反映测验内容与测验目标关系的双向细目表，反映测验内容与测验目标、题型之间关系的双向细目表，反映题型与难度、测验目标之间关系的双向细目表和（　　）。

A. 反映题型与难度、测验内容之间关系的双向细目表

B. 反映题型与难度之间关系的双向细目表

C. 反映题型与测验内容之间关系的双向细目表

D. 反映题型与难度、题型之间关系的双向细目表

7. （　　）体现了题型数量、难易度、测量内容的分配问题。该表可以使试题取样代表性高，可以适当控制试题的难易程度。

A. 反映题型与难度、测验内容之间关系的双向细目表

B. 反映题型与难度之间关系的双向细目表

C. 反映题型与测验内容之间关系的双向细目表

D. 反映题型与难度、测验目标之间关系的双向细目表

8. 笔试题型中最常用的形式不包含（　　）。

A. 客观题　　　　B. 选择题　　　　C. 是非题　　　　D. 匹配题　　　　E. 填空题

9. （　　）是向被测评者提供一段背景资料，然后提出问题，在问题中要求被测评者阅读、分析给定的资料，依据一定的理论知识，或做出决策，或做出评价，或提出具体的解决问题的方法或意见等。

A. 案例分析题　　　　B. 情境模拟题　　　　C. 论述题　　　　D. 论文题

10. （　　）指的是笔试题的可靠性。

A. 信度　　　　　　B. 效度　　　　　　C. 可靠度

二、简答题

1. 笔试常见的形式有哪些？并加以解释说明。

2. 简述什么是双向细目表，以及编制双向细目表的步骤有哪些。

3. 设计情境模拟题应该注意哪些要点？

4. 简述笔试的实施与管理步骤。

三、案例分析题

下面是某公司为招聘人力资源专员岗位所编写的笔试题，请问该测试题属于哪种题型？如果希望测试应聘者的专业能力水平，应该使用哪种笔试形式达到理想的效果？

公司今年结束年中的绩效考核后，准备实施基于目标考核的新的绩效考核系统，从上周起要求各部门经理和员工一起制定员工下半年的工作目标，按原定计划，该项工作应在下周三前完成，绩效监督小组对工作进程进行了检查，发现全公司 32 名部门经理仅有 4 名完成了工作，大部分经理尚未开始设定目标，当我们希望他们加快进度时，很多部门经理抱怨根本没有时间，觉得和员工共同制定工作目标是表面文章；还有部分部门经理认为这是部门内部的事，监督小组是在干涉他们的工作。目前工作进展很不顺利，请你给出自己的看法和一些建议。

四、技能操作题

乐清市京祥电子商务有限公司拟招聘淘宝网店运营助理 2 名，具体要求如下所示。

薪资待遇：3000～5000 元

学历要求：不限

招聘职位：网店运营（招 2 人）

工作年限：不限

工作性质：全职

工作时间：9:00—18:00，单双休

岗位职责

1. 负责淘宝店铺日常数据的收集统计工作，并做出评估与分析，提出处理方案。

2. 监控营销数据、交易数据及产品管理，包括产品上新、库存协调、库存分析。

3. 提高店铺产品、类别搜索综合排名，包括店铺商品标题关键字等各类活动的营销推广。

4. 负责向运营团队及各部门提供各类准确的运营数据分析报表。

5. 主管分配的其他任务。

任职要求：

1. 大专及以上学历，专业不限，熟悉淘宝、京东等工作流程者优先考虑。

2. 具有较强的沟通能力、表达能力和团队合作精神。

3. 工作积极主动，富有进取心，服从安排，能够胜任一定强度的工作需要。

请根据网店运营助理以上信息设计一份针对该岗位的笔试题。

第 7 章　面试测评法

学习目标

📖　一般掌握
- ■　面试测评的内涵、流程。
- ■　面试测评的组织、评价。
- ■　面试成绩的评定。

📖　重点掌握
- ■　面试题目的编制。
- ■　面试测评的内容。
- ■　面试测评的操作技巧。

学习导航

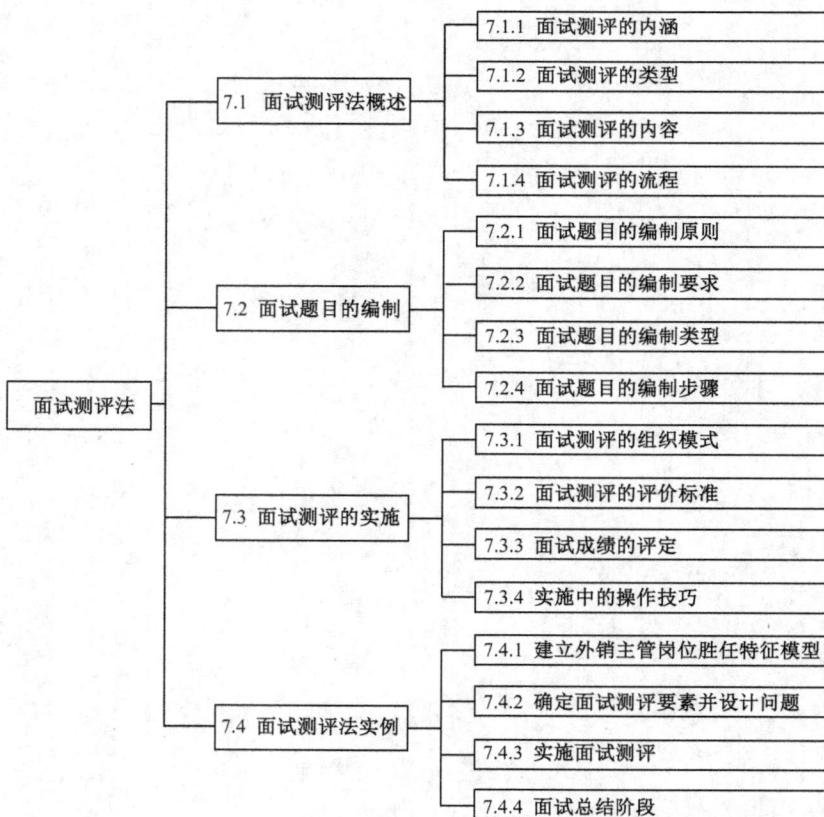

		7.1.1 面试测评的内涵
	7.1　面试测评法概述	7.1.2 面试测评的类型
		7.1.3 面试测评的内容
		7.1.4 面试测评的流程
		7.2.1 面试题目的编制原则
	7.2　面试题目的编制	7.2.2 面试题目的编制要求
		7.2.3 面试题目的编制类型
面试测评法		7.2.4 面试题目的编制步骤
		7.3.1 面试测评的组织模式
	7.3　面试测评的实施	7.3.2 面试测评的评价标准
		7.3.3 面试成绩的评定
		7.3.4 实施中的操作技巧
		7.4.1 建立外销主管岗位胜任特征模型
	7.4　面试测评法实例	7.4.2 确定面试测评要素并设计问题
		7.4.3 实施面试测评
		7.4.4 面试总结阶段

⊞ 导入案例

　　Google 是全球最著名的互联网企业之一，每年都会有大量优秀人才渴望加入这个顶级团队，但其刁钻古怪的面试题目却将许多人拒之门外，那究竟谷歌的面试题目是怎样的呢？以下是几个让许多应聘者都感到自己很愚笨的谷歌面试题。

　　问题 1：多少只高尔夫球才能填满一辆校车？（职位：产品经理）

　　问题 2：让你清洗西雅图所有的玻璃窗，你的报价是多少？（职位：产品经理）

　　问题 3：有一个人们只想生男孩子的国家，那里的人在有儿子之前都会继续生育。如果第一胎是女儿，他们就会继续生育直到有一个儿子。这个国家的男女儿童比例是多少？（职位：产品经理）

　　问题 4：全世界共有多少名钢琴调音师？（职位：产品经理）

　　问题 5：马路上的井盖为什么是圆的？（职位：软件工程师）

　　问题 6：为旧金山市设计一个紧急撤离方案。（职位：产品经理）

　　问题 7：一天之中，时钟的时针和分钟会重合几次？（职位：产品经理）

　　问题 8：请阐述"Dead beef"的意义。（职位：软件工程师）

　　问题 9：有人把车停在旅馆外，丢失了他的财物，他接下来会干什么？（职位：软件工程师）

　　问题 10：你需要确认朋友鲍勃是否有你正确的电话号码，但不能直接问他。你须在一张卡片上写下这个问题，然后交给爱娃，由爱娃把卡片交给鲍勃，再转告你答案。除了在卡片上写下这个问题外，你还必须怎样写，才能确保鲍勃在给出答案的同时，不让爱娃知道你的电话号码？（职位：软件工程师）

　　怎么样？看完上面这些问题，你是否会有丈二和尚摸不着头脑的感觉？你是否思考过，人力资源部门设计这些问题，究竟是要考察应试者哪方面的素质？谷歌到底需要怎样的人才？

　　资料来源：http://news.mydrivers.com/1/247/247037.htm,有改动。

　　⊞　**案例点评**

　　一次成功的面试不但是对应试者的考验，更是对测评人员的考验！特别是对人力资源管理工作者来讲，熟悉面试相关内容并能灵活运用是其专业技能的重要体现。

⊃ 7.1　面试测评法概述

　　面试是企事业单位最常用的、必不可少的测评手段之一。几乎所有的企事业单位在招聘中都会采用这种方法。

➜　7.1.1　面试测评的内涵

1．面试测评的含义和特点

面试测评简称面试，它是一种在特定场景下，经过组织者精心设计，通过测评者与被测评者双方面对面交谈和观察为主要手段，由表及里全面测评被测评者的素质特征、能力状况及求职动机等信息，以确定被测评者与特定岗位的素质匹配度。

与其他人员测评的方法相比，面试这一方法具有以下特点，如图 7-1 所示。

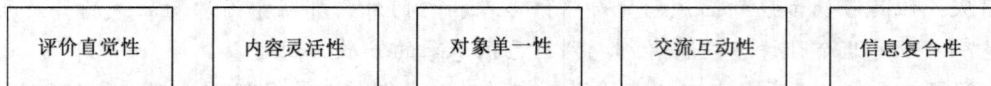

评价直觉性	内容灵活性	对象单一性	交流互动性	信息复合性

图 7-1　面试测评法的特点

（1）评价的直觉性。面试不是仅仅依赖严谨的逻辑推理与辩证思维，往往还包括很大的印象性、情感性与第六感觉特点。

（2）内容的灵活性。面试的内容既可以针对被测评者的个人经历、背景等情况来设计，也可以根据不同岗位的工作内容、职责范围、任职资格条件等情况来安排，还可以根据面试者在面试过程中回答问题的情况及测评需要而不断调换问题的形式和内容。

（3）对象的单一性。面试可以分为单独面试和集体面试。在集体面试中，面试官不是同时向所有的应试者进行提问，为加强面试的公平性，面试官会要求被面试者限时进行自我介绍，然后逐个提问，逐个测评，即使在面试中引入了案例分析或小组讨论，面试官们也是逐个向被面试者提问观察的。

（4）交流的互动性。面试中被测评者的言谈及行为表现与测评者的评价是直接相连的，中间没有任何中介形式。面试中测评者与被测评者的接触、交谈、观察也是相互的，是面对面进行的。主客体之间的信息交流与反馈也是相互作用的。此外，面试中面试官和被测评者发出的信息具有相互影响性。

（5）信息的复合性。面试对任何信息的确认，都是通过面试官对应试者的提问、观察、听觉、分析、第六感官感觉综合进行的。这种既注意收集语言形式信息又注意收集非语言形式信息的复合性增加了面试的可信度。

2．面试测评法的优势

心理学家曾对交谈中言谈与行为传递信息的效果进行因素分析学的研究，研究结果如图 7-2 所示。

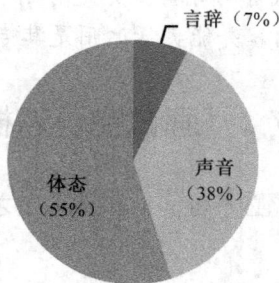

言辞（7%）
体态（55%）
声音（38%）

图 7-2　不同信息传递的效果

可见，在所有的测评方式中，面试所获得的信息量最多，利用率最高。面试发挥的作用也是其他测评方式所不能比的。

（1）面试方式更灵活，可根据需要具体把握。面试是一种测评者与被测评者之间互动可控的测评方式，具有很大的灵活性和针对性。面试可以测评被测评者的价值观、工作态度、事业心、进取心等。如果与心理测验、情景模拟和任务操作相结合，还可以考查一些实际工作的能力。测评者可根据测评需要灵活把握，自由组合。

（2）面试可以测评其他测评方式难以考察出来的素质。在人员测评中，许多素质是无法通过文字和观察来实现的，如口头表达能力、反应能力等素质，这些在其他测评方式中难以考察出来的素质却可以通过面试来测评，从而有效避免高分低能等情况的出现。

即时案例

姜某现供职于一家法国公司，任总经理助理。她是 2015 年 12 月得到这个职位的，当时与她一起竞争的人有 300 多名。姜某认为要想获得这个职位，一定要让面试官在面试时看出自己的领导才能。因此在面试时，她积极主动，让面试官知道自己对这份工作的认识，并适当地展现了她的领导才能和处理各种问题、协调各种关系的良好能力。事实证明，正是这些表现让她在 300 多名竞争者中脱颖而出。

（3）面试可以弥补笔试的失误和不足。有些被测评者虽然笔试分数较高，但综合能力不足，难以胜任岗位要求，通过面试，测评者可以全面有效地考察被测评者的动手能力和综合素质，做出更为科学合理的判断。同样，在测验或问卷等笔试中，有些被测评者可能由于身体状况不佳或紧张等原因没有发挥好，通过面试环节则有机会弥补这些人笔试的失误。

3．面试测评法的发展趋势

从近几年的面试情况来看，面试的发展趋势如图 7-3 所示。

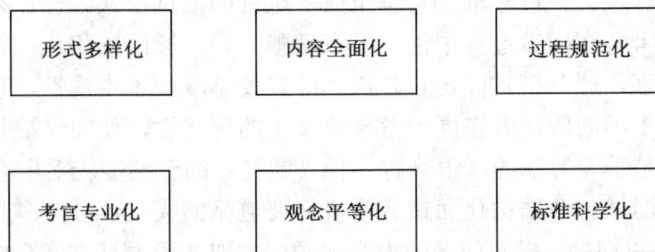

```
┌──────────┐   ┌──────────┐   ┌──────────┐
│ 形式多样化 │   │ 内容全面化 │   │ 过程规范化 │
└──────────┘   └──────────┘   └──────────┘

┌──────────┐   ┌──────────┐   ┌──────────┐
│ 考官专业化 │   │ 观念平等化 │   │ 标准科学化 │
└──────────┘   └──────────┘   └──────────┘
```

图 7-3　面试的发展趋势

（1）形式多样化。面试已经突破了传统的面对面的问答问题模式，现在多数面试引入了情境模拟、讨论、辩论、演讲、案例分析等多种辅助形式。

（2）内容全面化。最初的面试项目仅限于言谈举止、形象气质、仪容仪表与知识水平，现在已经扩展到被面试者的兴趣爱好、品德素质、智能素质、应变能力、逻辑思维能力、内心动机等全方位的测评；由一般素质测评发展到以拟录用职位要求为依据，包括一般素质与特殊素质在内的综合测评。

（3）过程规范化。与传统面试不同，现在的面试问题是参考事先设计的思路与范围，顺应测评目的的需要自然地提出的，最后的评分也不再仅仅依据回答的正误，而是综合总体行为表现及整个素质状况评定，充分体现了因人施测和发挥考官主观能动性的特点。

（4）考官专业化。以前的面试官主要由组织人事部门或单位领导担任。现在越来越多的做法是由用人单位的人事部门负责人、专业技术岗位的人员及专门的人事测评专家共同组成面试考评小组进行测评。通常还会对测评小组成员进行面试技术培训，并实行面试前的集训。

（5）观念平等化。被试者与面试考官的地位趋于平等，被试者在充分了解组织需求与组织文化等与自身的差异之后，同样可以做出"拒绝"的表示。

（6）标准科学化。面试内容、评价方法和评价结果都逐步标准化和规范化，基本上都是趋于表格式、等级标度与打分式形式。

→ 7.1.2　面试测评的类型

根据划分标准的不同，面试测评有不同的类型，具体内容如表 7-1 所示。

表 7-1　面试常见类型汇总表

划分标准	面试类型
面试的标准化程度	结构化面试、非结构化面试、半结构化面试
被测评者的数量	单独面试、集体面试
面试中提问的类型	情境面试、行为描述面试、演讲法面试、压力面试
面试的功能	鉴别性面试、评价性面试、预测性面试

1．结构化面试、非结构化面试和半结构化面试

根据面试的标准化程度，面试可分为结构化面试、非结构化面试和半结构化面试。

（1）结构化面试。结构化面试又称标准化面试、模式化面试，指的是依照事先准备好的面试题目、实施程序、评价标准、考官组成等进行的面试形式。面试须严格依照既定的程序进行，不允许考官在面试过程中进行随意调整。与一般面试相比，该类型的面试结构严密，面试程序性强，评分模式固定。其最大的好处是减少了主观性，使面试的信度与效度较高，同时增强了不同应试者在同一考核要素上的可比性，使面试更加公平。然而现实中人的性格和行为是千差万别的，很难有一种"完美"的套路能应对所有应试者。

（2）非结构化面试。非结构化面试通常没有要遵循的模式、程序和框架。面试官可以"随意"向应试者提出问题，提问问题的内容和顺序都取决于面试官本身的兴趣和现场应试者的回答。而对应试者来说也无固定答题标准的面试形式。这种方法给了谈话双方充分的自由，面试官可以针对应试者的特点进行有区别的提问。因此，非结构化面试对面试官的要求极高，要求面试官有足够的经验阅历才能掌控面试进程并从中获取有效信息。

（3）半结构化面试。半结构化面试介于结构化面试和非结构化面试之间。在半结构化面试中，对面试的一些关键因素进行限定，如面试流程、评分标准等，但允许面试官针对具体情况对问题进行随机调整。相对于结构化面试和非结构化面试，半结构化面试具有较强的适用性，能在多种情境下使用。目前大多数面试采用的都是半结构化面试。

∽ 特别提示

相比于纯粹的结构化面试与非结构化面试，半结构化面试具有较强的适用性，是应用得最为广泛的面试模式。

2．单独面试和集体面试

根据应试者的数量，面试可以分为单独面试和集体面试。

（1）单独面试。单独面试即面试官对应试者单独进行的面试。单独面试最大的优势就是能够给予面试官足够的时间和机会了解应试者，其缺点是所需时间较长，效率较低；一般放到测评过程的后期进行，且针对较为重要的岗位与水平较高的应试者。

（2）集体面试。集体面试即一次有多名应试者参加的面试。集体面试中通常会要求应试者就某一论题进行讨论或共同完成某项任务等。与单独面试相比，集体面试最大的优势在于能够考察应试者在团队协作中表现出来的能力与素质，如人际沟通能力、领导能力等，并且效率较高。其缺点在于应试者受可能受其他应试者影响，并且观察难度较大。

3．情境面试、行为描述面试、演讲法面试和压力面试

根据面试中提问的类型，面试可以分为情境面试、行为描述面试、演讲法面试和压力面试。

（1）情境面试。情境面试是将应试者置于一种具体情境中，根据应试者在该情境中的言行等观察其各方面能力的一种面试方法。

∽ 即时案例

假设你是某公司人事专员，某天有 20 个员工集体提出辞职，你应该做哪些方面的工作？这就属于典型的情境面试。

（2）行为描述面试。行为描述面试是面试官对应试者有关以往行为的回答来推断其未来某一时期内工作态度、工作潜能和工作绩效的一种面试方法。其基本假设是：通过一个人过去的行为能够预测其将来的表现，因而行为描述面试着重考察应试者过去的行为。通常应试者会要求对过去的某件事或某种经历进行描述，包括面临的情境、要完成的任务、采取的行动和最后的结果，即面试中常用的 STAR 法则。

知识链接

STAR 法则，即背景（Situation）、任务（Task）、行动（Action）、结果（Result）四个英文单词首字母的缩写。STAR 法则是结构化面试中非常重要的一个理论。通过 STAR 法则可以全面了解应试者的知识、经验、技能的掌握程度，以及他的工作风格、性格特点等与工作有关的方面。

示例：请讲出一件你通过学习而尽快胜任新的工作任务的事。追问：

这件事发生在什么时候？（S）

你要从事的工作任务是什么？（T）

接到任务后你怎么办？（A）

你用了多长时间获得完成该任务所必需的知识？（深层次了解）

你在这个过程中遇到困难了吗？（顺便了解坚韧性）

你最后完成任务的情况如何？（R）

（3）演讲法面试。演讲法面试是指应试者根据面试官的提问导向，结合自己已有的知识经验，运用语言、肢体动作、神态表情等向面试官表达自己观点的一种面试方式。

（4）压力面试。压力面试是将应试者置于一种人为的紧张气氛中，接受如连续快速追问、挑衅性问题、刻意的刁难、完全的否定等，以测试其抗压能力、应变能力、情绪稳定性等。压力面试在考察应试者的思维敏捷度、思考决策能力、气质修养等方面具有良好的效果。

　　∽　特别提示

压力面试主要是观察应试者在特殊压力下的反应情况、思维敏捷程度和应变能力。并不是所有的岗位都适合采用压力面试，只有工作岗位本身需要承担较大压力时，才需对应试者进行压力面试。

4．鉴别性面试、评价性面试和预测性面试

根据面试的功能，面试可分为鉴别性面试、评价性面试和预测性面试。

鉴别性面试侧重于根据某方面的素质对应试者进行区分；评价性面试强调对应试者素质的全面客观评价；预测性面试主要针对应试者的潜力和未来发展方向及空间进行考察。

➔　7.1.3　面试测评的内容

面试内容，是指面试需要测评的主要素质指标。一般来说，面试测评的内容主要包括：知识方面、工作经验/实践经验方面、工作态度方面、兴趣爱好方面、仪容仪表仪态方面、个人能力方面等如图7-4所示。

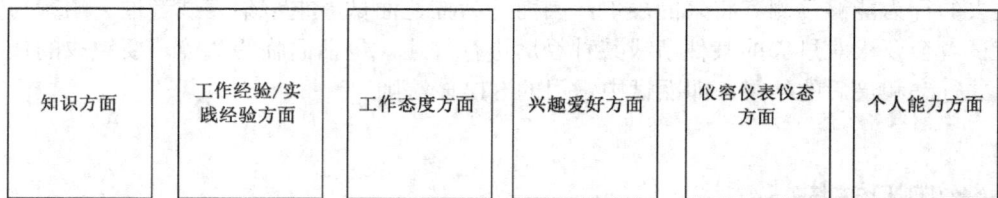

| 知识方面 | 工作经验/实践经验方面 | 工作态度方面 | 兴趣爱好方面 | 仪容仪表仪态方面 | 个人能力方面 |

图7-4　面试测评的主要内容

1．知识方面

这主要是考察被测试者专业知识的广度和深度。主要体现在：所需具备的专业技能、所接受的专业培训，以及课外学习的相关知识等。

2．工作经验/实践经验方面

测评人员会根据被测试者提供的履历表、自荐信等材料，问询有关背景和过去工作情况，以考察证实其所具备的实际工作经验和专业特长，同时还可以考察被测试者工作经验的丰富程度，从中判断其工作责任心、组织领导力和创新意识等。

3．工作态度方面

针对对被测试者以往的经历进行考察，通过了解被测试者的工作态度，可以了解被测试者是否热爱工作、是否具有求知欲、对现在岗位的求职欲望等。

4．兴趣爱好方面

通过对被测评者兴趣爱好的了解，可以判断被测试者是否精力充沛、充满活力，其兴趣爱好是否符合职位的要求。

5．仪容仪表仪态方面

仪容仪表仪态主要是指被测评者的着装、举止、礼仪、精神状态等。研究表明，仪表端庄、衣着整洁、举止稳重的人，一般做事比较有规律，责任心较强，值得信赖。

⌒ 即时案例

今年 27 岁的庞某是一家韩国通讯公司的招聘主管。庞某在进入这家公司面试时，特意挑了一套能让自己显得成熟的套装，并画了淡妆。在面试中，韩国的面试官因为在中国工作多年，几乎可以完全听懂汉语，但在面试中却装作听不懂，时不时将身子倾向翻译。庞某并没有因此掉以轻心。庞某成功入职后，她的直接上司告诉她，从一进入面试室开始，韩国老板就在留意求职者走路的姿态、目光的方向及说话的表情等。庞某能求职成功与她这一方面的表现关系密切。直接上司还告诫庞某，在工作中要注意观察细节。

6．个人能力方面

个人能力方面内容比较广泛，包括口头表达能力、反应能力和应变能力、人际沟通能力和团队合作能力、综合分析能力等。具体如表 7-2 所示。

表 7-2　个人能力方面的考察内容

个人能力	考察内容
口头表达能力	通过对被测评者回答问题时的语言、语态、语调、音色、语速等进行观察，可以了解被测评者语言表达的逻辑性、完整性、准确性、表达的感染力及表达的清晰程度
反应能力和应变能力	通过被测评者回答问题的迅速性和准确性来考察被测评者头脑的敏捷程度及其应对突发事件的处理能力
人际沟通能力和团队合作能力	面试中会涉及人际沟通能力的问题，如"工作中你遇到最难相处的人是什么样的？""你是如何和他相处的？"通过被测评者的回答，可以了解其适应能力和沟通能力，还可以进一步判断其团队合作能力
综合分析能力	通过面试，观察被测评者是否能抓住问题的本质，并进行全面透彻的分析和条理清晰的陈述来分析其综合分析问题和解决问题的能力

➔ 7.1.4　面试测评的流程

面试测评的流程如图 7-5 所示。

1．面试准备阶段

（1）制定面试指南。面试指南包括面试团队的组建、面试准备、面试提问分工和顺序、面试提问技巧、面试评分办法等。

（2）准备面试问题。确定岗位素质的构成和比重，在此基础上编制面试题目。

（3）确定评估方式。确定面试问题的评估方式和标准，确定面试评分表。

（4）培训面试考官。组成面试小组之后，要针对本次面试的基本情况和面试技巧、面试实施流程、评价标准等内容对考官开展针对性培训。

面试准备阶段			
制定面试指南	准备面试问题	确定评估方式	培训面试考官

面试实施阶段				
开始阶段	导入阶段	核心阶段	确认阶段	结束阶段

面试总结阶段		
综合面试结果	面试结果反馈	面试结果存档

面试评价阶段

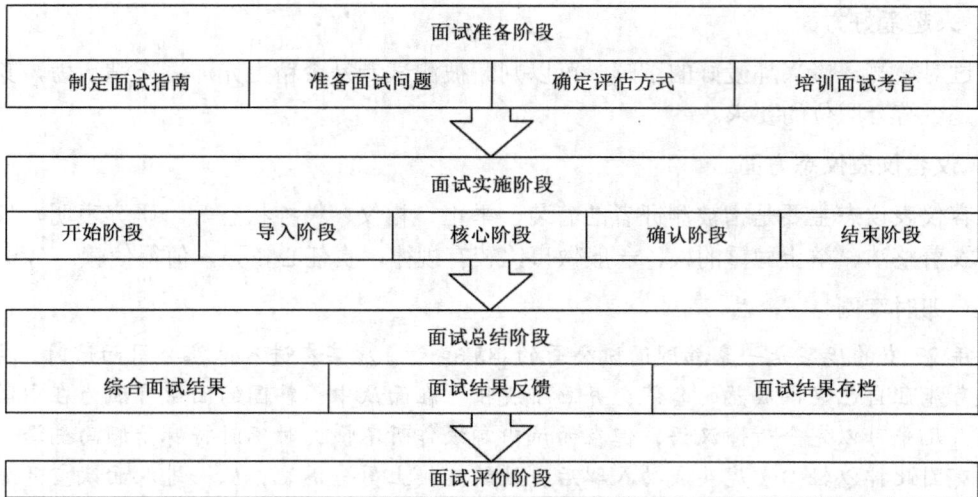

图 7-5 面试测评的流程

2. 面试实施阶段

如图 7-6 所示，面试测评的实施阶段可以分为五个步骤：开始阶段、导入阶段、核心阶段、确认阶段及结束阶段。

开始阶段	➡	导入阶段	➡	核心阶段	➡	确认阶段	➡	结束阶段

图 7-6 面试实施阶段

（1）开始阶段。面试的开始通常围绕一般性社交话题，问题大多友善客套，目的在于打破隔膜，减轻被测评者的紧张情绪，为面试创造友好轻松的氛围。该阶段约占面试过程的 2%。

    即时案例

王某去一家医药公司面试技术岗位。面试官的第一句话就是"路上还顺利吗"，王某知道这是对方的客套礼貌，于是简洁地回答"挺顺利的"。

    特别提示

开始阶段的提问，只是测评者在正题前的应酬语。被测评者应简洁有礼地给予回答，切忌就此话题长篇大论。

（2）导入阶段。测评人员应提问一些比较通用的、被测评者比较熟悉且可能有所准备的问题。问题往往是围绕被测评者的简历或求职信等资料展开的，问题看似简单直接，但被测评者应事先做好充分准备。这一阶段约占整个面试过程的 8%。

    特别提示

对被测评者来说，导入阶段实际上是一个非常利于突出自己的机会，如应对得体，可尽量突出自己的个性、兴趣、志气、工作经验等。

知识扩展

"请您花一分钟的时间简单介绍一下你自己""请谈一下你的教育经历""目前为止，对您影响最大的人是谁"等是在导入阶段经常会被问到的问题。

（3）核心阶段。核心阶段是指对被测评者胜任能力的测评阶段，约占面试过程的80%。在这一阶段，测评者会通过行为性问题、情境模拟问题等方式提出若干问题，如"您在哪方面的优势可以胜任该职位"，以考察被测评者的求职动机、专业技术能力、知识水平、个性特征等。

特别提示

核心阶段在整个面试阶段尤为重要。测评者将根据被测评者在这一阶段的表现对其关键胜任能力做出评价。

（4）确认阶段。测评人员可进一步对核心阶段所获得对应试者关键胜任特征的判断进行确认，约占面试过程的15%。

特别提示

在确认阶段被测评者应抓住机会，弥补前期出现的疏漏或失误。

（5）结束阶段。结束阶段是测评人员检查自己是否遗漏了关于关键胜任能力问题并加以追问的时间，同时也可以留给被测评者提问的机会，如"请问你还有什么要补充的吗""对于我们公司您还有什么想了解的吗"等。这一阶段约占面试过程的5%。

特别提示

在结束面试时，不管是否录用，测评人员均应礼貌地感谢被测评者前来参加面试，并将下一步的面试程序告知被测评者。如"面试结果将在一周后公布，我们将以邮件的形式发到您的邮箱"。

3．面试总结阶段

面试总结阶段的工作包括以下三个方面的内容。

（1）综合面试结果。综合各面试官的评价，结合岗位要求，做出面试决策。

（2）面试结果的反馈。将面试结果反馈给应试者，从而了解双方更具体的要求，如福利事项、录用期限等。对于决定录用的应试者，与其签订劳动合同。对未被录用者进行信息反馈。

（3）面试结果的存档。全部工作结束后，应将本次面试所涉及的相关资料存档备案，以备日后查用。

4．面试评价阶段

面试结束后，应回顾梳理整个面试过程，总结经验，为下次面试设计做好准备。

∽ **牛刀小试**

找一家你熟悉的企业，详细了解一下其面试流程，找找其中是否存在不合理之处。

➲ 7.2 面试题目的编制

在面试活动中，测评者要对被测评者提问哪些问题？这些问题又是如何确定的？对这些问题的回答就涉及面试试题的编制。面试试题设计的质量高低，直接关系到面试的成败。

↣ 7.2.1 面试题目的编制原则

面试题目的编制原则如图 7-7 所示。

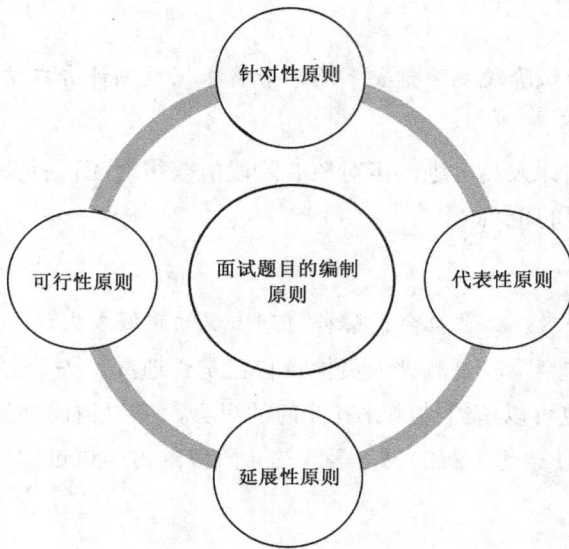

图 7-7　面试题目的编制原则

1. 针对性原则

面试的题目应服从于面试的目的，具有明确的针对性。这种针对性表现如图 7-8 所示。

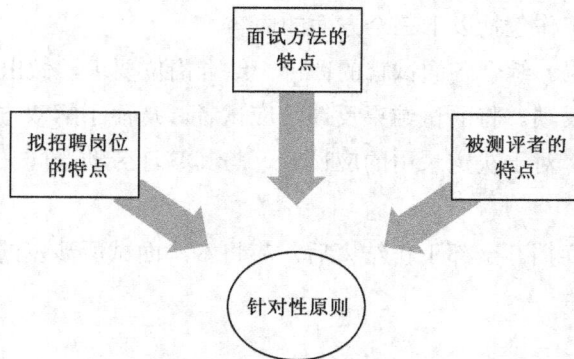

图 7-8　针对性原则的体现

（1）面试题目要针对拟招聘岗位的特点。题目设计要紧密围绕岗位胜任力来确定面试的具体要求，应充分反映出岗位对从业者的典型性、经常性、稳定性的要求。

（2）面试题目要针对面试方法的特点。面试测评中一般不应设计太多纯知识性的问题，而应更侧重考察岗位所需的能力、潜力、个性特征等。

　　📖　**特别提示**

并不是所有的测评要素都适合采用面试这种方法加以考察，面试也没有必要对整体测评目标中的所有内容进行考察。它要考察的是其他测评方法不便于考察或考察不够全面的测评内容。

（3）面试题目要针对被测评者的特点。面试的题目内容要针对被测评者的状况，包括被测评者的教育经历、专业背景、工作经历等，选取被测评者相对熟悉、有话可说的话题。从方法论的角度来看，就是面试试题要具有一定的表面效度。

2．代表性原则

代表性原则是指题目应在某一方面具有一定的鉴别性。在面试中，题目既要有一定的难度，又要有一定的鉴别力，能够将同一测评要素处于不同水平的被测评者划分开来，以达到准确测试某一特定素质的目的。

　　📖　**特别提示**

在代表性的基础上，还需要考虑面试试题的科学性和思想性，试题素材应当选自现实生活或工作实际，避免低级、庸俗等不健康内容。

3．延展性原则

面试试题的形式和内容应具有一定的延展性，为面试活动的有效展开提供余地，而不能拘泥于某一具体知识点和技能要求，局限在一问一答的狭小范围内。面试问题还应具有一定的层次性和递进性，某一问题的提出和被测评者的回答能够自然延伸出下一个问题，从而使题目之间具有内在的相互联系，形成一个完整的有机整体。

4．可行性原则

可行性原则是指在试题的编制过程中要从实际出发，在专业知识、技能和素质及工作能力、心理素质等测评要素中选择方便易行的、便于操作的要素来进行测评。

➔　7.2.2　面试题目的编制要求

面试题目的编制要求如图 7-9 所示。

| 题目内容要直接体现面试的目的和目标 |
| 面试题目必须围绕面试重点内容 |
| 面试题目要兼具科学性和可测性 |
| 面试题目要共性与个性相结合 |
| 面试题目要有可评价性和透视性 |
| 面试题目要新颖性与启发性相结合 |
| 面试题目要有内涵 |
| 面试题目要注重形式 |

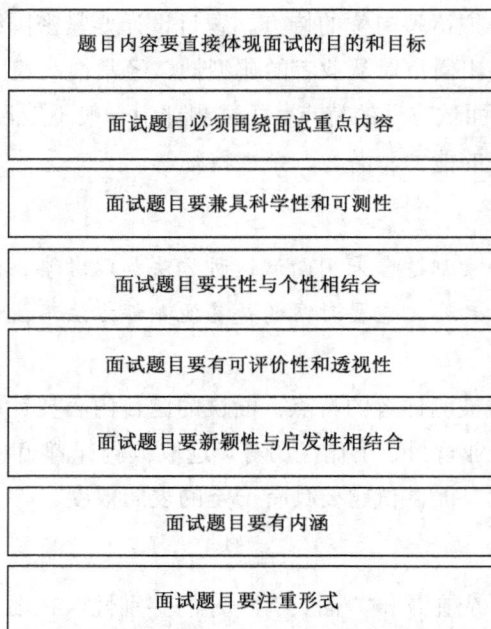

图 7-9　面试题目的编制要求

1. 题目内容要直接体现面试的目的和目标

面试要根据面试评价目标制定试题，从面试目标出发编制试题。要通过试题进一步考察应试者的能力水平、工作经验、体质精力及其他方面的情况。

题目示例

某快速消费品公司最近遇到了利润下降的问题，请你分析一下可能的原因。

2. 面试题目必须围绕面试重点内容

编制题目是为了完成对重点内容的考察，进而实现面试的目的。因此，题目必须是面试所要考察的重点。

题目示例

你的简历中介绍，你曾经成功地策划了一次校园图书售卖和促销活动，可以为我介绍一下吗？

3. 面试题目要兼具科学性和可测性

面试试题不仅应该是正确的、科学的，还应是实用的、有效的，可测的。

题目示例

有句古语"木秀于林，风必摧之；堆高于岸，流必湍之"，对此你怎么看？

如果应试者不能理解这句话的含义，换一种问法：俗语说"枪打出头鸟"，对此你怎么看？

4. 面试题目要共性与个性相结合

每项面试内容可以从不同角度出一组题目，面试时根据应试者的实际情况有选择地提问，从而达到更佳的面试效果。共性问题主要围绕岗位所需专业知识提出，对各应试者提问的范围和重点应基本相同；个性问题要针对应试者不同的经历和岗位要求提问，提问在精而不在多。

～ 题目示例

为了更好地服务村民，为村民排忧解难，村里把全村空巢老人在生产、生活和健康方面存在问题的摸底任务交给你，你打算怎么办？

5. 面试题目有要可评价性和透视性

题目应能够拓展应试者的素质，题目制作一定不可"直来直去"，即"正面提问，正面回答，正面评价"，这种试题是没有任何作用的。

～ 题目示例

十八大三中全会相关决定中强调"把权力关进制度笼子"。有人认为这是要限制领导运用权力；也有人认为这是要弱化政府权力。请谈谈你对此的认识。

6. 面试题目要新颖性与启发性相结合

面试题目应注意材料新、视角新、观念新、表述新、形式新，避免重复，特别是简单重复，以便于测评应试者某些素质的真实水准。

～ 题目示例

孙中山说："青年要立志做大事，不要立志做大官。"，而拿破仑却说："不想当元帅的士兵不是好士兵。"请你对此加以评析。

7. 面试题目要有内涵

面试题目的内容有要价值，与面试目的内在紧密联系，可以实现目的。另外进入面试的可能是多位应试者，因而面试内容要有可比性。

～ 题目示例

随着群众路线教育实践活动的深入，你单位将"打通最后一公里，零距离为群众服务"定为整改目标。如果领导请大家建言献策，请问你有什么好主意？

8. 面试题目要注重形式

面试题目的大小要适度，试题所引用的材料应该是应试者熟悉的，此外试题要清晰无误。

～ 题目示例

假如你是某小区物业经理，今天你刚到物业办公室，就发现有大批业主聚集在此，要求物业对小区内破坏公共绿地种植蔬菜花草的情况进行处理。请问你将如何处理？

除以上编制要求外，面试题目在编制过程中还要注意语言要精练、明确，不可模棱两可、语意不清；问题不可长；试题编制要注意政策法规，不可设计侵犯应试者人权的问题；

提问的目的不是"问难、问倒"应试者,而是给应试者展示自我的机会,"问好、问巧"才是出题的宗旨。

➤ 7.2.3 面试题目的编制类型

面试中常见的题目类型有背景型、智能型、意愿型、情景型、作业型、行为型,如图7-10所示。

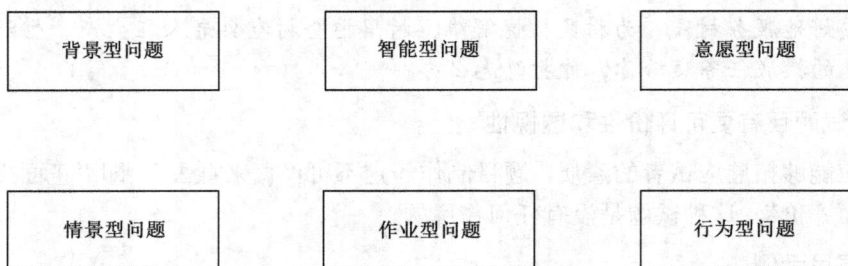

背景型问题	智能型问题	意愿型问题
情景型问题	作业型问题	行为型问题

图 7-10 面试中常见的题目类型

1. 背景型问题

背景型问题是指通过设计与应试者的学历、工作、家庭及成长背景等相关的问题来了解应试者的求职动机、专业技术背景等要素的一种面试题型。

☞ 题目示例

请用 2~3 分钟谈谈你现在所在单位的整体情况和你自己近几年来的个人情况及工作表现。

2. 智能型问题

智能型问题是指通过询问应试者对一些复杂问题或社会现象等的分析,来考察应试者的综合分析能力、逻辑思维能力、快速反应能力和解决问题能力的一种面试题型。

☞ 题目示例

目前社会上"献爱心,捐助危重病人"的现象很多,您是怎样看待这个现象的?

3. 意愿型问题

意愿型问题是指通过直接征询应试者对某一问题的意愿来考察应试者的求职动机、敬业精神、价值观、情绪稳定性等要素的一种题型。

☞ 题目示例

你喜欢跟强势的领导工作,还是喜欢跟民主的领导工作?为什么?

4. 情景型问题

情景型问题是指通过向应试者展示一个假设的情境,让其解决情境中出现的问题,从而考察应试者的综合分析能力、应变能力、人际交往能力等要素的一种题型。

题目示例

某日，董事长出差，你忽然接到税务局要来公司进行税务稽查的通知。此时你无法联系上董事长，你将如何处理这件事？

5. 作业型问题

作业型问题是指通过应试者现场完成一项任务来考察应试者综合素质的一种题型。

题目示例

根据所提供的材料，设计一份本公司某产品的市场需求潜力调查表。

6. 行为型问题

行为型问题是指通过应试者描述其过去的某份工作或生活经历的具体情况来了解应试者的各方面素质特征的一种题型。

题目示例

请举一个实例详细说说你是如何成功地带领团队高效工作的。

7.2.4　面试题目的编制步骤

面试题目的编制有五个步骤，如图 7-11 所示。

图 7-11　面试题目的编制步骤

1. 进行岗位分析

面试的目的是测评应试者是否具备岗位所需的任职条件。在设计面试测评要素之前，必须首先确认岗位的工作要求和任职者所应具备的素质条件。岗位分析是面试题目设计的基础。

2. 制订编制计划

编制计划为题目编制工作提供了依据，确立了最基本的框架。制订编制计划应主要明确测评目的、测评要素、取材范围、题目题型等。

3. 编制面试题卡

规范化的面试一般需要编制面试题卡，以适应被测评者的选择和组合题目的需要。面试题卡一般包括试题、答案、用途（测评要素、预期效果等）、测评标准等。

4. 实施试测分析

题目编制好以后，在正式使用之前，应事先选择一些被测评者进行试测，并对试测加以记录分析，通过试测查找、反馈题目中可能存在的质量问题，根据反馈结果完善题目。

5．组合面试题目

在面试过程中，测评者可根据测评目的、测评要素、测评群体等对面试试题进行组合，测评者也可根据被测评者回答问题的情况进行追问。

  牛刀小试

结合你学过的人力资源专业知识，为人力资源招聘专员岗位设计一份面试题目。

⊃ 7.3　面试测评的实施

✦ 7.3.1　面试测评的组织模式

1．用人单位的组织模式

用人单位在面试测评时的组织模式主要有两种：一是以用人部门为主，人力资源部门指导为辅；二是以人力资源部门为主，用人部门协助完成。

2．面试参与者的组织模式

就面试参与者（测评者和被测评者）来说，面试的组织模式一般有一对一、一对多、多对多三种，如表 7-3 所示。

表 7-3　面试参与者的组织模式

组织模式	释　义	说　明
一对一	一个测评人员对一个被测评者	座位在距离上不能太远，也不能太近，以不会给被测评者造成过多的心理压力为宜
一对多	多个测评人员面对一个被测评者	最好采用圆桌式的座位安排，被测评者与测评人员正对面而坐
多对多	集体面试，被测评者通常会被随意分成几个小组，就某一问题展开讨论	测评人员在一旁观察被测评者的逻辑思维能力、领导力、语言表达能力等，并据此对测评者进行甄选

  特别提示

在多对一的组织模式中，一般测评人员不能超过 5 人，以 3 人为宜。

✦ 7.3.2　面试测评的评价标准

为降低面试测评人员的主观随意性，在面试前应针对每个测评要素制定如表 7-4 和表 7-5 所示的评价标准。评价标准应规范、可操作。

表 7-4　面试评分表及评分标准（普通类）

序号			姓名		性别	
报考职位			学历		年龄	
测评要素	语言表达	综合分析能力	应变能力	人际交往能力	计划组织协调能力	举止、仪表
权重	15	20	20	15	20	10

续表

观察要点		1.口齿是否清晰，语言是否流畅？ 2.用词是否得当？意思表达是否准确？ 3.内容是否有条理和逻辑性？	1.能否对问题或现象做深入剖析？ 2.对问题或现象的产生根源有无认识？ 3.能否针对问题或现象提出相应的对策？对策是否可行？ 4.有无独到见解？	1.面对压力或问题时情绪是否稳定？ 2.思维反应是否敏捷？ 3.考虑问题是否周全？ 4.解决办法是否有效可行？	1.有无主动与人合作意识？ 2.与人能否有效进行沟通？ 3.对人际关系的处理是否违背原则或影响工作？	1.能否根据工作目标预见有利因素和不利因素？ 2.能否根据现实需要和长远效果做出计划、决策？ 3.能否合理配置人财物等资源？	1.穿着打扮是否得体？ 2.言行举止是否符合一般的礼节？ 3.有无多余的动作？
评分标准	好	08～10	15～20	15～20	15～20	15～20	08～10
	中	04～07	07～14	07～14	07～14	07～14	04～07
	差	00～03	00～06	00～06	00～06	00～06	00～03
要素得分							
合计							
考官评语				考官签名：			

表 7-5　专业知识的评分标准（细化）

等级分数	专业知识方面的评分标准			
	知识掌握情况	知识层次或深度和广度	所具备的专业水平	工作经验
优秀（5分）	扎实	很强	完全符合职位要求	丰富
良好（4分）	比较扎实	较强	基本符合职位要求	一定
中等（3分）	一般	一般	有一些符合职位要求	较少
一般（2分）	不全面	勉强符合职位要求	与职位要求有相当大的差距	基本没有
较差（1分）	较差	不符合职位要求	不符合职位要求	无

首先，评价标准规定了每个测评要素都有严格的操作定义和面试中的观察要点。其次，评价标准规定了每个评分等级所对应的行为评价标准，从而使每位测评人员对被测评者的评价有统一的标准。最后，评价标准规定了各测评要素的比重，使测评人员知道哪些要素是主要的、关键的，哪些要素是次要的、附属的。

→ 7.3.3　面试成绩的评定

1.给每位应试者评定成绩

按照面试评价标准，测评人员对每个应试者进行打分，最后综合计算出每个应试者的得分。

面试评价表如表 7-6 所示。

表 7-6　面试评价表示例

姓名：王某某　性别：女　编号：A21　应聘职位：销售主管　所属部门：销售部					
评价要素	表达能力	人际协调能力	快速反应能力	综合分析能力	组织协调能力	责任心
权重	5%	20%	20%	20%	10%	25%
要素得分						
评价标准	好 9～7 分　　中 6～4 分　　差 3～1 分					
评价人意见	（请在此处写出您的评价意见） 录用建议：　　　　　评价人签字： 年　　月　　日					

面试分数汇总表如表 7-7 所示。

表 7-7　面试分数汇总表

姓名：王某某　性别：女　编号：A21　应聘职位：销售主管　所属部门：销售部					
评价要素	表达能力	人际协调能力	快速反应能力	综合分析能力	组织协调能力	责任心
权重	5%	20%	20%	20%	10%	25%
测评人员 1						
测评人员 2						
测评人员 3						
……						
要素得分（加权后）						
面试最终得分						

知识拓展

面对分数汇总时，通常情况下的做法是先将每个测评要素去掉一个最高分和一个最低分，然后计算出算术平均分，再根据权重合成总分，即应试者的最终得分。

2. 所有应试者成绩汇总

通常一次面试不会只有一名应试者，因此需要通过综合评价表（见表 7-8）对所有被测评者的成绩进行统计整理，以形成对所有测评者的统一认识。最后依据面试目的和对所有测评者的分析比较确定最终结果。

表 7-8　面试综合评价表

应试者	评价要素及权重						面试分数	面试排名
	表达能力 5%	人际协调 能力 20%	快速反应 能力 20%	综合分析 能力 20%	组织协调 能力 10%	责任心 25%		
A								
B								
C								
……								

7.3.4　面试测评实施中的操作技巧

在面试测评的实施中，提问、倾听、观察等操作技巧会直接影响测评结果的准确性。

1. 提问的技巧

在面试中，测评人员能否正确地把握提问技巧十分重要。提问时，应注意以下技巧。

（1）创造轻松和谐的氛围。提问时，测评人员要力求引导应试者进入一种自然、亲切、近乎聊天的氛围，要注意缓解应试者的紧张情绪。

（2）问题必须简明易懂。提问的方式要力求通俗简明，有深度，切合主题。切忌漫无边际。

（3）提问的形式应多样。测评人员在提问中要注意掌握主动，诱导应试者使交谈深入。可借助多种形式进行提问。

知识拓展

提问的方式

假设式：假如你处于这种状况，你会怎么做呢？

确认式：我明白你的意思。

举例式：你以前的工作中遇到最大困难是什么？你是怎样解决的？

（4）提问的顺序应循序渐进。对问题的提出顺序要做出周密的安排。一般来说，对于提问的顺序基本上是先易后难，先具体后抽象，由浅入深。

（5）主考人员要掌握问题过程中的主动权。在提问过程中，主考人员可根据应试者的回答，把握机会恰到好处地转换、收敛、结束与扩展话题。

（6）声东击西获取信息。当测评人员发现应试者对某一问题欲言又止或不太愿意暴露自己的观点和态度时，可尝试提问其他相关问题来实现提问的目的，从而获取相关信息。

（7）要给应试者弥补缺憾的机会。通常情况下，应试者在面试中处于相对被动的地位。在面试结束前，应给予应试者一个机会，让其补充自己还想表露的思想。

2. 倾听的技巧

通过面试倾听，不仅可以了解应试者的表达能力，而且可以捕捉到更多关于应试者的个人信息及过往经历。因此，测评人员应注意认真倾听应试者的回答，并对其进行巧妙地利用。

（1）要善于发挥身体语言的作用。面试中，测评人员应集中精力倾听应试者回答问题，绝对不能分心，更不能去做其他的事情。在倾听时，测评人员不能斜视、俯视、直视地听，否则会使应试者感到不自在甚至有不平等感，影响应试者素质的发挥。

特别提示

测评人员应注意倾听，不要随意打断应试者。并且倾听时要注意保持中立，不论对应试者的回答持肯定还是否定的态度，都要注意不能频繁地点头或摇头。如确有必要打断应试者时，测评人员应注意把握打断时机。

（2）要注意应试者的身体语言。测评人员在倾听时，还应注意应试者的音色、语调、音量及应试者的身体语言，以区别应试者的内在素质。

3. 观察的技巧

观察，也就是我们通常所说的"看"，这是面试过程中的另一个重要手段。面试中，要求测评人员善于运用自己的感官，特别是视觉，观察应试者的非语言行为。有研究表明，面试中应试者的面部表情可提供的信息量可达 50% 以上。

面试中，测评人员要善于抓住应试者的一些具有典型意义的行为反应，尤其是一些典型的面部表情和细微的肢体动作（见表 7-9），通过这些表象层面推断其深层心理。

表 7-9　非语言行为传递的信息

非语言行为表现	传递的信息
目光接触	友好、真诚、自信、果断
回避目光接触	冷淡、紧张、害怕、说谎、缺乏自信
摇头	不赞同、不相信、震惊
搔头	迷惑不解、不相信
咬嘴唇	紧张、害怕、焦虑
抬一下眉毛	怀疑、吃惊
眯眼睛	不同意、反感、生气
打哈欠	厌倦
鼻孔张大	生气、受挫
微笑	满意、理解、鼓励
踮脚	紧张、不耐烦、自负
手抖	紧张、焦虑、恐惧
身体前倾	感兴趣、注意
懒散地坐在椅子上	厌倦、放松
坐在椅子边缘	焦虑、紧张
摇椅子	厌倦、自以为是、紧张
驼背坐着	缺乏安全感、消极
坐得笔直	自信、果断

4. 分析的技巧

面试测评中，需要结合应试者的履历和面试中的内容对其进行分析。分析时可采用以下方法。

（1）透过现象看其内部素质。在面试时，测评人员应根据应试者在面试中所展现出来的表象，透析其内部素质。

（2）反复比较分析。测评人员要综合应试者的履历、推荐信、面试过程中的表现做全面分析，以鉴别其真实的素质特征。

（3）重点分析法。测评人员应根据测评岗位所需的胜任力特征，对应试者所取得的具有典型性、代表性的成绩进行重点分析，识别其真实的工作水平和素质特征。

5．评价的技巧

素质测评的最终落脚点是在"评"字上。面试作为素质测评的一种工具，最终也需归结到"评"上。

如图 7-12 所示，测评人员在对应试者进行评价时，可采取以下技巧。

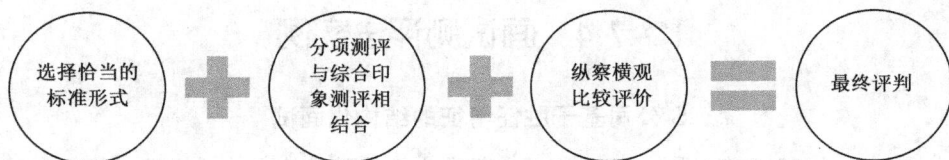

图 7-12　评价的技巧

（1）选择恰当的标准形式。面试测评的标准一般由项目、指标和标度共同构成。在进行面试测评前，测评人员必须制定统一、科学的标准形式，将对全体测评人员进行培训。

（2）分项测评与综合印象测评相结合。面试与其他测评方式的不同之处就在于它采取直接面对面的方式进行测评。因此，在对应试者进行测评时也要注意把分项测评与综合印象测评相结合，提高面试效果。

（3）纵察横观比较评价。纵察是指在面试过程中，对同一应试者在前后不同问题上的表现及行为反应进行观察、比较。横观是指在面试过程中，对不同应试者在同一项目上的不同表现及行为反应进行观察、比较。通过纵察横观可以使面试中模糊的、难以揭示与把握的素质清晰化。

∽　特别提示

测评人员在对应试者进行评价时，应注意避免首因效应、近因效应、晕轮效应、偏见效应、刻板印象、类似效应等心理效应所带来的负面影响。

6．提高面试质量的方法

要想提高面试质量达到预期目的，关键要做好以下三项工作。

（1）测评人员的选择与培训。面试是一种对测评人员依赖性比较强的测评形式。选择测评人员应考虑其思想作风、对拟测评岗位的熟悉程度、对面试的掌握程度。此外，无论有无面试经验，都应对测评人员进行培训，时间可长可短。

（2）应试者的筛选。面试与其他测评形式相比，费时费力。因此，可根据测评职位的要求通过笔试、资格审查等方式进行一次筛选，以减少面试人数，提高面试效果。

（3）考场的选择与布置。考场应尽可能选择宽敞明亮、阳光充足、安静通风的地方。安排座位时应注意测评人员与应试者的位置不宜太远，也不宜太近，一般相距 2 米左右为宜。

∽　特别提示

在安排座位时应注意，测评人员不要坐在背对光源处，那样会放大其形象，对应试者产生不利影响。应试者的位置不宜放在中央，也不宜离测评人员太远，否则也会使其产生不安的感觉。

∽ 牛刀小试

假设你的朋友小吴下周将参加一次面试。这是他第一次以测评人员的身份参加面试。结合你所学的知识，你能告诉小吴他在测评过程中应注意些什么吗？

⊃ 7.4 面试测评法实例

S 公司基于胜任特征的结构化面试

S 公司成立于 2008 年，是一家以进出口贸易为主业的综合性企业集团，总部位于福建。该公司具有良好的国际贸易经验、雄厚的经济实力及稳固的实业基础。

近年来，随着业务的持续发展，S 公司不断扩大规模，但人力资源问题也日益突出，尤其是外销主管队伍急需扩大。公司决定采用结构化面试的方法从外部招聘外销主管人员，为此公司专门成立了由人力资源部和外销部门共同组成的面试小组，并制定了基于胜任特征的结构化面试应用方案。

➢ 7.4.1 建立外销主管岗位胜任特征模型

1．明确外销主管岗位职责

S 公司外销主管的岗位职责包括独立开展外贸进出口业务，负责对外商务往来的沟通工作，独立完成英文的口译和笔译，带领和指导自己的业务员和业务助理开展各项进出口业务，积极开拓国际市场在"师父"带"徒弟"的外贸人才培养模式下，帮助公司培养合格的外销员，协助分公司经理完成其他国际贸易及公司日常管理工作。

2．定义绩效标准，并确定效标样本

根据 2017 年年初对外销主管制定的部门绩效考核指标，并根据完成情况排序，将前 20 名确定为绩效优秀者。

3．获取外销主管胜任特征的数据资料

由外请人才测评专家、集团公司总经理、集团人力资源部经理、各子公司经理若干名、公司最优秀的外销员代表组成专家小组，讨论外销主管的关键胜任特征，对讨论的内容做好各种记录，或者还可以通过直接观察法总结外销主管的胜任特征。

4．对讨论的资料和观察的结果进行统计分析，确定外销主管胜任特征模型

S 公司外销主管胜任特征如表 7-10 所示。

表 7-10　S 公司外销主管胜任特征

胜任特征种类	胜任特征要素
专业知识和技能	外语能力、中英文沟通表达能力、国际贸易相关理论、订单处理能力、客户服务意识
成就导向	成就欲、信息搜寻、主动性、捕捉商机、关注产品质量
思维和解决问题	计划组织协调能力、问题解决能力

胜任特征种类	胜任特征要素
个人成熟	自信、个人魅力
指导他人	培养人才能力
人际关系和意识	诚实、关系建立、客户服务

→ 7.4.2 确定面试测评要素并设计问题

1. 分析岗位及公司对应聘者的胜任特征要求及录用标准

根据要求，确定外销主管的关键胜任特征包括中英文表达和沟通能力、计划组织协调能力、职业素质、人际关系处理能力、随机应变能力、角色定位及客户服务、逻辑思维能力、工作主动。

在岗位要求与素质分析的基础上，确定录用应聘者的基本标准，主要考虑三个匹配性。一是人岗匹配，也就是应聘者在外销主管的岗位上能够胜任对素质的基本要求和知识、技能、经验的要求；二是人和组织的匹配，也就是应聘者能认同公司的文化，能与组织角色、上司、团队结构等方面匹配；三是人和组织发展匹配，当公司发展时应聘者能和公司一起进步。

2. 精心策划结构化面试题目设计

S 公司外销主管结构化面试的题目是从应聘者的基本情况、求职动机、逻辑思维、中英文表达和沟通能力、工作主动性、计划组织协调能力、处理问题的能力、人际关系和意识、客户服务意识、组织中的角色定位、自我评价等方面进行设计的。题目构成如下所示。

（1）测评逻辑思维、中英文表达能力、语言提炼。

问题设计：

①首先，请你用 3 分钟时间简明扼要地介绍一下你学习和工作的经历，其中重点介绍你从事外贸工作的经历和业绩。

②Why do you select S Import and Export Corporation?

评分参考标准：

好（9～12 分）：中英文表达得体、流畅，表达准确，逻辑思维能力强。

中（5～8 分）：中英文表达基本得体连贯，用词基本准确，逻辑思维能力还可以。

差（0～4 分）：语言不流畅、不得体，用词不准确，逻辑思维能力差。

（2）测评主动性和处理问题的能力。

问题设计：

①你在以往的工作中，有没有遇到过部门工作出现疏漏的情况？你是怎么处理的？

②在你以前的工作中，你曾经解决过多少本来不属于你职权范围内的一些公司的问题？

③在一次重要会议上，领导作报告时将一个重要的数字念错了，如果不纠正将会影响工作，遇到这种情况你会怎么办？

评分参考标准：

好（5～6分）：能主动发现问题、思考问题，提出解决方法。

中（3～4分）：基本能按工作需要主动地做好本职工作。

差（0～2分）：缺乏主动性，被动地做工作。

（3）测评计划组织协调能力。

问题设计：

假设近期各业务子公司将开展外贸知识大比拼活动，作为某子公司的一名外销主管，请问你将如何组织你手下的业务员、单证员、报关员参与此次活动？

（4）测评人际关系意识和技巧、沟通协调能力。

问题设计：

①你是怎样与上下级沟通的？

②假如对方是一位重要客户，可他提出了一些有悖国际贸易惯例和原则的要求，如果你不想失去这位客户，你会如何做？

③工作中，有时我们不得不去和各种人打交道，请举例说明你是如何与客户相处的。你是如何发现他的特点的？又是如何逐步与其建立密切的个人关系？

（5）测评求职动机、自我评价。

问题设计：

①请你告诉我们你应聘这个职位的理由和优势。

②请你告诉我们你最大的缺点是什么，举一个这个缺点曾经给你带来尴尬与困惑的实例。

（6）测评组织中的角色定位和客户服务意识。

宁波市某中学正在举办建校周年庆典，主席台上坐满了市领导、校领导、历届校友代表、发言嘉宾，而操场上是全校师生及活动工作人员。此时天气骤变，下起倾盆大雨，请问作为主持人，你该怎么处理这种场面？

3．根据面试问题，确定评分标准

S公司外销主管结构化面试评分标准如表7-11所示。

表7-11　S公司外销主管结构化面试评分标准

招聘面试测评表						
被测评人	姓名		性别		身份证号	
	毕业院校		专业			
	简要工作经历					
	家庭住址				联系方式	
测评内容	考察项目	权重	得分		备注	
	仪表	6%				
	中英文表达能力	12%				
	计划组织协调	8%				
	职业素质	10%				
	人际关系和意识	10%				
	随机应变能力	12%				

续表

测评内容	角色定位及客户服务	10%			
	沟通能力	10%			
	逻辑思维	8%			
	工作主动性	6%			
	求职动机	8%			
	总分数		总排名		
考官意见	主考官评述				
	主考官姓名		测评日期		

4．培训考官

为提高面试信度和效度，S 公司于面试前一周为本次面试的考官安排了两次培训。主要培训内容为：外销主管的相关专业知识、测评标准、面试技巧等。

➤ 7.4.3　实施面试测评

本次面试以用人部门为主，人力资源部门协助完成。面试采取一对多的形式。具体测评过程略。

➤ 7.4.4　面试总结阶段

1．综合面试结果

所有考官根据面试评价标准，对各位应试者进行打分。最后计算出每个应试者的得分，并统计出应试者的排名情况。

2．面试结果反馈

3．面试结果存档

面试结束后，S 公司将本次面试涉及的所有资料存档备案，以备日后查用。

课后测试题

一、单项选择题

1．在实际的面试过程中，应用最为广泛的面试模式是（　　）。

A．半结构化面试　　　B．结构化面试　　　　　C．自由化面试　　D．素质压力面试

2．根据（　　），面试测评可以分为情境面试、行为描述面试、演讲法面试、压力面试。

A．面试的标准化程度　　　　　　　　B．被测评者的数量

C．面试中提问的类型　　　　　　　　D．面试的功能

3．面试不是仅仅依赖于严谨的逻辑推理与辩证思维，往往还包括很大的印象性、情感性与第六感觉特点。这体现了面试的（　　）特点。

A．内容灵活性　　　　B．评价直觉性　　　　C．交流互动性　　D．信息复合性

4．面试由一般素质测评发展到以拟录用职位要求为依据，包括一般素质与特殊素质在内的综合测评。这体现了面试的（　　）发展趋势。

A．考官专业化　　　　B．过程规范化　　　　C．内容全面化　　D．标准科学化

5．小李在面试时被考官问道："在你以往的工作中，你觉得最有难度的工作是什么？"这实际是对小李（　　）的考察。

A．个人能力方面　　　B．工作态度方面　　　C．知识方面　　　D．工作经验方面

6．通过询问应试者的教育、工作、家庭成长等问题来了解其求职动机、成熟度、专业技术背景等要素的面试题型是（　　）。

A．行为型　　　　　　B．情境型　　　　　　C．背景型　　　　D．智能型

7．评委们逐个向考生提问，说明面试具有（　　）的特点。

A．对象的单一性　　　　　　　　　　B．内容的灵活性

C．信息的复合性　　　　　　　　　　D．交流的直接互动性

8．面试题目的编制可以分为（　　）个步骤。

A．3　　　　　　　　B．4　　　　　　　　C．5　　　　　D．6

9．有研究表明，面试中应试者面部表情可提供的信息量可达 50%以上。这就要求测评人员在面试中要加强（　　）的技巧。

A．提问　　　　　　　B．倾听　　　　　　　C．分析　　　　D．观察

10．在面试的（　　），测评者会通过提出行为性问题、情境模拟问题等方式，如"您在哪方面的优势可以胜任该职位"，以考察被测评者的求职动机、专业技术能力、知识水平、个性特征等。

A．导入阶段　　　　　B．核心阶段　　　　　C．确认阶段　　D．结束阶段

二、简答题

1．什么是面试？与其他素质测评方法相比，面试有哪些特点？

2．在编制面试题目时应遵循哪些要求？

3．面试过程中的提问有哪些技巧？

4．怎样才能提高面试质量？

三、案例分析题

S 公司需要招聘一名营销策划主管。营销总监李鹏让招聘专员小张安排 2017 年 5 月 10 日下午 2:30 面试，并说他一点会在 2:00 前就能赶回来进行面试。结果李总监 2：00 打电话给小张，说自己不能按时赶回来了，让他的助手李刚先面试一下，还让小张安排 5 月 11 日下午 2:30 由他再进行一次复试。

5 月 11 日下午 3:00，李总监才急匆匆地赶到会议室，并满脸歉疚地说："对不起，让你们久等了。"当第一位应聘者做完自我介绍时，李总监只对其说了一句话："请您回去等通知吧。"当第二位应聘者在做自我介绍时，李总监的手机忽然响了，他二话没说，立刻拿起手机走出会议室接电话，只剩下该应聘者一脸迷茫地等待着……

案例讨论

1. 李总监在面试时的做法有无问题? 如果你是李总监, 你会怎么做?

2. 如果让你为 S 公司重新设计本次面试, 你都将做哪些工作?

四、技能操作题

北京某房地产企业为了发展的需要, 决定招聘两名房地产开发项目经理, 请设计一个结构化面试项目。房地产开发项目经理胜任能力的各项指标及权重如表 7-12 所示。

表 7-12 房地产开发项目经理胜任能力的各项指标及权重

指　　标	权重（%）
语言表达能力	10
领导能力	15
组织能力	10
判断与决策能力	10
人际交往能力	10
沟通协调能力	10
计划与执行能力	15
影响力	10
成就动机	10

第 8 章　人才评价中心技术

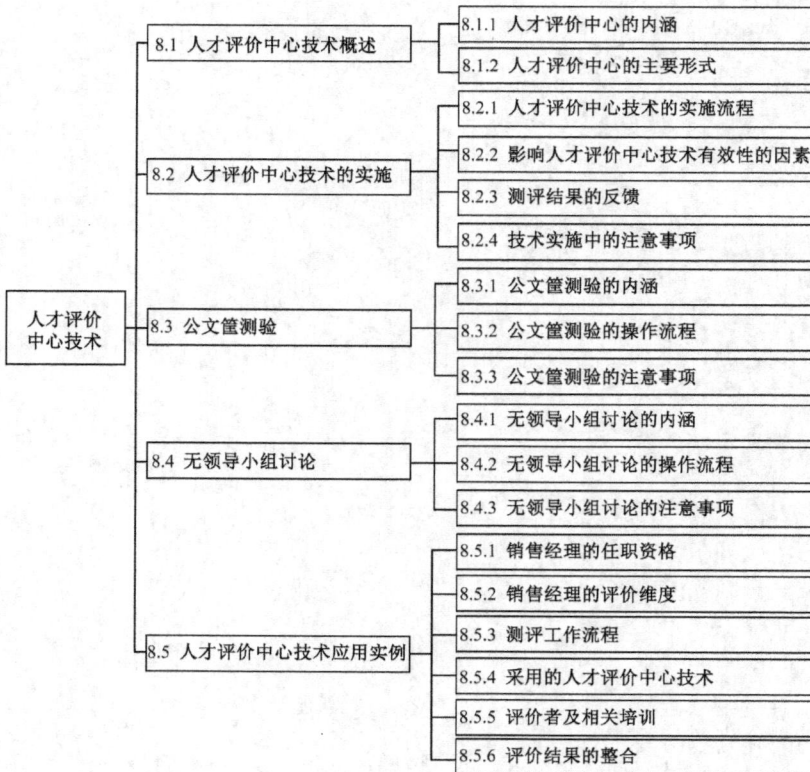

学习目标

📖　一般掌握
- 人才评价中心技术实施的有效性。
- 评价中心测评结果反馈的原则。
- 公文筐测验的含义。
- 无领导小组讨论的含义、类型。

📖　重点掌握
- 人才评价中心的内涵、特点、主要形式。
- 人才评价中心技术的实施流程。
- 公文筐测验、无领导小组讨论的操作流程。
- 公文筐测验、无领导小组讨论的注意事项。

学习导航

	8.1 人才评价中心技术概述	8.1.1 人才评价中心的内涵
		8.1.2 人才评价中心的主要形式
	8.2 人才评价中心技术的实施	8.2.1 人才评价中心技术的实施流程
		8.2.2 影响人才评价中心技术有效性的因素
		8.2.3 测评结果的反馈
		8.2.4 技术实施中的注意事项
人才评价中心技术	8.3 公文筐测验	8.3.1 公文筐测验的内涵
		8.3.2 公文筐测验的操作流程
		8.3.3 公文筐测验的注意事项
	8.4 无领导小组讨论	8.4.1 无领导小组讨论的内涵
		8.4.2 无领导小组讨论的操作流程
		8.4.3 无领导小组讨论的注意事项
	8.5 人才评价中心技术应用实例	8.5.1 销售经理的任职资格
		8.5.2 销售经理的评价维度
		8.5.3 测评工作流程
		8.5.4 采用的人才评价中心技术
		8.5.5 评价者及相关培训
		8.5.6 评价结果的整合

⊞ 导入案例

华荣市举行 2017 年公开遴选投资促进工作专员面试，来自全市各单位的 37 名优秀人才参加了竞聘选拔。

据了解，本次公开遴选投资促进工作专员，是该市首次采取无领导小组讨论法对考生进行集体面试的考察方式。面试分小组进行，按审题、自我观点陈述、自由小组讨论和总结发言顺序开展。在面试讨论中，不指定小组负责人，每个小组的考生自行安排、自行组织，评委通过观察考生在小组讨论中的发言先后顺序、发言次数、组织推动讨论进程、化解矛盾和寻求合作等评价维度方面的表现情况，从组织协调能力、逻辑分析能力、表达能力、说明能力、情绪稳定能力等 9 个方面的评价指标综合判断该考生是否符合岗位需要。同时，为确保面试的公平、公正、公开，纪检、组织部门对面试进行了全程监督。

参加面试的评委一致认为，这种方式能在较短时间内对多名考生进行比较、分析，更加直观、真实地检验考生的能力和素质，选出的人选也更加符合报名岗位的需求。考生们也普遍反映，采用此种面试方式是一种新的尝试，更能够展现自我。

资料来源：http://www.gazx.org/content/2016-6/1/2016618541519459.html.

⊞ 案例点评

无领导小组讨论是评价中心常用的一种人员测评技术，经常与面试、笔试、心理测验等测评方法结合使用，因其具有相对较高的效度，目前在我国领导干部的选拔中广泛使用。可以预见，人才评价中心技术将以其信息高、效度好及与目标职位的关联密切等优点，在未来成为人员测评的主要工具。

⊃ 8.1　人才评价中心技术概述

✦ 8.1.1　人才评价中心的内涵

1. 人才评价中心的定义

人才评价中心也被称为情境模拟测评，是一种包含多种评价方法和形式的测评系统。它通过创设一种逼真的模拟管理系统或工作场景，将被测评者（也就是被评价者）纳入到模拟情境中，使其完成该系统环境下所对应的各种工作，如主持会议、处理公文、商务谈判、处理突发事件等多种典型的管理工作。在这个过程中，评价人员会采取多种测评技术和方法，观察和分析被测评者在各种模拟情境压力下的心理、行为表现，测量和评价被测评者的能力性格等素质特征。

知识拓展

人才评价中心技术被认为起源于德国心理学家 1929 年建立的一套用于挑选军官的非

常先进的多项评价程序。其中一项是对领导才能的测评，测评方法是让被测试者参加指挥一组士兵，他必须完成一些任务或向士兵们解释一个问题。在此基础上评价员对他的面部表情、讲话形式和笔迹进行观察。

2．人才评价中心的特点

人才评价中心的特点如图 8-1 所示。

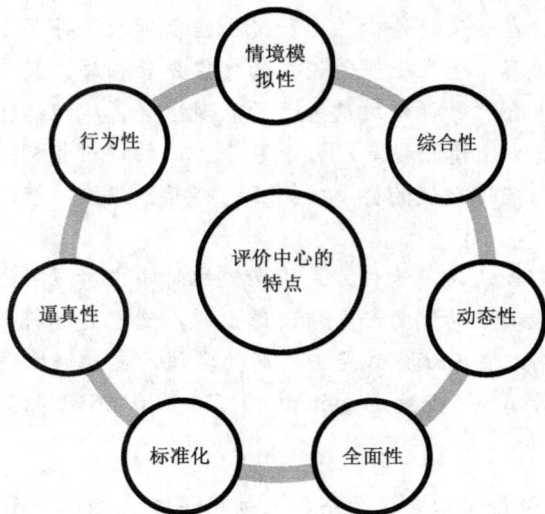

图 8-1　人才评价中心的特点

（1）情境模拟性。人才评价中心最主要的特点就是情境模拟性。这些情境模拟测评包括写市场调查报告、发表口头演说、处理某个顾客的投诉等。正是这些情境模拟给测评人员提供了观察被测试者如何与他人相处、分析问题与解决问题的复杂行为的机会。

（2）综合性。综合性表现为评价中心是对多种测评技术与手段的综合使用。评价中心综合运用心理测验、笔试、面试、公文处理、小组讨论、管理游戏、角色扮演等测评技术。

∽ 特别提示

每种测评技术和方法都有其最适合的测评对象。人才评价中心并不是一次选择使用所有的测评技术，而是根据测项目的选用多种不同的技术和方法，取长补短，相互补充。

（3）动态性。人才评价中心通过一系列的活动安排、环境布置与压力刺激来激发被测试者的潜在素质，使其得到充分的表现，从而使测评人员对其有一个真实、全面的把握，真正体现在活动中测评素质的特点。

（4）全面性。人才评价中心的测验材料来自市场、财务、人事、客户、公共关系、政策法规等方方面面，并且综合运用多种测评技术和方法，包含了其他许多测评方法的评价内容。它不仅能够很好地测评被测试者的实际工作能力，而且可以测评其他方面的能力素质。

∽ 即时案例

美国电话电报公司的人才评价中心测评项目包括 25 种能力：组织和计划能力、决策能力、创造力、人际关系技能、行为的灵活性、个人活力、对不确定性和事物变化的容忍力、学习能力、目标的灵活性、兴趣的广泛性、内在的工作标准、工作绩效、语言表达能力、社会角色知觉能力、自我努力目标、精力、期望的现实性、对贝尔系统价值观的遵守力、社会目标、成长提高的需要、忍受延迟报酬的能力、受到上级称赞的需要、受到同事赞许的需要、安全的需要。

（5）标准化。虽然人才评价中心活动频繁多样，时间持续从几小时到几天不等，但它所有的活动都是按照测评目的和测评需要来设计的。其测评内容通常也是通过工作分析来确定的。此外，在评价中心活动中，所有的被测试者都处于机会均等的情境中，对其的刺激和反应条件具有同一性；每个评价中心的测评人员也都要接受统一的培训，以保证评价过程的一致性。

∽　**特别提示**

人才评价中心的标准化程度要弱于心理测验，介于心理测验和面试之间。

（6）逼真性。人才评价中心的"题目"与实际工作高度相似，使得它所测评的素质往往是分析和处理具体工作的实际知识、技能与品德素质，使评价中心具有更高的效度。活动的形象逼真，也更能引起被测试者的兴趣，发挥其潜能，因此整个测评显得更为直观形象。

（7）行为性。人才评价中心要求被测试者通过行为展示其素质。这种行为与笔试中的书写行为有明显不同：① 复杂性，它是多种素质的综合体现；② 直观性；③ 生动性，它不像笔试那样抽象枯燥。

3. 评价中心的利弊

评价中心的利弊如图 8-2 所示。

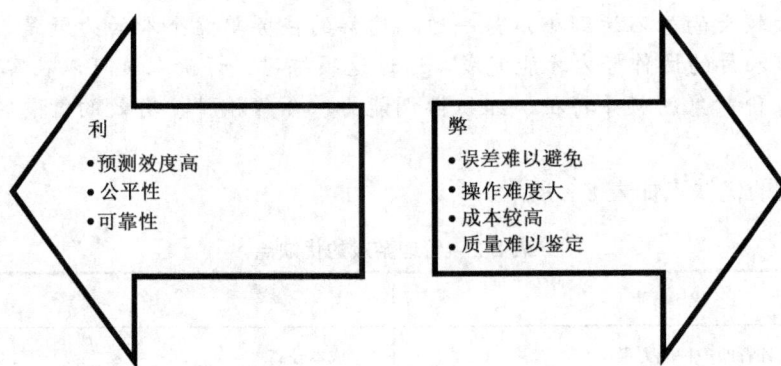

图 8-2　评价中心的利弊

↷　**8.1.2　人才评价中心的主要形式**

人才评价中心是以评价管理者素质为中心的测评活动，从测评的主要方式来看，有投射测验、面谈、情境模拟、能力测验等。从评价中心活动的内容来看，主要有文件筐测验、无角色领导小组讨论、管理游戏、演讲、案例分析、事实判断、模拟面谈等形式，其复杂程度和实际运用频率如表 8-1 所示。

表 8-1 评价中心各种形式的复杂程度和使用频率

复杂程度	评价中心形式名称	实际运用频率
复杂 ↑ ↓ 简单	管理游戏	25%
	公文筐测验	81%
	角色扮演	没有调查
	有角色小组讨论	44%
	无角色小组讨论	59%
	演说	46%
	案例分析	73%
	事实判断	38%
	模拟面谈	47%

公文筐测验和无领导小组讨论将在后文中详细阐述。这里只介绍管理游戏、角色扮演、案例分析、事实判断、模拟面谈。

1. 管理游戏

管理游戏也称商业游戏，是人才评价中心常用的方法之一。在这种活动中，小组成员各被分配一定的任务，必须合作才能较好地完成任务。测评者通过观察被测评者在游戏过程中的行为表现，对预先设计好的某些能力与素质指标进行评价。

∾ 即时案例

小溪练习：给被测评者一个滑轮及铁棒、木板、绳索等工具，要求他们把一根很大的圆木和一块较大的岩石运到小溪另一边。这样的任务单靠个人的力量是无法完成的，必须通过所有人员的协作努力才能完成。通过这项练习，评价人员可以在客观的情境下，有效地观察评价对象的领导特征、组织协调能力、合作精神、有效的智慧特征和社会关系特征等。

管理游戏的优缺点如表 8-2 所示。

表 8-2 管理游戏的优缺点

优 点	缺 点
• 集中考察被测评者的多种能力素质	• 成本较高
• 模拟内容更接近实际工作情境，真实感强	• 操作不便，难以观察
• 形式活泼，趣味性强	• 对测评者的要求很高
• 测评效度高	

2. 角色扮演

角色扮演主要用以测评人际关系处理能力、情绪稳定性、情绪控制能力、随机应变能力、处理各种问题的技巧和方法等。在这种活动中，测评人员设置一系列尖锐的人际矛盾与人际冲突，要求被测试者扮演某一角色并进入角色情境，处理各种问题和矛盾。测评人员通过对被测试者的言语和行为表现进行观察和记录，测评其素质。

角色扮演的优缺点如表 8-3 所示。

表 8-3　角色扮演的优缺点

优　点	缺　点
• 真实再现工作情景，具有较强的灵活性 • 操作实施费时较少 • 为被评价者提供工作实习的机会	• 对测评人员要求较高 • 标准化程度欠佳

即时案例

招聘职位：某知名报社市场推广部宣传广告策划专员。

扮演职位：宣传广告策划专员。

测评要求：在规定时间内（90 分钟）在规定地点（某宠物公园内），拍摄一份宠物报纸的宣传广告片。

助手：摄影师 1 名。

道具：摄像机 1 台（其余所需道具需自行提前准备，费用标准是不超过 50 元）。

准备时间：两天。

测评要素：策划能力（包括广告片主题定位、流程构思等）。

评价标准：策划能力（最终广告片效果由专家及用人单位领导评审）、沟通能力（现场沟通表现，由助手摄影师评审）。

3. 案例分析

案例分析主要用以测评分析和解决问题的能力、观点的组织表达能力、语言和书面传递信息的技巧等。在这种方式中，测评人员提供给被测试者一些在实际工作中发生的典型问题的有关书面案例材料，要求他们解决案例中的问题并做出口头报告或书面报告。

案例分析的优缺点如表 8-4 所示。

表 8-4　案例分析的优缺点

优　点	缺　点
• 操作相当方便 • 可以组合用于测评一般的能力（如组织一次生产活动）和特殊技能（如计算投资效益）	• 评分比较主观，难以制定一个客观化的评分标准

4. 事实判断

事实判断，也称为收集事实。在这种测评形式中，被测试者只能看到少量的有关某一问题的信息资料，然后被测试者可以通过询问有关人员一些问题从而获得其他信息；被测试者所询问的人很可能是一些事先受过专门训练的辅助人员（包括测评人员）。

事实判断非常适合于测评被测试者收集信息的能力，尤其是从不愿意或不能够提供全部信息的人那里获取信息、把握事实的能力。通过事实判断，测评人员还可以测评被测试者的决策技能和压力承受能力。

❧ **特别提示**

为了保证事实判断的活动对被测试者有一定的挑战性，准备的材料信息必须充分周全，测评人员必须预测被测试者可能会做出的许多判断或会遇到的问题。此外，辅助人员为了及时地回答被测试者的问题，必须对有关问题的信息内容非常熟悉。

5. 模拟面谈

模拟面谈，又称交谈模拟，这是一种特殊的情境模拟。在这种形式中，被测试者被要求与另一个下属、同事或顾客进行对等性谈话。

模拟面谈主要是测评口头表达能力、敏感性、领导艺术及分析能力等。

❧ **牛刀小试**

调查一家你熟悉的企业，详细了解一下该企业在使用人才评价中心时常用的形式都有哪些。

➲ 8.2　人才评价中心技术的实施

➲ 8.2.1　人才评价中心技术的实施流程

人才评价中心技术的实施流程如图 8-3 所示。

图 8-3　人才评价中心技术的实施流程

1. 明确评价目标

应用人才评价中心时首先要明确测评目标，评价中心在人才识别领域、人才培养领域及优化人力资源配置领域都有广泛应用。不难看出这三者存在着递进的关系：首先在人才识别的基础上，了解工作岗位必备的知识、能力，选取合适的人才；其次会对技能和知识存在差距的地方进行培训和提升；最后优化人力资源配置，以各岗位的特点和胜任素质要求匹配最适合的人。

2. 确定评价标准

评价标准是根据测评目的制定的。测评目的不同，评价标准也不同。在确定评价标准的过程中，最关键的是测评人员要对测评指标达成共识，对指标的含义理解一致。

3. 选择评价技术

不同的评价技术测量同一评价指标的效果不同，没有哪种技术能够测评全部指标。因此，在选择人才评价中心技术时要结合测评指标进行选择，通过技术互补实现对被测评者全面、客观的评价。

 　特别提示

一般来说，以预测未来绩效为目的的评价中心可以采用 3～6 个评价技术的组合，而应用于诊断和培训的评价中心通常采用 7～10 个评价工具的组合。

4．设计评价技术

无论设计哪种具体评价技术，都应考虑以下几个因素：模拟什么样的情境，确定情境模拟的仿真程度，根据每个评价技术的特点设计操作步骤，设计评分标准，设计指导语。

5．开展测评活动

开展测评活动主要涉及时间和地点的选择问题。评价人员要将整个测评活动在有限的时间内进行合理的安排。活动地点的选择是根据测评技术的需要而定的。值得一提的是，室内测评的项目，要注意空间应足够大。另外，测评者与测评人员之间的距离要适当。

在测评活动开展过程中，测评人员要注意根据测评标准对每个测评人员进行客观公正的打分。

 　特别提示

与其他测评方法相比，评价中心需投入很大的人力、物力，且时间较长，操作难度大，对测试者的要求很高。一般来说，利用人才评价中心技术测评初级管理人员需要花费一天时间，测评中级管理人员需要三天左右的时间，测评高级管理人员则需要更长的时间。

6．撰写评价报告

评价报告没有固定的格式，报告长度不等。报告内容通常包括：被测评者在评价中心的总体表现，某种测评技术的结论性评语，对评价标准的解释，对被测评者的录用、培训、发展建议等。

→ 8.2.2　影响人才评价中心技术有效性的因素

影响人才评价中心技术有效性的因素如图 8-4 所示。

| 测评人员 | 被测评者 | 情境模拟 | 测评类型 | 测评工具 |

图 8-4　影响人才评价中心技术有效性的因素

1．测评人员

测评人员，即评价者。由于主观性较强，评价者在很大程度上影响人才评价中心的最终结果。导致评价者的评价结果差异主要源于五个因素：价值观差异、评价能力差异、认知方式差异、评价者的情绪和主观偏见、对测评工具的熟练使用程度。

2．被测评者

一般而言，在人才评价中心的测评中，被评价者很可能会对题目的信息予以揣测，考虑测试的意图和目的，从而调整自己的行为来迎合测评；被评价者还可以通过评价者的态度、表情、行为来判断评价者的态度偏好、价值评价标准，从而在测评过程中对自己的行为表现进行有目的的伪装。这些都是被测评者的需求效应。

3. 情境模拟

人才评价中心技术最大的特点是情境性，所以需要精心设计与实际工作高度逼真的情境。如果情境设计有偏差，就会导致人才评价中心的预测结果不足，被评价者的能力表现也与实际工作能力存在差距。提高测评行为的代表性的焦点就在于精心设计情境模拟的特征。

4. 测评类型

测评类型取决于测评的焦点是心理特征还是任务活动。目前有传统的"维度导向"人才评价中心和"任务导向"人才评价中心。"维度导向"人才评价中心以具有高稳定性、低针对性的心理素质为测评内容，如兴趣和人格；"任务导向"人才评价中心强调直接测量任务活动中具有低稳定性/高针对性特质的行为。

∽ 特别提示

虽然不同测评类型的人才评价中心都强调了以工作分析为基础，但仍存在一定区别："维度导向"人才评价中心以胜任特征为基础设计心理特质维度框架，"任务导向"评价中心更关注岗位关键任务中的关键行为和无效行为。

5. 测评工具

无论人才评价中心选择何种类型，最终都要落实到人才评价中心的实施上来。要严格遵循人才测评技术中有关要素设计的原则，要尽量与想要测评的关键核心素质进行有效、准确的匹配。根据不同的测评内容和测评标准选取，综合考虑到不同测评工具的测评效度进行选取。

⊹ 8.2.3 测评结果的反馈原则

反馈是测评实现其价值的重要手段。评价中心测评结果的反馈原则如图 8-5 所示。

及时性

效率性　　　针对性

反馈原则

保密性　　　准确性

参照性

图 8-5　测评结果的反馈原则

1．及时性

测评结果应及时反馈给被测评者或组织，保证测评结果可以及时被应用于测评目的，如录用、晋升、培训等。

2．针对性

根据测评目的的不同，测评结果的反馈要求也不同。例如，以选拔人才为目的的测评，测评结果一定要反馈大量的事实信息。

3．准确性

在进行结果反馈时，要注意使用明确的语言文字，准确告知被测评者测评结果，避免语义含糊不清等表述。

4．参照性

对同一测评内容进行测评时，可能会因为被测评者所处的工作环境、工作对象和工作内容的区别而有所不同。在对结果进行反馈时，不能拿不同岗位、不同职级的测评结果直接进行比较。测评结果只是起到参照作用。

5．保密性

保密性原则就是在反馈测评结果时要注意尊重和保护被测评者的隐私。这是直接关系到反馈效果的一条重要原则。测评结果应该只让有必要了解的人或组织知道，防止信息公开化。

知识拓展

测评结果的资料除了人力资源部门和测评中心外，组织中的任何非相关人员都不得保留，如有需要，应该到资料保存部门查询。

6．效率性

必须把人员测评结果反馈的重点放在重要的问题，即与测评目的关系更为密切的那些测评内容和指标上。对与测评目的关系不大的问题则可以简化。

ꝏ　特别提醒

当测评结果需要反馈给被测评者时，应注意肯定其取得的成绩，并提醒其存在的不足，以求进一步的完善。针对个人的测评结果反馈应更多地带有咨询的性质，特别是当测评结果显示出一部分人不适合当前的职业领域时，应对其职业发展做出诱导和指点，以使选择更加适合其职业发展方面。

8.2.4　人才评价中心技术实施中的注意事项

人才评价中心在技术实施中的注意事项如图 8-6 所示。

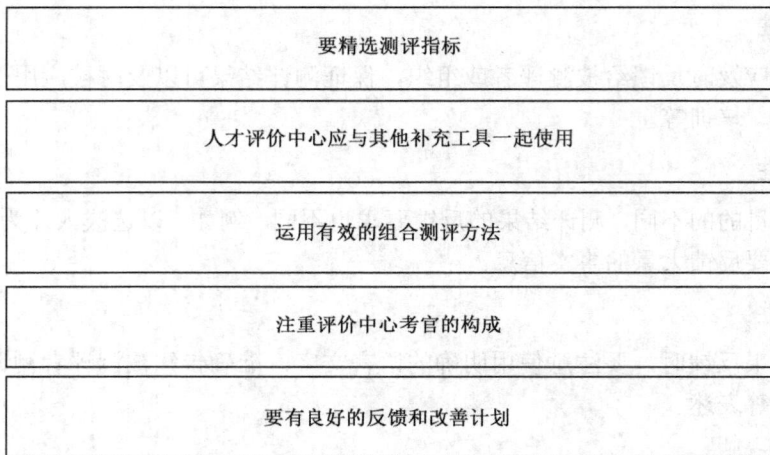

图 8-6　人才评价中心在技术实施中的注意事项

1. 要精选测评指标

要找出被测评岗位的关键胜任素质，避免面面俱到，确保突出重点，人员、岗位、组织最佳匹配。在指标数量选择方面，评估指标少时，一致性比较高；指标数量多时，评估信度下降。测评指标可根据测评目的与实际岗位需求确定具体指标内容。

2. 人才评价中心应与其他补充工具一起使用

人才评价中心是人员测评的一种较成熟的手段，但它并不是万能的，往往需要和其他工具配合使用。

ᎧᏬ 即时案例

A 公司市场营销部一名主管离职，公司决定采用内部招聘的方式填补岗位空缺。公司采用了人才评价中心技术来考察应试者的任职资格，决定从候选人 A 和候选人 B 中选取一人作为新主管。随后公司通过人力资源部门调查核实了 A、B 二人的资信、工作经历和绩效考评结果，发现 A 在以往的工作经历中有夸大事实的情况，鉴于此，公司最终选择了 B 为新主管。

3. 运用有效的组合测评方法

动机、个性、价值观等深层次特征是最难把握的，但这些又比技能、知识等表面素质对人的影响更重要。因此，只有综合运用多种测评方法，才能保证测评结果有较高的信度与效度，从而实现预期测评目标。

ᎧᏬ 即时案例

某公司在对中层管理人员进行测评时选择了心理测验、无领导小组讨论、面谈、案例分析的组合。理由是：心理测验可以避免表面效度过高，揭示个人、态度、偏好等深层次因素；无领导小组讨论与团队协作练习，模拟管理情境、人际互动，可以考察应聘者与管理、领导密切相关的特质上的表现；面谈可以考证不适合在集体场合下展现的内容，及考证不确定的信息；案例分析则可以考察候选人分析、解决问题的能力，以及决策能力。

4．注重评价中心考官的构成

评估考官主要由人力资源专家、直接主管、心理学专家组成，其中，心理学专家在知识性强的评估指标上权重可以大一些；人力专家与直接主管在实践性强的评估指标上权重可以大一些。

5．要有良好的反馈和改善计划

由于测评者的能力要求和标准在不断变化，测评中心的指标也跟着变化，要及时对评价中心进行重新修正。因此，人力资源部门要制订一套反馈改善计划，不断修订测评指标或演练情境，重新引入人才评价中心，使其能够保持良好的效度。

∽ **牛刀小试**

调查一家你熟悉的企业，详细了解一下该企业在使用人才评价中心时曾遇到哪些问题，以及它是如何解决的。

➲ 8.3　公文筐测验

➥ 8.3.1　公文筐测验的内涵

1．公文筐测验的含义

公文筐测验，又叫公文处理、公文包测验、公文筐测量、提篮练习，是一种情境模拟测验。它将被测评者置于特定职位的模拟环境中，提供给被测评者一份装有众多文件材料的"文件筐"，要求被评价者在一定的时间和规定的条件下处理这些公文，形成公文处理报告，并写明处理的理由和依据。

通过观察被测评者在规定条件下，处理公文过程中的行为表现及书面作答，评估其计划、组织、授权、决策、沟通和解决问题等多方面的能力，从而判断其管理潜质。

∽ **特别提示**

"文件筐"中的文件一般是 10～30 份，文件虽然数量多，却有轻重缓急之分。常见的文件类型有：电话记录、请求报告、上级主管的指示、待审批签发的文件、统计材料和报表、备忘录、各种函件、建议、抱怨、投诉函件等。公文内容涉及财务、人事、市场、政府公文、客户关系、工作程序等多种材料。

2．公文筐测验的优缺点

公文筐测验的优缺点如表 8-5 所示。

表 8-5　公文筐测验的优缺点

优　点	缺　点
• 考察内容广泛 • 具有较高的表面效度 • 具有良好的预测效果	• 文件编制的成本较高 • 评分比较困难 • 实际推广难

3．公文筐测验的适用对象

公文筐测验考察的能力定位于管理者从事管理活动时正确处理普遍性的管理问题，有效地履行管理职责所应具备的能力。它需要被测评人员具有对多方面管理业务的整体运作能力，包括对人、财、物、信息等多方面的把握和控制。

因此，公文筐测验的适用对象为具有较高学历的中高层管理者，它可以帮助企业有针对性地选拔中高层管理人员或考核现有管理人员。

→ 8.3.2 公文筐测验的操作流程

公文筐测验的操作流程包括准备阶段、施测阶段和评价阶段，如图 8-7 所示。

图 8-7 公文筐测验的操作流程

1．准备阶段

公文筐测验准备阶段的主要工作包括设计指导语、设计公文筐、编制评价标准、安排测验场地，如图 8-8 所示。

图 8-8 准备阶段的主要工作

（1）设计指导语。设计指导语的目的在于向被测评者说明将要进行的测验中的任务和相关要求，因此，指导语表述应简洁明了、通俗易懂。

≈ 即时案例

大家好！今天要进行的是一个公文筐测验，测验的总时间为 3 小时。在这段时间里你将扮演一个特定的角色处理一系列公文。

所需要处理的公文已经放在各位面前的桌子上。测验中所需使用的工具（答题纸、铅笔、橡皮、计算机）也一并放在文件袋里。请大家拿到文件袋后，首先进行清点，清点无误后填写好自己的姓名、考号，然后才能作答。如果有遗漏，请举手示意。

请注意：不能在测验材料上做任何标记！所有答案都要写在答题纸上，在别处作答一律无效！测验结束后，请大家把全部材料放回原文件袋中，待工作人员检查无误，方可离开考场。

（2）设计公文筐。设计公文筐包括对背景材料、公文筐题本、参考答案等的设计。背景材料中应详细介绍模拟假设的组织信息。

∽ 即时案例

背景材料示例

华达公司是一家大型民营上市公司，业务领域涉及水利工程、环保科技和电力自动化等，其人力资源部下设五个主管岗位，分别是招聘主管、薪酬主管、绩效主管、培训主管和劳动关系与安全主管，每个主管有 2~3 名下属。今天是 2017 年 7 月 27 日，你（张东）有机会在之后 3 个小时里担任该公司人力资源部总监的职务，全面主持公司人力资源管理工作。

现在是上午 8：00，你提前来到办公室，秘书已经将你需要处理的邮件和电话录音整理完毕，放在文件夹内。文件的顺序是随机的，你必须在 3 小时内处理好这些文件，并做出指示。11：00 你还要主持一个重要的会议。你的秘书已经为你推掉了所有的事务，这段时间不会有人来打搅你。

在接下来的 3 小时内，你以张东的身份查阅并处理文件筐中的各种信函、电话录音及电子邮件等，并给出你对每份材料的处理意见，准确、详细地写出你将采取的措施。

好，现在就请开始！

设计公文筐题本是公文筐测验设计环节的核心部分。首先需要收集管理者在日常管理中经常会遇到的比较典型的事件，然后针对这些典型事件收集相关资料，再根据这些资料设计成公文筐文件。公文筐设计需要收集的典型事件和相关资料如表 8-6 所示。

表 8-6 公文筐设计需要收集的典型事件和相关资料

典型事件	需要收集的相关资料
签发文件	文件：需要亲自签发的文件样本，如请求报告、各类合同文本
处理下属等提出的各种问题	3~5 个需要领导解决的典型问题，用书面文字整理出来，如工作汇报、客户投诉等
解决上司分派的任务	任务：任务性质、要求、解决方案
回复各类商业函件	函件：商业函件的文本样本
组织主持各类工作会议	会议：会议性质、主题、与会对象、人数、时间等信息
给下属分派任务	任务：任务性质、要求、会遇到哪些阻力
客户谈判	谈判：客户性质、一般谈判主题、会遇到哪些阻力
协调处理组织内外的各种矛盾	冲突：典型的冲突（起因、经过、结果）
参加必要的社交活动（如宴会、讲座报告等，与工作相关或基本不相关）	社交：活动性质、场合、交往对象、主题（工作价值体现）

文件筐一般由 10~30 份文件组成，这些文件数量虽多，却有轻重缓急之分，有的必须亲自处理，有的必须请示上级，有的需要授权或批转下级，有的需要马上解决，有的可以稍往后推。每份文件都要求被测评者根据问题情境的需要按照特定角色的要求给出具体的指示意见和处理依据。

ᐗ 即时案例

文件一

类别：电话录音

来件人：张辉（副总裁，分管生产与物流）

收件人：张东（人力资源部总监）

日期：7 月 25 日

张东：

您好！

明年初，公司投资 1500 万元的配电设备生产线即将在东莞分厂安装并试运行，提供生产线的德国 QDK 公司也会提前安排 4 名技术人员参与生产线的安装与运行，我想通过人力资源部安排一次关于新生产线岗位设置与人员安排的专题讨论会，请你先提出一个大致的想法，并在这几天与我沟通一下这个问题。

处理意见：

处理依据或理由：

文件筐测验的参考答案有细节型和总体型两种。细节型对被测评者可能出现的回答做出了详细的分类，而总体型则是一般性的概括。

（3）编制评价标准。根据测评目标和实际需要，对每个测评要素要给出具体的评价标准。为了使评价标准更具有针对性和实用性，在编制评价标准时需要收集所编制公文的各种处理结果和处理办法。

ᐗ 特别提示

在正式实施公文筐测验之前，必须针对行业和岗位选择约 20 位管理人员，进行一次范围试测。试测的目的有两个：一是进一步修正文件筐中的项目及评价标准；二是对测评人员进行培训，让其掌握评价的内容和标准，了解需要观察的行为及如何减少评分中的偏差。

（4）安排测验场地。测验的场地要求比较安静、采光较好，要保证每人有一张桌子和必备的办公用具。桌面要比较大，便于摆放各种材料。此外，场地要宽敞，被测评者之间的距离应该足够大，以免彼此干扰。

2. 施测阶段

在被测评者进场签到后，测评人员下发指导语、答题纸和装题本的密封文件袋。由测评人员宣读文件筐测验指导语后，测验正式开始，被测评者按要求处理文件。测验结束前半小时测评人员应提醒被测评者注意控制时间。测验时间结束时，测评人员应立刻收回被测评者的测验材料和答题纸。文件筐测验实施流程如图 8-9 所示。

发放题本和材料 → 宣读指导语 → 测验开始至结束

图 8-9 文件筐测验实施流程

3. 评价阶段

为了保证评价尽可能客观，可以把评价过程分为三部分。首先，请每位测评人员对每位被测评者进行评价，然后由工作人员汇总。其次，对测评人员给每位被测评者的评价进行比较分析，观察是否在某些指标上出现较大差异，如果没有就可以确定其最终得分。最后，如果在某些指标上存在较大差异，就必须进行讨论，然后在此指标上分别重新打分，若还有争议，则继续讨论，继续打分，直到意见较为一致为止。

公文筐测验评分表如表 8-7 所示。

表 8-7　公文筐测验评分表（部分示例）

评价指标		评价要素	得　分	备　注
决策能力	决策时效性	能根据情境的紧迫程度，对公文做出适时处理		
	方案可行性	做出的决定充分考虑情境所提供的所有有效资源，并在现有的条件下可以做到		
	考虑全局性	做决定时能考虑各方面的利害关系，做出的决定不妨碍其他决定的有效执行		
书面表达能力	思路清晰度	叙述有条理、层次分明		
	措辞恰当性	称呼、语气与自己在情境中的身份相符		
	文体相应性	处理意见时所采用的公文文种和体式的准确程度		
评语：			总得分：	
			测评人员签名：	

➷ 8.3.3　公文筐测验的注意事项

在使用公文筐测验时应注意以下三方面的问题。

1. 公文筐题本的设计

（1）材料难易程度的把握。测验材料的难易要适中。如果难度过大，可能会出现大材小用、人才浪费的现象。如果材料过易，可能无法区分被测评者能力的高低。

（2）材料构成的把握。测验材料必须高度模拟目标岗位的工作情景，并且与测评素质指标相匹配，同时文件资料的内容、形式要相对全面，各文件具有统一的标准。在各种文件资料中，一般先选定 1～2 个核心文件组，文件组中的文件要相互关联、相互制约，这些文件构成了文件筐的基本骨架。然后以该文件组为参照补充其他文件，以考察所需的所有能力要素，并保证文件筐中的文件结构合理。对文件在文件筐中的呈现顺序要随机安排。

2. 测评人员的选择

文件筐测验对测评人员的要求较高，测评人员必须能够对被测评者进行独立、客观、公正、审慎的评价。因此测评人员应具备较高的综合素质，并可以设计测验题目。他们应具备以下条件：熟悉企业的基本情况，对目标岗位的内涵理解深入；了解文件筐测验的理论和实践依据；熟知测试题目的各种可能答案及题目之间的内在联系；明确题目的评价标准及测评要素的定义，并与其他测评人员达成一致。为此，测评人员在进行施测前应接受专门且充分的培训。

3. 评价注意事项

不应该将参考答案当作唯一的正确答案，要根据被测评者的处理依据或理由判断其处理方法是否合理。对于处理比较简单、依据或理由描述也简单的情况，应在多位测评人员充分讨论的基础上进行评价，并在最终评价意见中注明"需参考其他测评方法予以评价"。

∽ 牛刀小试

假设你现在是一家公司的人力资源部主管，公司打算于近期招聘一名市场部经理。总经理要求采用公文筐测验的方法来考察应聘者。现在由你来负责此事，你将如何处理？

⊃ 8.4 无领导小组讨论

⊁ 8.4.1 无领导小组讨论的内涵

1. 无领导小组讨论的含义

无领导小组讨论是人才评价中心常用的一种群体自由讨论的测评形式。这种形式把被测评者划分为不同的小组，每组人数4～8人不等，不指定负责人，大家地位平等，要求就某些争议较大的问题进行讨论，最终达成一致意见。测评人员通过对被测评者在讨论中的言语及非言语行为进行观察并做出评价。

无领导小组讨论的目的在于通过模拟团队环境，考察被测评者的领导能力、组织协调能力、语言表达能力、沟通说服能力、人际关系能力、非言语沟通能力等是否达到目标岗位的要求，以及自信心、责任心、进取心、灵活性和情绪控制等个性特点和风格是否符合组织工作氛围，由此来评价被测评者的能力素质状况。

∽ 特别提示

在无领导小组讨论中，不指定谁是领导，被测评者讨论问题时的地位是平等的。也不指定被测评者的座位，而是让所有被测评者自行安排、自行组织发言次序并开展讨论。在被测评者进行讨论的过程中，测评人员不参与，只是在讨论前向被测评者介绍一下讨论的问题及讨论规则。

2. 无领导小组讨论的类型

无领导小组讨论根据不同的划分标准可分为不同的类型，具体如表8-8所示。

表8-8 无领导小组讨论的类型

划 分 标 准	分 类	示 例
讨论背景有无情境	有情境性的无领导小组讨论	假定所有被测评者均是某企业的公关部门负责人，请他们通过讨论来解决公司产品质量风波引起的声誉危机
	无情境性的无领导小组讨论	如何加强公司的企业文化建设
是否给被测评者分配角色	有角色的无领导小组讨论	如被测评者分别担任某公司的技术总监、销售总监、人事总监、财务总监等职务，以各自模拟角色讨论，在有利益冲突或人际关系矛盾的前提下进行讨论

续表

划 分 标 准	分 类	示 例
	无角色的无领导小组讨论	不分配任何角色，大家自由发言
被测评者在讨论过程中的相互关系	竞争型的无领导小组讨论	如被测评者扮演公司的人事经理，对出国名额进行分配
	合作型的无领导小组讨论	如所有被测评者合作制定某个方案或任务
	竞争与合作相结合的无领导小组讨论	如所有被测评者提出自己的方案或计划，然后讨论选取各自方案中的合理部分整合成最终方案
讨论情境与拟任岗位之间的相关性	与工作情境相关的无领导小组讨论	如应聘财务总监的被测评者讨论如何提高公司流动资金的使用效率
	与工作情境无关的无领导小组讨论	如海上遇险

3．无领导小组讨论的优缺点

无领导小组讨论的优缺点如表 8-9 所示。

表 8-9　无领导小组讨论的优缺点

优 点	缺 点
• 能观察到被测评者之间的相互作用	• 对测试题目的要求较高
• 能对同一岗位的被测评者的表现同时进行横向比较，节约测试时间	• 对测评人员和测评标准的要求较高
• 讨论过程真实，易于客观评价	• 被测评者表现易受同组其他成员的影响
• 被评价者难以掩饰自己的特点	• 被测评者的行为仍然有伪装的可能性
• 测评效率高	• 测评成本较高

4．无领导小组讨论的适用对象

在无领导小组讨论中，被测评者需要在与他人的沟通和互动中表现自己，考察的维度也多与人际交往有关，如语言表达能力、沟通说服能力等。因此，无领导小组讨论更适用于经常与人打交道的岗位的选拔，如中高层管理者、营销人员等。

∽　特别提示

由于无领导小组讨论的成本较高，操作更为复杂，而且主要与管理活动和沟通活动有关，因此多用于选拔中高层管理人员和营销人员，而且大多是放在测评的最后进行的。

� 8.4.2　无领导小组讨论的操作流程

无领导小组讨论的操作流程如图 8-10 所示。

准备阶段　　　施测阶段　　　评价阶段

图 8-10　无领导小组讨论的操作流程

1．准备阶段

无领导小组讨论测验准备阶段的主要工作有：设计指导语、设计无领导小组讨论的题目、编制评价标准，安排测验场地、对被测评者进行分组。

（1）设计指导语。指导语一般包括以下内容：明确告知现在的测评活动是能力测评，让各被测评者马上进入状态；要求大家通过小组内充分自由的讨论来完成任务；围绕主题展开；强调最后必须就主题达到一致意见并给予充分的理由；给出规定时间；要求小组选派一名代表汇报。

∾ 即时案例

大家好！今天要进行的测试是一项针对领导能力的测评活动。在这个测试活动中，我们要求大家以小组为单位，就给定的材料及所提出的问题进行自由讨论，我们会根据大家在讨论中的表现对大家的能力进行评分。

讨论前，请大家注意以下规则。

规则一：本次讨论中，大家身份平等，没有指定负责人。

规则二：讨论共分四个环节。环节一，正式讨论前有 5 分钟准备时间，大家可以阅读背景材料，准备发言思路。环节二，个人观点陈述，每人 3 分钟。环节三，自由讨论，限时 30 分钟。大家可以畅所欲言，但最后必须就主题达成一致意见，并给出充分的理由解释。环节四，总结发言，各组选派一名代表阐述本组最终结论，限时 3 分钟。规定时间内不能形成统一意见的，则小组成员每人被减去一定的分数。

规则三：整个过程中，评委将不参与讨论，不回答任何提问。因此如有疑问，请在讨论前提出。

大家对规则还有什么问题吗？

（2）设计无领导小组讨论的题目。目前比较流利的题目类型有开放型题目、两难型题目、选择型题目、选择型题目、资源竞争型题目，具体如表 8-10 所示。

表 8-10 无领导小组讨论题目类型一览表

题目类型	定 义	考察要素	特 点	示 例
开放型	答案的范围可以很宽广，没有固定答案	思维逻辑性与敏捷性、组织协调能力、综合能力、人际交往能力、合作意识、创新意识	容易出题；不太容易引起被测评者之间的争执	讨论 A 企业规章制度的可行性
两难型	在两种互有利弊的答案中选择一种	分析能力、表达能力、说服辩论能力	编制题目比较方便；可以引起争辩；两种答案要保持利弊均衡	能力和合作精神哪个更重要？
选择型	从多种备选答案中选择其中有效的几种或对备选答案重要性排序	分析问题实质和抓住问题本质的能力、影响力、表达能力、决策能力、说服能力、组织协调能力	难以出题；较容易形成争辩	某市政府准备实施为民工办实事工程，采取以下几个措施，请选择你觉得比较重要的，说明理由。 A. 解决农村 30 万村民饮水问题 B. 为民工提供廉租房 C. 对外来务工人员进行就业培训 D. 增加 11.2 万个就业岗位，其中 5000 多个公益性岗位 E. 取消民工子女义务教育的课本费

续表

题目类型	定　义	考察要素	特　点	示　例
资源竞争型	适用于指定角色的无领导小组讨论，让处于同等地位的被测评者就有限的资源进行分配	分析问题能力、说服能力、表达能力、解决问题能力、快速反应能力、组织协调能力、积极主动性	可以引起被测评者的充分辩论；对题目要求较高；要保证案例之间的均衡性	有限资金的分配使用

具体题型要根据测评目的和需求来选择，一般来说应用得更为广泛的是多项选择问题和资源争夺问题。

（3）编制评价标准。无领导小组讨论的评价标准如图 8-11 所示。

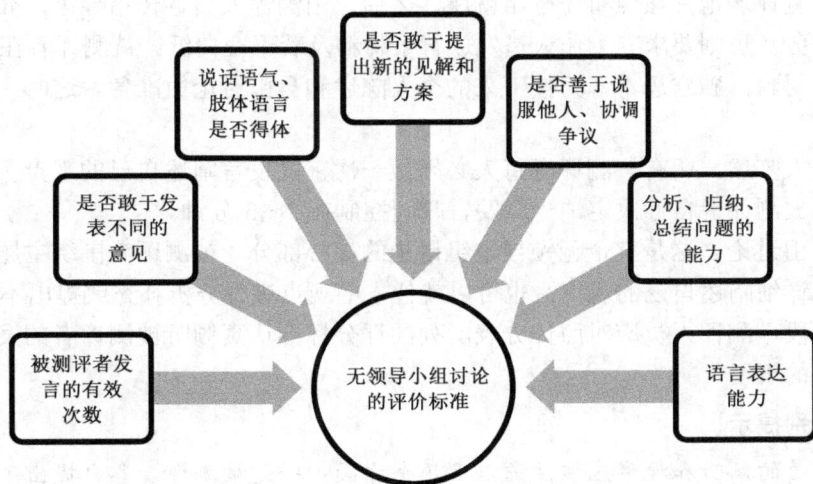

图 8-11　无领导小组讨论的评价标准

∽　**特别提示**

在题目和评分标准完成之后，为保证其质量和效果，还应该进行试测检验，根据试测情况进行适当修改，直至令人满意为止。

（4）安排测验场地。无领导小组讨论应该在宽敞、明亮、安静的场地上进行。为便于被测评者之间的交流及测评人员对被测评者的观察，被测评者的席位最好呈扇形或 V 形摆放，并与测评人员席位保持一定间距。还可以选择在有单向玻璃的试验室里进行讨论，测评人员在场外进行观察。有条件的话，可以利用摄像机录像后再观摩评分。

∽　**特别提示**

一般情况下，被测评者的席位与测评人员的席位间距以 4 米最为适宜。

（5）对被测评者进行分组。将被测评者分成讨论小组，4～8 人为一组。分组时应当考虑将同一职位或同类职位的被测评者安排在一组，还应该尽可能把以前曾经接受过无领导小组讨论或参加过无领导小组讨论、有无领导小组讨论经验的被测评者放在一组。

2. 施测阶段

无领导小组讨论的施测阶段一般可分为四个步骤（见图 8-12），一般会持续 60 分钟左右。

被试准备　　　　　　　　　　自由讨论

　　　　　　个人陈述　　　　　　　　　总结汇报

图 8-12　无领导小组讨论施测阶段步骤

（1）被试准备。测评人员和工作人员应提前进入考场，工作人员要将所需材料检查一遍，以防出现因材料缺失而引起考场骚乱等状况。测评开始前 2 分钟，由工作人员带领被测评者进入测评场地并按照事先分组就座。之后，由测评人员宣传指导语，介绍无领导小组讨论的任务及规则要求。工作人员发放背景材料及若干空白纸。被测评者在 5～10 分钟内阅读背景材料，独立思考，为接下来的个人陈述和自由讨论做准备。这时，测评人员开始观察。

（2）个人陈述。所有被测评者每人必须做一次正式发言阐述自己的观点，发言顺序不做规定，由被测评者自行决定。一般发言时间控制在 2～3 分钟。

（3）自由讨论。这是整个无领导小组讨论的核心部分。被测评者围绕主题展开自由讨论，既可以详细阐述自己的观点，也可以就他人的观点进行分析补充或提出不同见解。

这一阶段，测评人员应对照评分表所列的评分标准认真倾听被测评者的发言，仔细观察被测评者的表现。

　　◢　**特别提示**

测评人员的倾听和观察应该注意以下几个方面：一是被测评者各自提出了哪些观点，有无新意；二是被测评者发表意见时语言组织能力如何，语调、语速及肢体语言是否恰当；三是被测评者能否坚持自己的观点，当他人的意见与自己不一致时如何处理；四是被测评者是怎样说服他人的，是否善于赢得他人的支持；五是被测评者是否尊重他人；六是谁在主导讨论的进程；七是谁经常进行阶段性的总结。

（4）总结汇报。自由讨论结束之后，各小组选派一名代表汇报本组讨论结果，并陈述理由。时间一般为 3～5 分钟。

汇报结束，由测评人员宣布无领导小组讨论结束，工作人员引导被测评者离开考场。

3. 评价阶段

一般情况下，每组讨论至少有 3 名测评人员担任评分工作。小组讨论结束后，测评人员召开评价讨论会，对被测评者的典型行为进行汇总，测评人员之间应充分交换意见，可以对自己观察时遗漏的问题进行补充，也可以就评价分歧进行充分讨论，对照评价标准对每位被测评者进行定性、定量的评分，并形成最终评价。

　　◢　**特别提示**

事实上，在小组讨论过半后，测评人员就可以根据评价指标给被测评者打出初步的等级，然后根据被测评者的表现寻找更多的行为证据进行修改。对那些在讨论过程中找到的只有较少行为表现的指标，可留待评价讨论会时再做处理。如经过充分讨论后，仍不能打分，则注明"应参考其他测评方法进行评价"。

8.4.3 无领导小组讨论的注意事项

无领导小组讨论是一种专业且复杂的人员测评技术，它的形式看起来很简单，但要取得良好的效果则要求非常高。因此，在整个无领导小组讨论中要注意以下几点。

1. 要保证试题的质量

讨论题目的设计将在很大程度上影响无领导小组讨论的测评效度。一份高质量的讨论题目应该满足三个方面的要求，如图 8-13 所示。

联系工作内容	难度适中	具有一定的冲突性

图 8-13 无领导小组讨论题目的质量要求

（1）联系工作内容。讨论题目的设计应符合目标岗位的工作特征，取材应来自目标岗位的工作行为事件，所设置的条件也要尽量和实际工作条件在一定程度上保持一致，以达到最佳的预测效果。

（2）难度适中。讨论题目对被测评者在测评中的表现有决定性的影响。如果题目过于简单，易使被测评者失去讨论的兴趣，很容易就达到一致，被测评者的水平得不到应有的发挥，难以区分；如果题目太难，被测评者需要思考的时间就会长，进入状态晚，也会因压力过大而影响正常发挥。

（3）具有一定的冲突性。讨论题目中隐含的矛盾冲突的大小直接影响测评的效果。所设计的题目要能够引起被测评者的争论，为被测评者提供足够的表现空间，这样被测评者就易暴露出更多不自觉的行为，便于测评人员根据个体差异进行考察。也要注意避免因冲突设计过大使被测评者难以达成一致意见。

☞ 即时案例

"无领导小组讨论"引入面试各校考题集锦

2016 年山东 9 所高校首次实施综合评价招生试点。除中国海洋大学和哈尔滨工业大学（威海）此前已经结束考核外，6 月 19 日，剩余 7 所高校同时举行综合评价招生学校考核。记者采访发现，各高校考核形式多样，考题的设计更注重创新思维、创新潜质。

尤其值得一提的是，山东师范大学和山东财经大学都采用了"无领导小组讨论"方式进行面试。

山东师范大学考点：莱芜一中的周涵参加山东师范大学的面试，抽到的题目是"从自然科学角度谈论守恒问题"。"之前对无领导小组讨论方式接触不多，阐述环节有点紧张，后来进入小组讨论后就好了。"周涵说。

山东师范大学综合评价招生安排在长清湖校区图书馆，6 月 19 日，来自全省各地的 426

名考生参加了当天的考试。共设 13 个考场，按照顺序，考生五人一组进入考场，每一考场都有 5 名考官。拿到题目后，每个人有 5 分钟准备时间，然后进行 3 分钟阐述，接下来是无领导小组讨论，最后推选一人做 6 分钟的总结陈词，可毛遂自荐。整个过程不超过 1 小时。

根据山东师范大学提供的试题，"阿尔法狗"出现在理科无领导小组讨论题目中，要求考生从"阿尔法狗"谈起，聊聊人工智能能否超过人的大脑。由于属于社会热点问题，不少考生表示对"阿尔法狗"有话说。

山东财经大学考点：与山东师范大学一样，山东财经大学也使用无领导小组讨论的考试形式。来自莱芜市凤城高级中学的小申说，每个考场同时有 6 名考生参加，考生进入考场后抽签获得 1 至 6 的数字编号。"题目是关于合伙创业和利润分配的问题，有 15 分钟的准备时间。"小申说，之后每人用 2 分钟陈述观点，再进行 30 分钟的小组讨论，最后每人有一分钟半的时间进行个人演讲。

从考试的题目来看，山东财经大学的综合评价考试题目涉及经济领域，与其办学特色相适应。考生普遍觉得试题难度不是特别大，但需要合理安排时间，但对无领导小组讨论的考试形式接触较少。

对于实行"无领导小组讨论"考试的原因，山东财经大学招生办主任王燕表示，比起传统面试的问答方式，这种方式更能考察学生的综合分析能力和语言表达能力，也符合综合评价招生的宗旨。

资料来源：http://sd.people.com.cn/n2/2016/0620/c166192-28553849.html，有改动。

2．选择适合的测评人员

在无领导小组讨论中，测评人员充当了非常重要的角色。为提高测评的有效性，测评人员最好具备心理学或管理学相关专业背景或一定年限的人事管理经验，要有敏锐的洞察力。并且无论测评人员背景如何，都必须接受严格专门的训练，做到评价标准的统一和连贯。

 牛刀小试

如果让你来组织一次无领导小组讨论，你都会做哪些工作？

➲ 8.5　人才评价中心技术应用实例

评价中心在 M 公司招聘销售经理中的应用

M 公司是一家外商独资企业，主要从事公路养护设备的设计、制造和销售，以及承接公路路面养护工程。在高速路养护领域，M 公司把国外先进的沥青路面修补技术及其维修设备引入国内，代替传统的修补养护方式，在国内市场取得了很大的成功。

随着我国高速公路的迅猛发展，M 公司销售队伍近年日益壮大。新员工特别是有一定工作经验的销售经理的招聘是人力资源部的一项重要工作。M 公司销售经理的招聘测评工作采用人才评价中心技术。

↗ **8.5.1 销售经理的任职资格**

M 公司销售经理的主要职责是工程机械销售及养护工程的承揽，此外还包括客户关系的维护、对客户提供技术支持和市场信息的收集整理等。其销售工作的特点是：设备单价和销售总价都比较高；销售周期长；销售过程中环节多；其间不可控因素多；需要多人（甚至跨部门）合作。这就导致了反馈周期长、真实信息会伴随比较多的杂音、销售方法的总结和升华十分困难等问题。

因此，销售经理的任职要求是：拥有必要的专业知识，热爱销售工作，愿意接受挑战，能经常出差，自信，具有较好的沟通能力、工作责任感和团队合作精神等。

↗ **8.5.2 销售经理的评价维度**

根据以上分析，评价者确定了八个评价维度（见表 8-11）作为销售经理的重要考察维度。

表 8-11 销售经理的重要评价维度

评价维度	具体体现	优秀者特征	不足者特征
销售理解力	运用经验和分析解决销售实践中的问题，特别是在销售过程中是否会有效地采用一些销售技巧	销售经验丰富，深得销售工作要领	对销售工作的理解非常肤浅，不具备一般的销售常识
言语能力	把握以言语为载体的抽象事物之间的逻辑关系的能力	言语理解力、表达能力强，可以自如地运用言语进行逻辑分析	很难准确把握比较复杂的问题的实质，进一步掌握新知识的潜力不足
人际交往能力	在与人打交道时，能够恰当、自然地与人进行沟通，与陌生人建立良好的关系的能力	在社交场合自信、自然、大方，以恰当的方式进行双向沟通	在社交场合拘谨、放不开，过于封闭自己
灵活性	根据环境条件的变化调整个人的行动策略及观念，不拘泥于固有的定式	随机应变，做事讲求策略，适应环境的能力很强	囿于定式，刻板，对新事物不够敏感
情绪稳定性	在面临冲突和压力状态下保持镇静，克制自己的冲动，维持稳定的情绪	情绪稳定，善于自我克制，以沉着审慎的态度面对现实问题	情绪容易波动，时时会急躁不安，对强烈的感情冲动不加控制
自信心	对自己的能力和信念始终保持乐观的态度，在遇到挫折时仍然能够坚持	敢作敢为，乐观积极，少顾虑，多行动	面对机会往往采取观望的态度，遇到困难容易丧失信心
责任感	按照要求持久、认真，遵守承诺，可靠	做事严守职责，一丝不苟，在需要时敢于承担责任	工作马虎、敷衍了事，回避困难和责任
销售动机	让他人接受自己的产品或观念的动力或愿望	有强烈的愿望从事销售工作，非常希望把自己的产品或观点推销出去	缺乏从事销售类工作的动力，在销售中不够积极主动

↗ **8.5.3 测评工作流程**

M 公司将测评成本较低的过程安排在测评的前面进行。M 公司的招聘测评包括简历筛选、电话沟通、笔试、面试和人才评价中心技术五种方式，层层筛选。每轮招聘工作，五种测评方式的总体通过人数大约是 20:15:12:6:2。

➔ 8.5.4 采用的人才评价中心技术

本次测评中的人才评价中心技术主要采用无领导小组讨论和演讲两种方式。

1. 无领导小组讨论

一般以 5～6 名被评价者为一组，每组讨论一个虚拟的业务问题，主题是销售项目的取舍，就是在 5～6 个销售项目中选择一个项目。讨论前每人将有 10 分钟的时间分别阅读一份 500 字左右的各自负责项目的介绍。之后的 60 分钟希望小组达成共识，从中选择一个项目作为唯一的业务突破口。资料中每个销售项目都有一些积极和消极的因素。讨论过程中，评价者将主要观察以下方面：每个候选人提出了哪些观点，与自己观点不符时怎样处理；候选人是否坚持自己认为正确的提议，他们提出的观点是否有新意，怎样说服别人接受自己的观点；谁引导讨论的进行，并善于进行阶段性总结等。在这个过程中还可以看到每个人的领导能力如何，独立见解如何，能否倾听别人的意见，是否尊重别人，是否侵犯别人的发言权等。

2. 演讲

每名被评价者在抽到一个题目后有 5 分钟的准备时间，之后进行 15～20 分钟的即兴演讲；还有 5～10 分钟让在座的 3～4 位评价者对其演讲内容进行提问，被评价者回答问题。演讲中应体现销售人员的基本素质、团队合作的重要性等。评价者主要从以下几个方面来观察：目光是否与听众进行了交流，论据是否有说服力；回答提问是否敏捷、思路是否清楚等。

➔ 8.5.5 评价者及相关培训

情境测验的评价者通常包括大区销售负责人、公司主管销售的副总经理、人事经理和专业的测评专家。公司每年将组织一次关于评价中心的培训，所有销售主管接受 4 小时的培训，包括面试和情境测验基础，观看情境测验的录像（本公司以前的案例），就录像资料对被评价者做出评估并讨论等。

➔ 8.5.6 评价结果的整合

两项情境测验完成后，评价者首先将独立地进行评估，再以讨论的形式来完成是否雇用的人事决策。讨论的程序包括对标准化测验结果的解释、面试及情境测验中主观评价的综合和归纳。在讨论中，大区销售负责人的意见将被给予足够的重视。从结果来看，虽然评价者的背景迥然不同，但只要测评前接受了合适的培训，他们的评分一致性可以达到较高的水平。

课后测试题

一、单项选择题

1. 人才评价中心最主要的特点是它的（　　）。

A．情境模拟性　　　B．可测量性　　　C．综合性　　　D．科学性

2．在人才评价中心的各种测评方式中，被认为用得最多且最有效的一种方式是（　　）。

A．管理游戏　　　　B．角色扮演　　　C．公文筐测验　　D．无领导小组讨论

3．评价中心最复杂的一种测验形式是（　　）。

A．公文筐写作　　　　　　　　B．无领导小组讨论

C．角色扮演　　　　　　　　　D．管理游戏

4．通过设计一系列真实环境工作中需要处理的各类公文，要求被测试者以管理者的身份，在规定的时间内对各类公文材料进行处理，形成处理报告，然后与别人进行讨论。评价人员通过观察此过程中被测评者的行为表现，对其计划、组织、分析、判断、文字等能力进行评价。这种测试活动是（　　）。

A．公文筐测验　　B．案例分析法　　　C．角色扮演　　D．管理游戏

5．人才评价中心综合运用心理测验、笔试、面试、公文处理、小组讨论、管理游戏、角色扮演等测评技术。这体现了评价中心的（　　）特点。

A．动态性　　　　B．综合性　　　　C．全面性　　　D．标准化

6．小溪练习属于哪种人才评价中心技术？（　　）

A．角色扮演　　　B．事实判断　　　C．管理游戏　　　D．案例分析

7．下列不属于评价中心测评结果反馈原则的是（　　）。

A．保密性　　　　B．灵活性　　　　C．准确性　　　D．参照性

8．测评者只能看到少量的有关某一问题的信息资料，然后通过被测评者对有关人员的提问获取其他信息，从而给出解决问题的建议。这句话描述的是（　　）。

A．事实判断　　　B．管理游戏　　　C．案例分析　　D．无领导小组讨论

9．（　　）主要是测评人际关系处理能力的一种情境模拟活动。此活动中，测评人员设置了一系列尖锐的人际矛盾与冲突，要求被测评者扮演某一角色来处理问题和解决矛盾。

A．有角色的无领导小组讨论　　　　B．公文筐测验

C．管理游戏　　　　　　　　　　　D．角色扮演

10．一般来说，应用于诊断和培训的人才评价中心通常采用（　　）个测评工具组合。

A．2～5　　　　B．3～6　　　　　C．4～7　　　　D．7～10

二、简答题

1．什么是人才评价中心？其优缺点各有哪些？

2．人才评价中心技术实施有哪些步骤？

3．人才评价中心技术实施中的注意事项有哪些？

4．使用公文筐测验时应注意哪些？

三、案例分析题

某公司准备在下岗人员中招聘一些事务性人员。负责招聘的人事部主管小高刚学习了几种情境性的测评方法，心想正好可以试一试。他看了一下，这次来应聘的人有 6 个，正好可以组成一个小组，进行一次无领导小组讨论。讨论要确定一个讨论主题，他想了想，很快就拟了一份指导语。

请你仔细阅读下面的材料：

一个人要想拥有良好的人际关系，可能取决于许多重要的因素，例如：在人际交往中表现得比较主动，待人热情，为人老实，办事能力强，拥有较高的社会地位，兴趣爱好广泛，乐于帮助别人，对他人的内心世界有很好的洞察力，豁达，不在小事上斤斤计较，健谈，幽默，为了朋友能够牺牲个人利益，言谈举止有风度，情绪稳定性好，独立、有主见。

请你分别从上面列出的这些因素中选择一个你认为最重要的因素和一个最不重要的因素。

首先给你们 10 分钟的时间考虑，然后将你们的答案写在纸上。接着你们将在 45 分钟内就这个问题展开讨论。你们必须得出一个一致性的意见，即得出一个你们一致认为最重要的因素和最不重要的因素。最后派一个代表来汇报你们的意见，并阐述你们做出这种选择的原因。

小高把 6 名应试者集合起来，先向各人简单介绍了一下，然后把指导语发给大家，便在一旁观察他们的讨论过程。但是，大家一开始显得比较沉默，可能因为互相之间都不熟悉。直到有个人开始发言，才慢慢带动其他人讨论起来。

讨论之后，小高也没有过多考虑，就决定录用那个发言最积极的人。

案例讨论

1. 在无领导小组讨论的整个实施流程中，小高犯了哪些错误？
2. 小高的决定是否正确？为什么？

四、技能操作题

某公司是一家集日常生活用品研发、生产、营销于一体的大型企业。为应对竞争日益激烈的市场，提高企业的知名度，提高市场占有率，经公司董事会讨论，决定招聘市场运营副总一名，专门负责品牌推广工作。

假设你是招聘负责人，你打算采取哪些测评方式选择合适的候选人？说明理由，并详细写出测评工具的组合内容。

第 3 篇

人员测评实施篇

3

第9章 人员测评的组织实施

学习目标

一般掌握
- 人员测评实施的基础环节。
- 人员测评方案的设计。

重点掌握
- 人员测评组织实施的一般流程。
- 人员测评实施中的误差及防范。

学习导航

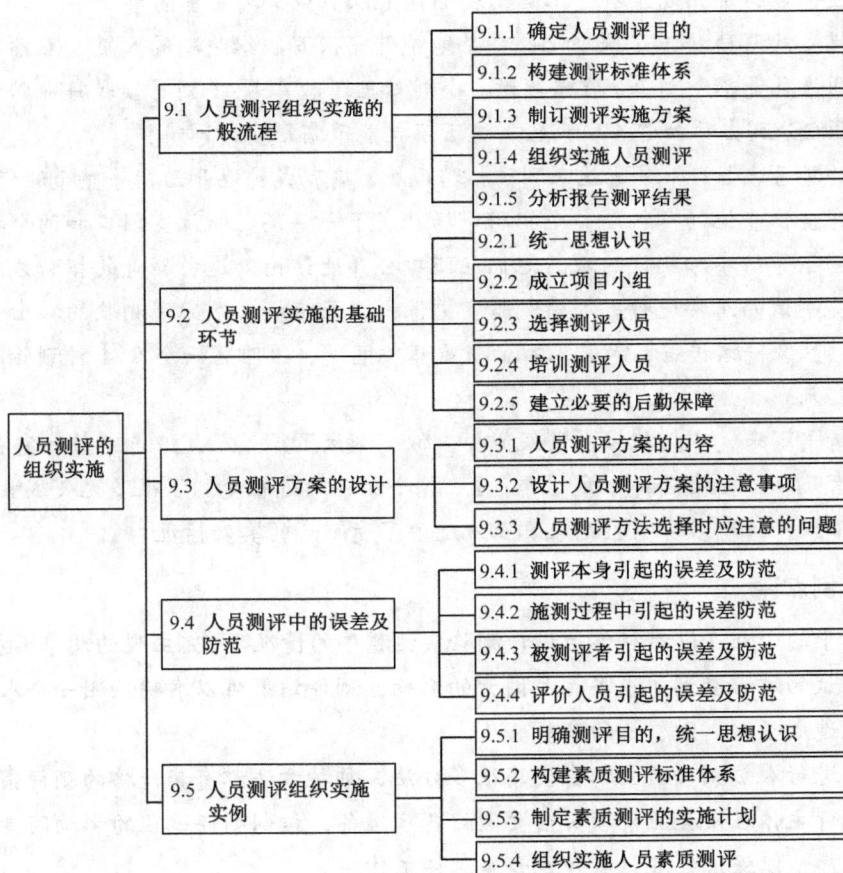

▦ 导入案例

　　某外企想招聘一批生产线上的装配工人。招聘前，经过设计，决定选用"职业操作能力测验（Ⅰ型）"、"职业操作能力测验（Ⅱ型）"、"求职者多项人格测验"及面试4种方法。确定了测评的方法后，该公司决定委托职业介绍中心帮助测评并招聘。由此，该公司的人力资源部主任李某找了职介中心的小刘商议此事。

　　李：小刘，我们公司想招一批装配工人，你能帮我们招吗？

　　刘：没问题，到我们职介中心来找工作的可多了。

　　李：这次我们要招聘的可是一线工人，要求比较高，招聘的时候要进行心理测评，请你们帮助实施，可以吗？

　　刘：帮助实施，是你们给我们测评的工具，我们组织人让前来应聘的人完成测验，是吗？

　　李：对，测评工具我们已经准备好了。整个测评要进行4项测验：一项纸笔测验——求职者多项人格测验，两项操作测验—职业操作能力测验（Ⅰ型）和职业操作能力测验（Ⅱ型），以及面试。

　　刘：没问题，没问题，有了工具，我们就可以实施，那还不简单。

　　小刘满心欢喜地接下了这个活，早早地就开始张罗组织施测的人员，准备测试的场地，具体到谁负责哪个测验，在哪里做。小刘心里还盘算着："到时候我将应聘的人分成4批，让他们分别去参加这4项测验，这下不就能节省很多时间嘛！"

　　招聘的那天，小刘早早地就来到了招聘现场，胸有成竹地开始指导整个测评的过程，结果事情完全出乎他的意料。整个招聘现场乱成了一锅粥。面试室门口和两个操作测验室门口挤满了等待参加测试的人。他们在门口公开地谈论着这种新奇的招聘方式，严重影响了这些测试的正常进行。人格测验室更像一个菜市场，做完了测验的人出来，还没有做测验的人又陆续进去，人来人往的。更糟糕的是，很难将一个人4种测验的结果很好地汇集起来。

　　一天折腾下来，小刘就像散了架似的，似乎测试了很多人，但是完整地完成4项测验的人没有几个，而且测试场所太嘈杂了，整个测验的过程受到了很多无关因素的干扰，小刘实在不敢保证有多少测验结果真正地反映了受测者的真实情况。

▦ 案例点评

　　本案例中的小刘在没有科学地设计测验实施程序的情况下，凭主观的想象开展了测试，一方面使测试的过程受到了很多无关因素的影响，测评结果难以准确预测一个人的水平；另一方面也造成了人、财、物的浪费。

　　通常在进行人员测评时，都会使用很多方法，每种方法都有其严格的测评条件要求，这就要求测评主体在实施测评项目前要做好各项准备，控制测评过程的影响因素，确立正常的实施顺序，以保证经济、有效地开展测评工作。

⊃ 9.1　人员测评组织实施的一般流程

组织中实施人员素质与能力测评是一项比较复杂的系统工作，需要制定合理周全的工作流程，以保证测评的顺利进行。人员测评组织实施一般流程如图 9-1 所示。

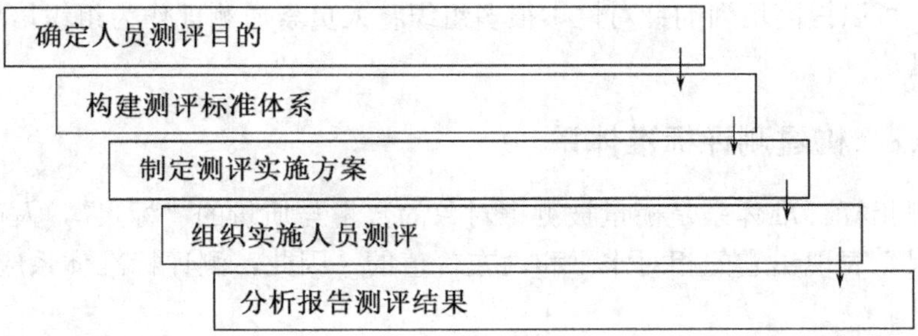

```
┌─────────────────────┐
│  确定人员测评目的      │
└─────────────────────┘
  ┌─────────────────────┐
  │  构建测评标准体系      │
  └─────────────────────┘
    ┌─────────────────────┐
    │  制定测评实施方案      │
    └─────────────────────┘
      ┌─────────────────────┐
      │  组织实施人员测评      │
      └─────────────────────┘
        ┌─────────────────────┐
        │  分析报告测评结果      │
        └─────────────────────┘
```

图 9-1　人员测评组织实施一般流程

↦ 9.1.1　确定人员测评目的

开展人员测评的首要任务就是确立人员测评目的。测评目的既是人员测评活动的起点，又是测评活动的归宿，它决定了测评的方向。因此，一定要进行深入细致的调查研究，了解测评对象、环境和测评自身的发展状况后，在科学分析的基础上做出决策。

一般而言，开展人员测评的目的主要有以下几种。

1. 以选拔为目的

以选拔优秀人才为目的的素质测评可以帮助组织找到与岗位最匹配的员工。

组织在进行外部招聘和内部晋升的过程中，常常会面对众多的求职者，如何在这些候选人中选出与岗位最匹配的员工是组织需要解决的关键问题。一般而言，组织会根据不同岗位的素质要求，采取有针对性的测评方法和手段对这些候选人进行测试的评价。

2. 以配置为目的

以人力资源合理配置为目的的素质测评可以帮助组织实现"人职相配，人事相宜，人尽其才，才尽其用"。

每个岗位对任职者都有不同的要求，而不同的任职者又有各自的特点，只有当两者相匹配时，才能达到最佳的水平。同时，要实现部门和团队之间的高效运作，也需要成员间能力、性格、知识、经历等各种要素的有效互补。

3. 以考核为目的

以鉴定、验证被测人员是否具备某种（些）素质及具体程度为目的可以有效解决传统绩效考核中考核结果受人际关系和主观因素影响的弊病，提高绩效考核的科学性和客观性。该种测评类型经常穿插在选拔型测评或配置型测评的过程中。

4. 以诊断为目的

在组织运营过程中，管理者经常会遇到各种人力资源管理方面的问题，以诊断为目的的测评可以帮助组织了解人员素质现状或寻求问题的原因，并根据测评所获得的信息对员工素质和能力进行诊断，制定提高和改进的方案。

5. 以开发为目的

以开发为目的的测评侧重于员工素质发展潜力的评估，为人力资源的开发提供科学的可行性依据，可以提高培训的针对性。很多组织将人员素质测评作为组织培训需要分析的一项重要工具。

⇥ 9.1.2 构建测评标准体系

人员测评指标标准体系是衡量被测评对象的数量与质量的"标尺"。人员素质正是通过这把"标尺"表现出它的相对水平和内在价值的。因此，测评标准体系应科学、具体、明确。

由于测评标准体系在本书第 3 章已有专门阐述，这里就不再赘述。

⇥ 9.1.3 制定测评实施方案

测评方案是对整个测评活动中所涉及诸多方面的总体设计、部署和安排。制定测评方案时必须做到细致周密、职责分明、科学可行。测评方案一旦确定，就必须严格按照方案进行。

在制定测评方案时，尤其要注意测评时间、测评环境、测评人员及测评工具的选择，如图 9-2 所示。

图 9-2 制定实施测评方案的关键点

1. 测评时间

（1）要针对不同类别的测评工具和方法制订测评时间。

（2）测评时间应该按照人的心理、智力和体力活动的生物规律来安排。

（3）要合理安排测评的先后次序及两项测评的间隔时间，提高测评的信度和效度。

❧ **特别提示**

不同测评工具所需时间不同。如一套人格测量试卷可能花费 1~2 小时，一个角色扮演可能是 15 分钟。此外，测试时间不宜安排在中午。

2. 测评环境

（1）测评场地应选择宽敞、采光好、无噪声、空间上能合理布置桌椅的场地。

（2）要合理安放测评设备和被测评者所需的材料。

3．测评人员

在确定了测评人员之后，必须对测评人员进行统一的培训，以保证测评人员对测评标准的理解一致，以达到测评的公平公正。培训内容包括：测评方法、测评过程、测评的操作方法和步骤、突发事件的处理办法等。在条件允许的情况下，还可以组织测评人员事先进行演练。

4．测评工具

在选择测评工具时，需要考虑测评工具与测评胜任素质的直接相关性，如果选择的是成熟的、标准化的测评工具，需要对测评工具的效度进行检验，这样才能保证测评结果对本次测评的有效性。

另外，为了保证测评结果的效度，通常需要将多个测评工具进行组织来测评某个素质指标，这样在结果分析时可以将被测评者的反应和表现相互参照与印证，便于更准确、客观地评价被测评者的素质状况。

知识拓展

每种测评方法都测量了多种胜任素质，而每种胜任素质又至少有两种测评方法来测评，如表 9-1 所示。

表 9-1　多种测评工具的组合

胜任素质 测评工具	语言表达	影响力	决策	协调能力	分析判断能力
结构化面试	●			●	●
角色扮演	●	●		●	●
无领导小组讨论	●	●	●	●	●
公文筐测验			●		●

⇀ 9.1.4　组织实施人员测评

组织实施人员测评是指进行具体的心理测验、笔试、情境模拟等。在进行这些具体的测评活动中，必须按照活动自身的规律和要求进行。

在实施测评的过程中，如被测评者产生疑难问题，测评人员应协助解决。

测评活动进行时可能会受到场地、设备、测试材料等方面的影响，测评人员应随时协调与控制各方面的影响，保证测评活动的顺利开展。

⌒ 特别提示

对有些测试方法（如无领导小组讨论、角色扮演等）而言，在这一阶段还应进行测评信息的收集和记录。

✦ 9.1.5 分析报告测评结果

这一阶段的主要任务是汇总、分析、整理由各种测评工具、方法所获得的测评要素的数据资料，并对测评对象做出最终的总体性评价，同时也要对整个测评活动的质量进行评价以便决定测评的结果在什么范围内使用，如何使用。

此外，在本阶段，还要将测评结果准确无误、适时地反馈给测评对象本人、上司或其委托者，并帮助他们充分利用测评的信息开展多方面的工作。测评信息反馈与利用必须做到准确客观、方式适当。信息要准确客观，这是最基本的要求。所反馈的信息是测评结果的真实信息。信息反馈的方式应根据测评目的及反馈对象的特点而定。

◎ 牛刀小试

找一家你熟悉的企业，调查一下其人员测评的具体实施流程。

⊃ 9.2 人员测评实施的基础环节

在人员素质测评的实际操作过程中，主要应该准备好以下几个基础环节。

✦ 9.2.1 统一思想认识

人员测评是根据组织整体战略和发展需要而进行的，需要组织高层达成共识，取得一致意见。因此，需要向高层提交测评工作有关情况的汇报，争取获得高层的支持和推动，这样有利于人员素质测评工作的顺利进行。

✦ 9.2.2 成立项目小组人员

组织在实施人员测评时，一定要成立专门的测评项目小组。测评项目小组的组成和职责如表 9-2 所示。

表 9-2　测评项目小组的组成和职责

测评项目小组	职　责
项目工作小组	具体负责制订和实施人员测评的工作计划
领导小组	对项目小组工作进行质量把关、工作关系协调与重大事情决策
评委小组	依据经过领导小组批准的项目小组所设计制订的测评规划与计划，具体实施人员测评工作

测评项目各小组按照不同职责范围对测评的结果共同负责。

✦ 9.2.3 选择测评人员

测评人员是测评工作的具体实施者，其质量和数量对整个测评工作有着举足轻重的作用。合理的人员搭配能使测评发挥预定的效用，达到最佳效益。测评人员应具备下列基本条件。

（1）有高度的责任感，工作认真负责。

（2）坚持原则。

（3）善于独立思考，有自己的独到见解。

（4）具有一定的专业知识。

（5）有实际工作经验。

在实际选择测评人员时，组织可结合测评目的和自身实际，灵活选择测评人员。测评人员不仅局限于组织内部，必要时可从组织外部聘请，甚至可以委托专门机构进行测评。

✑ 即时案例

广东华南新药创制中心成立于 2008 年 10 月，是在广东省科技厅等多家政府部门倡导下、由多家骨干医药企业和科研院共同出资成立的科技类民办非企业单位，专注于为新药创新创制提供专业服务。

华南新药的目标是成为国内一流的新药创制基地，为了实现这一目标，华南新药需要在加速新药项目的开发及产业化，促进新药创业型企业快速成长的同时，通过对中高层的领导力现状进行盘点，并有针对性地发展，从而提升其组织领导力。

为此，华南新药签约倍智人才，为华南新药从领导力模型建构到领导力盘点，再到领导力发展，提供了发展式测评服务，用人才供应链的思想帮助企业提升组织能力。

➔ 9.2.4　培训测评人员

测评人员作为测评的具体实施者，必须对测评的每个环节、每项内容都非常熟悉，知道如何应对测评过程中出现的突发事件。对测评人员进行培训的内容包括测评纪律及监控、测评方法、测评具体过程等。培训可以一次，也可以多次。培训时可以对所有测评人员一同培训，也可以分开培训。

➔ 9.2.5　建立必要的后勤保障

一般情况下人员测评的组织实施涉及的部门和人员较多，时间也较长，需要组织协调的地方比较多。因此，组织应指定专门机构负责测评工作的后勤保障，形成良好的环境氛围。

以上五个方面是人员素质测评在组织实施中较为重要的几个环节，是组织具体实施人员素质测评的基础和保障。

✑ 牛刀小试

找一家你熟悉的企业，了解它在组织具体实施人员素质测评方面做了哪些基础性工作。

➲ 9.3　人员测评方案的设计

➔ 9.3.1　人员测评方案的内容

测评方案也称测评计划，它是对某一测评活动所涉及的诸方面的总体设计、部署和安排。一份完整的测评方案主要包含以下内容：测评背景、测评目的、测评主体和客体、测评指标体系、测评方法体系、组织实施的程序、费用预算、预期效果、测评结果的运用等。其中，测评主体与客体、测评指标体系、测评方法已经在前面的章节进行过阐述，这里不再赘述。

1．测评目的

测评目的是指企业为什么要进行此次测评。确定人员测评目的是人员测评的基础。它为测评要素、测评方法的选择提供了依据，为人员测评方案的设计指明了方向，为测评目标及测评效果进行评估监控提供了依据。

确定测评目的可从政治、经济、社会、市场等宏观方面考虑，也可结合企业人力资源开发的需要和企业发展实际需求来确定人员测评的方向和目标。

∽ 即时案例

北京 SA 公司是一家高科技企业，以软件研发为主。公司为达到未来三年内成为区域领导者的目标，面向社会公开高薪招聘技术研发人员。在招聘技术研发人员时，公司非常注重对其逻辑分析能力、团队合作精神、创新能力等的考察。

2．组织实施的程序

实施程序主要包括前期的准备工作、确定测评小组成员、培训测评人员、选择测评方法、测评时间、测评场地布置等。具体的实施程序则因组织的具体情况而有所差异。

3．费用预算

费用为测评顺利实施提供财力上的保障。费用预算时主要考虑聘请专家费、人工费、先进技术费、设备租赁费、场地租赁费、材料制作费等。

4．测评结果的运用

测评结果既可以用于人才选拔、岗位配置、绩效改进、培训开发、薪酬调整等方面；也可以用于个人职业生涯规划等。

→ 9.3.2 设计人员测评方案的注意事项

人员素质与能力测评是从国外引入的一种测量工具，其使用效果受各国国情、企业实际及企业所处不同环境等多种因素的影响。适用于一个企业的测评方案不一定适用于其他企业，适用于一个岗位的测评方案不一定适用于所有岗位。要想设计一套适合企业需要的测评方案还需要注意以下几点。

1．依据测评对象设计测评方案

测评对象不同，测评方案应有所差异。例如，中层管理人员的测评方案只适用于有管理经历和经验的中层管理员工的测评，对普通员工或新员工则需要重新设计其他测评方案。

2．依据测评目的设计测评方案

测评目的不同，测评方案也不同。基于岗位职责的素质能力测评可以为以优化人员配置为测评目的的测评提供有力的数据，然而对以选拔晋升为目的的测评来说，这种方式的素质能力测评却不一定有效。因为能参与选拔晋升的员工可能都是各自岗位上表现突出的人，用普适性的指标或方法难以测试出差别。

3. 重视人员测评的经济性

实施人员测评是需要成本的，测评方法的选择也是基于一定成本的基础之上的，因此，只有在选聘重要岗位时才适宜采用一些成本相对较高的测评方法。

在设计测评方案时，企业必须结合实际，有针对性地制定适合自身的方案，并将测评运用于人力资源管理的各个职能中去，建立一套科学合理的测评制度，才能真正长期、稳定地发挥人员测评的作用。

→ 9.3.3　人员测评方法选择时应注意的问题

随着测评技术的发展，素质测评的方法也日臻完善，用于素质测评的方法众多，既有适用于个体测评的，又有适用于团体测评的，还有针对不同层次的人员测评方法。目前常用的测评方法包括履历分析、笔试、面试、心理测试、人才评价中心等。

通常用效度、公平度、可用性和成本四个指标对测评方法进行评价。其中效度是值测评方法对所测素质特征的真实反映程度。测评方法的效度越高，测评结果就越能代表被测评者的真实素质。公平度是指对不同种族、性别、专业背景的人员，测评方法所测结果的公平程度。可用性是指测评方法在测评中实际操作的方便程度。成本是指实施相关测评所需要的花费情况。一般而言，测评成本越低越好，但还需要考虑测评的效益。

针对以上四个指标，美国工业心理学家对 9 种测评方法进行了评定，如表 9-3 所示。

表 9-3　各种测评方法的比较

方　法	效　度	公　平　度	可　用　性	成　本
智力测验	中	中	高	低
性向和能力测验	中	高	中	低
个性与兴趣测评	中	高	低	中
心理测验	中	高	中	低
面试	低	中	高	中
履历分析	高	中	高	低
同行评价	高	中	低	低
自我介绍	低	高	中	低
评价中心	高	高	低	高

由于每种测评方法都具有一定的局限性，因此在实际工作中人们通常将几种测评方法结合使用，以达到预期测评目的。

1. 针对不同测评目的的方法选择

根据测评目的不同，选择的测评工具也有所不同，如表 9-4 所示。

表 9-4　针对不同测评目的的测评方法选择一览表

测评目的	测评方法选择原则	测评方法示例
以招聘甄选为目的的测评	区分性、客观性、灵活性、公平性较高的测评工具	面试、管理测验、评价中心等
以晋升选拔为目的的测评	标准化、客观化、明确、公开的方法，应有较高的预测度	能力倾向测验、评价中心
以培训为目的的测评	信度、效度和可行性	知识考试、职业技能测验、管理人事测验和公文筐测验等
以考核为目的的测评	预测力和诊断力效果好	如能力测验

2. 针对岗位职责的测评方法选择

根据招聘岗位的职责不同，测评工具也有所不同，如表 9-5 所示。

表 9-5　针对岗位职责的测评方法选择一览表

不同岗位	岗位职责特点	选择测评方法的基本原则	测评方法示例
一般员工	工作自主性低、工作责任和工作内容单一、任务量大、简单重复性高	能考察岗位任务的基本知识和技能、心态	如职业操作能力测验、人格测验等
中层管理人员	对其所管辖范围内工作再次分工，并加以激励和监督，完成计划、组织、领导和控制等管理职能	有必要采用多种测评工具，以全面涵盖待测的素质	对关键的素质可采用小组讨论、情境模拟等方法；对非关键素质可采用心理测验、问卷调查等易行方法
高层管理人员	经营决策、策划、指导与领导等	在选择测评方法时应保持谨慎，保证测评工具的信度、效度和公平性	如评价中心方法等
不同岗位系列	一般岗位系列包括：生产、营销、人力资源、财务、采购等。岗位不同，具体职责也不同	结合该岗位的基本素质要求的侧重点及测评方法是否适合岗位	对营销人员的测评可采用小组讨论、面试和情境模拟；对财务人员的测评可选择问卷、测验等方法

（1）用于一般员工的测评方法选择。对于一般员工，通常只需考察其是否具有完成岗位任务的基本知识和技能即可。此外，还有必要调查一般员工的心态，如工作满意度、需求和动机等。对于专业技术人员，也应该首先考察与工作有关的专业技能。

　　∽　即时案例

S 公司是一家汽车配件生产企业，目前正要招募一批一线装配工人。招聘前，经过设计 S 公司决定采用职业操作能力测验（Ⅰ）型、卡特尔 16 种人格因素问卷及面试 3 种方法对应聘者进行测评。

（2）用于中层管理人员的测评方法选择。在对中层管理人员进行测评时，有必要采用多种多样的测评工具，以全面涵盖待测的素质。

　　∽　即时案例

某公司在招聘人力资源部经理时，采用情境模拟、公文筐测验的方式对其语言表达能力、分析问题能力、组织协调能力、处理事务能力等进行了测评；对其求职动机等则是采用心理测验的方式进行考察。

（3）用于高层管理人员的测评方法选择。高层管理人员素质模型由一般智力水平、工商管理能力、创造性思维能力、较高的成就动机、灵活机敏但有原则、坚韧的毅力、沟通能力、开放和变革意识。在选择测评方法时应保持谨慎，保证测评工具的信度、效度和公平性。

◈　即时案例

某大型房地产集团为进一步巩固市场份额，提升高层管理人员的素质，打算从明年开始针对总监级管理人员开展一系列培训。集团请咨询公司对总监级管理人员进行了一次测评。咨询顾问公司针对该房地产集团的实际需求，经过设计采用了无领导小组讨论、公文筐、案例分析、演讲等多种测评工具。

（4）用于不同岗位系列的测评方法选择。一般岗位系列包括生产、营销、人力资源、财务、采购等。在选择测评方法时应遵循两个原则：一是该岗位的基本素质要求侧重哪些方面，据此选择相应的测评工具；二是测评方法是否适合岗位。

◈　即时案例

A 公司虽然同时招聘营销人员和财务人员，但针对岗位的不同需求，对营销人员采用小组讨论、面试和情境模拟进行选拔；而对财务人员则通过问卷、职业能力测验等方法进行选拔。

3．针对被测组织特征的测评方法选择

由于组织类型众多，在此对每种类型组织应如何选择测评方法不一一赘述。仅以企业为例加以说明。

（1）针对企业行业特征的测评方法选择。针对企业行业特征的测评方法选择如表 9-6 所示。

表 9-6　针对企业行业特征的测评方法选择

行　　业	需　求　分　析	测　验　类　型
制造业	全面严格的质量控制力；创新开发能力	个性测验
服务业	适于服务取向的个性、兴趣、人际技能	个性测验、人际技能测验
文化产业	创造性思维、高超的组织策划能力、综合能力	思维测验、管理能力测验、案例分析
高技术产业	独创性、学习能力、科技敏感力、高新技术造诣	思维测验、情境模拟测验、案例分析

（2）针对企业文化特征的测评方法选择。不同企业对企业文化的重视、培育力度不同，其企业文化影响程度就不同。在对企业进行测验设计时，有必要了解其理念和文化追求，了解企业文化的建设状况，据此有针对性地使用不同内容的测验。

◈　**特别提示**

在已有的测评工具中，有的是可以直接使用的，如一些标准化的心理测验量表可以有针对性地选择使用；有的则需要进行修正之后才能使用，如情境模拟、知识测验等可以借鉴并加以调整和修订。而在有些测评中，则需要测评人员开发和研制测评工具。例如，针对某些特定岗位的面试，需要测评人员自行设计题目，才能满足具体的要求。

正如前文所讲，测评工具的选取要考虑测评目的、对象等多种因素。由于每项测评活动在这些方面都存在差异，使得测评人员能够直接使用的测评工具极为有限，因此设计和研究一套完善的测评目的成为测评活动中非常重要的一个环节。

∽ 牛刀小试

想一想，一份完整的人员素质测评方案应包括哪些主要内容？

⊃ 9.4　人员测评中的误差及防范

人员测评误差是指与测评目的无关的因素对测评结果干扰而产生的测评结果与实际水平的偏离。人员测评误差的大小直接决定人员测评的信度和效度的高低。

常见的人员测评误差主要来自四个方面：测评本身、施测过程、被测评者及施测者，如图9-3所示。

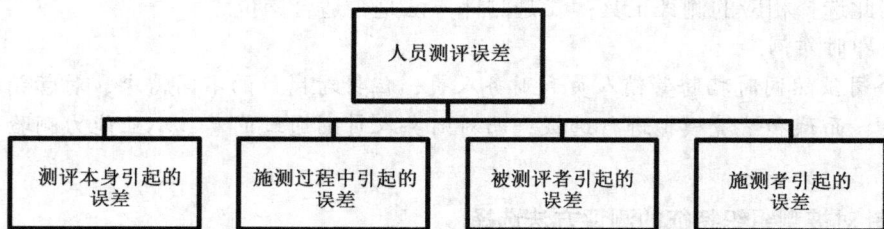

图 9-3　人员测评误差的来源

➔ 9.4.1　测评本身引起的误差及防范

测评本身引起的误差主要是指测评方法和工具本身引起的误差。

测评本身引起的误差常见的表现：测评工具所测评的行为和特性与目标上欲测评的行为和特性之间不一致；测评指标不能完全代表测评目标，测量抽样不能完全代表测量总体；测量的格式具有可猜测性和主观性，用词有歧义或不是很准确等。

∽ 即时案例

某内地上市企业由于规模扩大，因此计划大规模招聘生产工人。新任人力资源部王经理刚参加完一个有关员工招聘的培训班，因此决定采用系统化的测评技术来鉴别应聘者。王经理在参考当今许多外资企业所采用的测评问卷之后，结合自身从培训班所学的知识，编制了一套测验问卷，包括一般能力测验、职业倾向测验、工作风格测验、人格测验等。

可全部测评结果出来后，王经理大吃一惊：按照测评预先设置的标准，竟然没有几个人合格！

当测评误差来自测评本身时，其防范措施主要有以下几点。

（1）根据测评目的和测评要素，选择比较有效、可靠的测评形式。

（2）测评指标的行为取样要有代表性和典型性。

（3）能力测验的难度分布要符合测评目的要求。

9.4.2　施测过程中引起的误差及防范

在施测过程中由于测评前的准备不充分、施测现场不合适、测评人员缺乏经验、错误操作等都会引起误差的产生。此时其防范措施主要有以下几个。

（1）预见测评过程中可能面临的困难和问题，准备好相应的对策、措施，并采取行动。

（2）做好测评前的准备。例如，做好内部测评的宣传动员；对实施者进行必要的培训；做好测评环境的选择和布置工作。

（3）施测现场的温度、光线、背景声音、桌椅布置等环境要适宜。

（4）测评人员要按照规定实施测量，在测评期间不得向被测评者提供暗示，不得对指导语进行错误解释等，以减少测评误差的产生。

9.4.3　被测评者引起的误差及防范

被测评者的应试动机、测验焦虑、有关经验、练习效应、反应定势、生理因素都会使测评结果产生很大的误差。

1．应试动机

应试动机就是指向应试目的行为动机。在心理测量中，由于应试者的应试动机不同，会影响其答题态度、注意力、持久性、反应速度等，从而影响测验结果。

2．测验焦虑

测验焦虑是指应试者因接受测验而产生的一种紧张的、不愉快的情绪，它会直接影响应试者水平的发挥。

3．有关经验

具有多次同类测验经验、具备应试技能的人，能够根据答案之间的排列顺序、相似性等细微的差别，运用时间策略、答题技巧来超越个人能力完成测验，从而使测验结果产生误差。

4．练习效应

心理学研究证实，在能力测验方面，对于受教育经验少的人，练习有比较明显的正效果。练习对于智力较高者，练习效果较为显著。着重速度的测验，练习效果比较明显。再做同一个测验比做复本的练习效果显著。再次测验之间的时间间隔越大，练习效果越小，相距三个月以上，练习效果可以忽略不计。一般的平均练习效果，大约在 1/5 标准差以下，但第二次再测后，练习效果接近于零。

5．反应定势

反应定势是指应试者以某种习惯的方式对测验项目做出反应，使得测评人员无法正确判别应试者的真实能力水平。反应定势的具体类型如表 9-7 所示。

表 9-7　常见的反应定势类型及其表现

反应定势的类型	表　现
速度与准确性定势	有的人倾向于慢而细致地答题，另一些人常常快而粗略地做出反应
认可定势	对正误或是否题不肯定时，倾向于选择"正确"或"是"的答案
位置参照定势	有的人对等距量表的某些位置比较偏爱，另一些人则倾向于每题一种量表位置
投机定势	倾向于探究题中线索，猜测答案

防范此种误差的主要措施有以下三点。

（1）测评工作人员要做好被测评者的思想动员工作，向其开诚布公地说明测评的意义、目的和方法等，并征询被测评者的意见或建议，以使其克服心理干扰。

（2）测评人员要正确发挥评定法的作用，制定明确的测评标准和评分标准，全面地、客观地进行测评，以使被测评者打消顾虑，积极主动地配合测评工作。

（3）组织内部开展教育工作，为被测评者树立正确的价值观，使被测评者正确对待自己，及时纠正错误倾向和行为。

➔ 9.4.4　评价人员引起的误差及防范

在人员测评中，评价人员的评价对被测评者的最终成绩起着至关重要的作用。大多数评价人员能以负责的态度仔细地进行评价，但在评定过程中，也会受到诸如首因效应、近因效应、新奇效应、光环效应、定势效应、期望效应等社会知觉效应的影响。

评价人员引起的误差及防范措施如表 9-8 所示。

表 9-8　评价人员引起的误差及防范措施

误差类型	含义及具体表现	防范措施
首因效应误差	是指受测评者观察形成的第一印象影响而产生的测评误差。第一印象往往烙印深刻，形象鲜明，使测评者对被测评者后继行为的观察受到影响	学会客观、全面、动态地进行考评
近因效应误差	因受新近观察的结果影响强烈而产生的测评误差。新近的观察印象往往记忆犹新，历历在目	测评者应随时记录观察的结果，结合以前的记录做出决定
新奇效应误差	是指因某种突发性、与以往或一般情况形成鲜明对比的观察印象而产生的测评误差。被测评者表现出某种技巧性行为	善于进行系统分析，找出"突发行为"的背景与原因
晕轮效应误差	是指因对某种特点或某方面的测评结果有清晰、强烈的观察印象而冲淡了对其他方面测评结果的印象从而产生的测评误差	一分为二，客观地分析和评价每个被测评者
定势效应误差	因某种主观臆断的逻辑定势而形成的误差。两个表现：牵制测评者的注意力和观察点，刨根问底；控制对所收集信息的分析、综合与解释	学会用科学分析的方法代替经验推理，透过现象看本质
期望效应误差	是指因事先对被测评者期望过高或过低而产生的测评误差	明确标准、实事求是

⌘ 牛刀小试

假设你现在是一家公司的招聘专员，负责销售人员的招聘工作。请问你将如何避免招聘选拔过程中可能出现的误差？

⊃ 9.5　人员测评组织实施实例

ZT 集团公司中层管理人员测评实例

ZT 集团公司是一家从事铁路和道路桥梁建设的大型国有企业，资产总额约 40 亿元，总部设在成都。目前，公司已获得铁路工程部承包特级、公路工程总承包壹级、市政公用工程施工总承包壹级、水利水电工程施工总承包贰级、房屋建筑工总承包壹级等资质，年施工能力达 100 亿元。公司下辖 10 个子公司，员工总数 1 万余人。

按照 ZT 集团公司有关文件规定，公司中层管理人员界定为总公司各部的部长、副部长、分公司总经理、副总经理。按照此划分，ZT 集团公司中层管理人员共 50 人。

结合 ZT 集团自身发展的需要和中层管理人员队伍建设的需要，公司决定对中层管理人员进行一次公开测评，从而有针对性地对中层管理人员队伍进行优化和重组，使他们真正发挥其在企业中的重要作用。

ZT 集团此次测评的总体思路：通过定性与定量相结合的方法，对中层管理人员的能力、个人特点和行为进行系统、客观的测量和评估，发现并鉴定中层管理人员是否具有适合当前岗位的综合素质，以及具备这些素质的程度，为公司合理科学用人、实现人职匹配提供决策依据。

结合企业实际合理安排，按照先易后难、先测后评的顺序进行，尽量不影响企业工作的正常开展，ZT 集团公司制定了此次中层管理人员素质测评的流程，如图 9-4 所示。

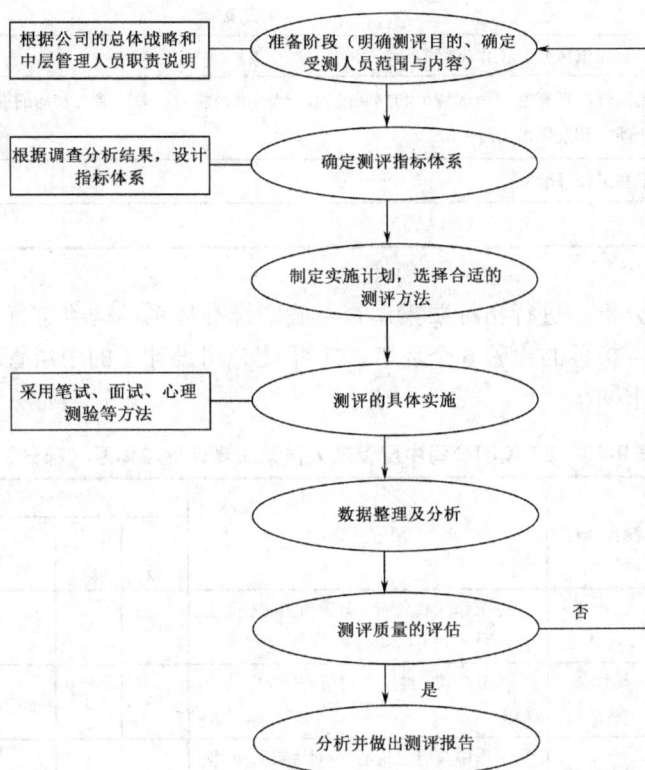

图 9-4　ZT 集团公司素质测评流程

→ 9.5.1 明确测评目的，统一思想认识

综合考虑多方意见，集团公司党委讨论研究认为，此次测评应侧重于综合评价中层管理人员的基本素质、个性特点、管理能力和业务能力等要素，摸清中层管理人员队伍状况。希望通过科学的人员素质测评，达到三个方面的目的：一是对中层管理人员的能力素质进行一次全面公正的评价，为公司下一步调整和配置中层管理人员队伍提供客观、翔实的参考依据；二是能够发现一些具有发展潜力的人才，以便公司重点培养和加以重用；三是使中层管理人员通过测评能够更好地认识自己，以便在以后的工作中改进工作绩效。此意见也得到了董事会成员的一致认同。

→ 9.5.2 构建素质测评标准体系

公司成立了以公司党委书记为组长，人力资源部、党委工作部、办公室负责人为成员的测评工作领导小组。领导小组共同讨论制订了此次测评的工作计划。内容包括：测评的主要工作、各单位的分工和协作、主要工作的时间进度、注意事项等。

此次被测评的中层管理人员，涉及集团公司总部及各分公司的管理人员，共计50人。

根据中层管理人员既强调职务技能和经验，又强调管理职能的特点，确定了测评内容，如表9-9所示。

表9-9 中层管理人员测评内容一览表

测评内容	具体表现
思想素质	个性倾向、思维风格、工作态度等
能力	思维的灵活性和严密性、理解能力和判断能力、组织协调能力、管理能力和沟通能力，以及分析处理复杂信息的应变能力和发展潜力等
知识经验	知识水平和工作经验等
工作绩效	—

通过工作需求分析—进行指标要素调查—确定标准体系结构—进行指标的分析与简化—测评指标的量化—指标的检验6个环节，ZT集团公司设计了的中层管理人员素质测评标准体系，如表9-10所示。

表9-10 ZT集团公司中层管理人员素质测评标准体系（部分）

测评内容	测评项目	测评指标	要　素	评价等级（10分制）					权重
				一级	二级	三级	四级	五级	
思想政治素质（7）	思想道德素质（5）	工作责任心	对工作认真负责，勇于承担责任，工作一丝不苟	10	8	6	4	2	1%
		集体荣誉感	热爱公司，维护公司信誉，保守公司秘密	10	8	6	4	2	1%
		进取精神	工作中具有上进心，不甘落后，力争上游	10	8	6	4	2	1%

测评内容	测评项目	测评指标	要　素	评价等级（10分制）					权重
				一级	二级	三级	四级	五级	
思想政治素质（7）	政治素质（2）	事业心	具有远大的理想和明确的奋斗方向、目标	10	8	6	4	2	1%
		…	…	…	…	…	…	…	…
		政治素养	掌握、贯彻党和政府方针、政策的广度和深度	10	8	6	4	2	1%
		原则性	坚持原则，敢于同各种不良现象作斗争	10	8	6	4	2	0.5%
		服务精神	为基层服务主动、热情、周到	10	8	6	4	2	0.5%
		纪律性	遵守党纪国法和公司的各种规章制度	10	8	6	4	2	0.5%
		…	…	…	…	…	…	…	…
知识素质（30）	公共知识（12）	公共知识	知识面的广度、对新知识的了解等	10	8	6	4	2	12%
	专业知识（18）	政治理论	中国特色社会主义理论等基本知识原理	10	8	6	4	2	15
		管理知识	现代管理科学的基本知识和最新发展	10	8	6	4	2	3%
		技术知识	生产技术方面的基础知识和操作方面的基本技巧	10	8	6	4	2	1.5%
		本职专业	具有专家级水平的专业知识	10	8	6	4	2	2%
		…	…	…	…	…	…	…	…
能力素质（53）	科学决策能力（15）	综合分析	系统、全面地归纳、分析和判断问题	10	8	6	4	2	7%
		预见性	根据现有信息，比较准确地推测将要发生的情况和产生的影响，提前做出适当的决策	10	8	6	4	2	4.5%
		发扬民主	充分尊重他人，善于听取不同的意见	10	8	6	4	2	3%
		…	…						
	组织领导能力（22）	决断能力	能果断而有魅力地做出恰当的决定	10	8	6	4	2	7%
		指挥能力	知人善任，统观全局，善于放权和发挥他人作用	10	8	6	4	2	6%
		应变能力	较快地适应环境变化，冷静地处理突发事件	10	8	6	4	2	6%
		动手能力	运用已有知识独立解决问题	10	8	6	4	2	5%
		…	…	…	…	…	…	…	…
	交往协调能力（16）	语言表达	清晰、准确表达自己的观点和情感	10	8	6	4	2	7%
		沟通技能	善于同各类人建立广泛的沟通和联系	10	8	6	4	2	6%
		说服能力	运用一定的谈话技巧，善于赢得他人的支持	10	8	6	4	2	7%

测评内容	测评项目	测评指标	要　　素	评价等级（10分制）					权重
				一级	二级	三级	四级	五级	
		协调能力	合理调配人、财、物，协调上下级间的关系	10	8	6	4	2	6%
		…	…	…	…	…	…	…	…
绩效素质（10）	工作成绩（7）	工作质量	完成工作任务的好坏和效益	10	8	6	4	2	2%
		工作效率	完成工作任务的速度	10	8	6	4	2	1.5%
		工作数量	完成工作任务的多少	10	8	6	4	2	1%
		…	…	…	…	…	…	…	…
	个人影响（3）	群众威信	在员工中的信誉	10	8	6	4	2	1.5%
		人才培养	辨别他人能力的特点，促进他人适当发展	10	8	6	4	2	1%
		身体状况	胜任本职工作的体力和精力状况	10	8	6	4	2	0.5%
		…	…	…	…	…	…	…	…

➤ 9.5.3　制订素质测评的实施计划

1．确定测评人员

公司确定了 9 名测评人员组成测评小组，其中有 4 人是从某人才开发中心聘请的专家，其余 5 人为集团公司的领导。

此外，为保证测评工作顺利进行，公司又从人力资源部、党委工作部、办公室选派了一批工作人员，为测评工作提供服务。

2．培训测评人员

培训内容包括测评纪律及其监控、测评的方法、测评的具体过程、具体的操作方法和程序步骤，本次测评可能出现的事件及应对办法等。

3．选择测评方法

在征求专家意见和结合实际充分分析的基础上，将所选择的方法细化到各项测评要素中，形成了测评方法体系，如表 9-11 所示。

表 9-11　ZT 集团公司中层管理人员素质测评方法体系表（部分）

测　评　指　标	测　评　方　法	所　占　比　例
工作经历	履历分析	8%
工作绩效		
身体素质		
…		
政治理论水平	笔试	16%
管理知识		
技术知识		

测 评 指 标	测 评 方 法	所 占 比 例
行业法规、规范等	笔试	16%
职业能力倾向		
…		
公共知识	机考	12%
创新能力		
责任感和原则性		
交往协调能力		
心理承受能力		
兴趣、动机、行为倾向		
…		
仪容、仪态、气质	无领导小组讨论	26%
反应的灵活性		
组织领导能力		
情绪控制能力		
综合分析能力		
说服能力		
…		
语言表达	结构化面试	38%
思想素质		
创新理念		
管理能力		
岗位认知		
…		

4．必要的后勤保障

公司指定办公室负责测评期间的后勤保障工作，落实了办公场地并配套专项资金。

9.5.4　组织实施人员素质测评

1．前期准备工作

在正式开展人员素质测评之前，公司进行了充分的前期准备工作。

（1）广泛进行宣传动员。在正式测评前，公司通过广播、宣传栏、展板、内部网站等对员工进行宣传发动，明确测评目的，取得了员工的理解和支持。

（2）组织专家评委。根据前期制定的测评方案，ZT 公司此次测评的评委由公司的领导和专家组成。成立了九人测评工作小组，在实施测评过程中，以测评小组成员为主要评委，确定分管人力资源的集团副总经理为测评主持人。在具体测评某项指标时，适当邀请相关人员参加。在测评开始前，对评委进行培训，统一评定的标准、尺度和操作步骤。培训的内容包括方法、技能、评判要求等。对临时邀请的评委单独进行了专项培训，以达到标准统一、协调一致。

（3）制作试题。根据试题制作注意事项，ZT 集团公司开始制作试题。具体试题情况如表 9.12 所示。

表 9-12　ZT 集团公司试题制作一览表

试 题 类 型	试 题 来 源
机考试题	委托给专业人才测评机构
笔试试题	专业知识测试题：ZT 集团公司自行安排设计 职业能力倾向的测试：从某人才考试测评中心购买了职业能力倾向测试和申论题本
面试试题	以结构化面试试题为主，主要由测评小组研究设计
情境模拟题	给定案例的无领导小组讨论

（4）确定测评日程安排。测评小组与公司领导充分沟通后，制定了测评日程安排表，具体如表 9-13 所示。

表 9-13　ZT 集团公司中层管理人员测评日程安排表

阶　段	项　目	时　间	地　点	备　注
机考	心理素质测试	X 月 10 日 9：00～11：30	某人才考试测评中心计算机考试室	
	知识结构测试			
笔试	职业能力倾向	X 月 11 日 9：00～11：00	集团公司第三、第五会议室	由人才测评中心阅卷
	专业知识测试	同日 11：10～11：55		测评小组阅卷
面试	结构化面试	同日 14：00～17：30（20 分钟/人）	集团公司第一至第五会议室（在相应会议工作人员办公室候考）	分为 5 个小组
情境模拟	无领导小组讨论	X 月 12 日 14：00～14：45	集团公司第一至第五会议室	分为 5 个小组

（5）其他准备工作。其他准备工作主要包括测评人员休息场地的准备、车辆安排，测评中联络人员的安排、考场的布置、考试用品的准备等。

2．操作实施测评

做好上述准备工作之后，公司开始正式实施人员素质测评。

（1）测评指导。在测评具体操作前，由测评主持人向全体测评人员告之测评目的和填表说明，明确数据保密等事宜。

（2）实施测评。测评程序按照日程安排进行，具体操作程序如表 9-14 所示。

表 9-14　ZT 集团公司中层管理人员测评具体操作程序

类　型	主要形式	考试的组织	注 意 事 项
机考	人机对话	机考在某人才考试测评中心计算机考室内进行。考试人员的组织由测评小组负责，考试的操作及结果的统计由人才测评中心安排专人负责，集团公司派人监考，测试成绩直接反馈给测评小组	在考试开始前讲清楚操作方法和有关要求，避免失误
笔试	书面答题	由测评小组负责实施；办公室负责考场的布置和相关后勤保障工作	在考试时间安排上尽量选择人头脑比较清醒的时间，考场的布置要注意光线充足、通风。条件允许的情况下，尽量分散在多个考场同时进行

类　型	主要形式	考试的组织	注　意　事　项
面试	结构化面试	由测评小组组织实施，邀请集团公司领导参加。操作中分为 5 个面试小组，每组应试者 10 人，每人面试时间为 20-30 分钟。	面试是考官根据应试者的临场发挥来评分的，对考官的素质要求较高；应试者的心态和情绪对测试效果有直接影响；容易出现晕轮效应
情境模拟	无领导小组讨论	由测评小组组织，邀请集团公司领导参加。具体操作中分为 5 个组，每组 10 人。将以前曾经接受过无领导小组讨论训练的人员或参加过类似测验的人员编为一组，将没有此类经验的人员编为另一组。每组配备 2 名考官。讨论时间安排为 30～60 分钟。	情境模拟测试对测试人员要求较高，实际操作中易出现晕轮效应

接下来公司对测评结果进行了一系列分析处理，并对测评对象做出最终的总体性评价。

课后测试题

一、单项选择题

1. 主考官往往因应聘人某一方面十分好或十分坏的表现而产生对应聘人的整体判断，结果导致录用误差，这种误差称为（　　）。

　　A．首因效应　　　　　　B．近因效应　　　　　　C．定势效应　　　　　　D．晕轮效应

2. 在测评时，测评者因某种主观臆断的逻辑定势而产生的测评误差称为（　　）。

　　A．光环效应误差　　　　B．定势效应误差　　　　C．期望效应误差　　　D．近因效应误差

3. 以（　　）为目的的测评可以帮助组织实现"人职相配，人事相宜，人尽其才，才尽其用"。

　　A．选拔　　　　　　　　B．配置　　　　　　　　C．开发　　　　　　　　D．考核

4. 由测评方法和工具本身引起的误差属于（　　）。

　　A．测评本身引起的误差　　　　　　B．施测过程中引起的误差

　　C．被测评者引起的误差　　　　　　D．评价人员引起的误差

5. 评价人员受晕轮效应、近因效应等心理干扰的影响引起的误差属于（　　）。

　　A．被测评者引起的误差　　　　　　B．评价人员引起的误差

　　C．测评本身引起的误差　　　　　　D．施测过程中引起的误差

6. 通常人们不会用下列哪种测评方法考核"协调能力"这一素质？（　　）

　　A．结构化面试　　　　　　　　　　B．角色扮演

　　C．无领导小组讨论　　　　　　　　D．公文筐测验

7. （　　）为人员测评方案的设计指明了方向，为测评目标及测评效果进行评估监控提供了依据。

　　A．测评要素　　　　B．测评方法　　　　C．测评目的　　　　D．测评人员

8．以考核为目的的人员测评，下列测评技术最合适的是（　　）。

A．结构化面试　　　　B．管理游戏　　　　C．能力测验　　　　D．心理测验

9．下列哪项不属于测评方法评价指标？（　　）

A．信度　　　　　　　B．效度　　　　　　C．公平度　　　　　D．成本

10．对正误或是否题不肯定时，倾向于选择"正确"或"是"的答案。这句话描述的是被测评者的哪种反应定势？（　　）

A．投机定势　　　　　　　　　　　B．认可定势

C．位置参照定势　　　　　　　　　D．速度与准确性定势

二、简答题

1．人员测评实施中应注意哪些基础环节？

2．请简述人员测评实施的一般流程。

3．测评本身引起的误差有哪些？应如何防范？

4．一项完整的人员测评方案应包含哪些内容？

三、案例分析题

在某项心理测量中的指导语是："本量表包括一些与个人工作、学习情形相关的问题，每位员工对这些问题的观点会有所不同，每个人的回答自然也会有区别。所以对以下的问题的回答不存在对与不对，只能表明你对这些问题的态度，所以请各位在回答问题时不要有所顾忌，尽量表达自己的意见即可。"

然而，测评人员在施测前并没有将指导语仔细地读给被测评者，测评人员在施测前对被测评者说的话全是即兴发挥，其表述为："此次测评的结果将会纳入绩效考核成绩中，如果个人没有好好做测评题的话，有可能对自己的职位升迁和薪酬水平造成影响，所以，请各位自己回答问题。"

案例讨论

本案例中由指导语引起的误差是属于哪一方面/阶段的误差？在该方面/阶段引起的误差有哪些防范措施？

四、技能操作题

假设你是本章导入案例中的小刘，请你为这家外企公司设计本次招聘的测评程序。

第 10 章　人员测评质量分析

学习目标

📖　一般掌握
  - 测评信度和效度的含义。
  - 信度和效度的影响因素。

📖　重点掌握
  - 信度的分类及估计方法。
  - 效度的分类及估计方法。
  - 人员测评的项目分析。

学习导航

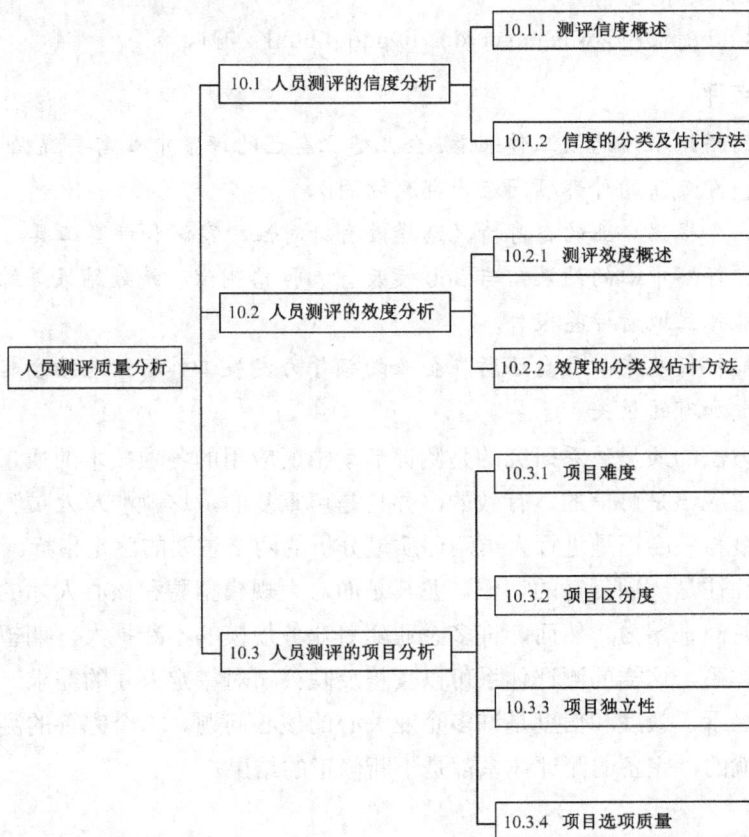

田 导入案例

　　为了能将测评技术更广泛地应用在领导力发展等项目中，腾讯最终决定内化评鉴中心。主要做法包括：针对腾讯的领导力素质模型设计专门的情境案例，开发针对性的测评工具和方法，培养自己的专业测评师队伍。目前腾讯内部项目测评主要有线上测评和线下测评两个方面。线上测评重点关注被测试者的领导力风格，线下测评主要基于对工作场景的情境模拟，通过受测员工在模拟场景中的行为表现来评估其能力现状。相比线上测评，线下测试是最核心且最为困难的。那么，为了提高人才选拔的准确率，腾讯是如何做的呢？

　　腾讯为了保证人员测评的质量做了以下工作。

　　1. 设计模拟场景，确保测评效度。腾讯学院采用虚拟公司的经营状况，将所有的情境模拟信息都在虚拟场景中体现出来。

　　2. 选好测评工具，提高测评信度。腾讯对领导力素质能力模型的测评纬度包括大局观、前瞻变革等六项，根据不同能力测试的要求，选取公文筐、团队会议、下属会议三种测评工具。不同测评工具所测能力的重点不同，在主测一种能力的同时，也辅助测试其他能力点。例如，公文筐主要测试被测者的专业决策能力，但也兼顾测试被测者的用户体验和前瞻变革等能力点。

　　资料来源：https://www.ishuo.cn/doc/iiygqqqf.html，有改动。

田 案例点评

　　通过上述的腾讯人才选拔工作来看，企业建立自己的评鉴中心需要遵循三项关键原则。

　　（1）专业，即专业的外部顾问及内部测评团队。

　　（2）合适，要根据企业的自身情况选择最有针对性的案例和评鉴工具。

　　（3）结合，评鉴中心的结果需与360度反馈、性格测试、绩效结果等综合起来一起评估被测者，不能孤立地看评鉴报告。

　　这样，才能把评鉴中心和自己所在企业的领导力发展工作有效地结合起来，让企业的核心人才发展更加有的放矢。

　　人员测评方法的质量体系研究的是测评活动中所应用的各项技术的质量问题。一个好的人员测评方法应该是可信的、有效的，并且是可重复的，这就涉及人员测评中的一系列技术指标，信度与效度正是进行人员测评质量分析的两个重要的鉴定指标。

　　人员测评往往是一项复杂的工作，尤其是面对大规模招聘和核心人才的选拔，企业需要投入大量的时间、精力。然而，许多企业随着业务规模的不断扩大，期望构建自己完整的测评与选拔体系，这样的测评体系可以真正反映公司对特定人才的需求，以便做出正确的决策。调查显示，效度和信度是许多企业关心的核心问题。一个完善的测评与选拔体系并不是一蹴而就的，完备的测评体系都是不断修正的结果。

⊃ 10.1　人员测评的信度分析

　　人员测评的主要工作是通过各种测评方法对被试者加以了解，从而为企业组织的人力资源管理决策提供参考和依据，经过长期的发展和适应不同情况的需要，目前已经形成了多种人才测评方法。人员测评作为一项重要的人事技术，已经为越来越多的企业人力资源部门所接受，如何保证人员测评中的信度和效度，也越来越受到关注。人员测评的信度与效度既是一个理论问题，又是一个技术应用科学性的指标问题。它是人员测评技术与应用的结合，而且能对实际考试测评的质量提供保证。

→ 10.1.1　测评信度概述

1．测评信度的含义

　　测评信度是指测试结果的一致性，这个一致性由三方面构成：跨时间的一致性、跨题目的一致性和跨人员的一致性。测评信度表明一个好的测试工具，只要遵守操作规则，其测试结果就不应随使用者或使用时间等方面的变化而产生较大波动。一般而言，信度就是排除了偶然性、随意性和不确定性的测试过程而使测试结果表现出的可靠性、一致性、稳定性和可重复性，它是决定测评结果是否可信的依据。

2．信度的影响因素

　　测评信度的影响因素主要来自测评内容、施测对象和施测过程三个方面，如图 10-1 所示。

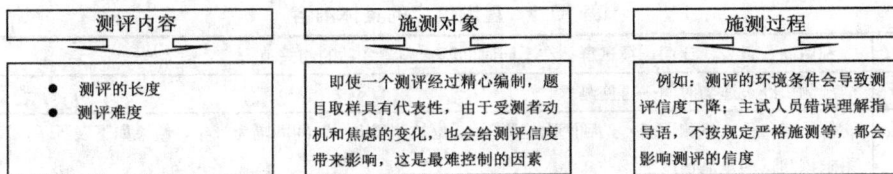

测评内容	施测对象	施测过程
● 测评的长度 ● 测评难度	即使一个测评经过精心编制，题目取样具有代表性，由于受测者动机和焦虑的变化，也会给测评信度带来影响，这是最难控制的因素	例如：测评的环境条件会导致测评信度下降；主试人员错误理解指导语，不按规定严格施测等，都会影响测评的信度

图 10-1　测评信度的影响因素

　　（1）测评内容。

　　①测评的长度。由于测评所测量的是一个样本，因此取样的适当性必然影响测评的信度。如果测试题数量太少，不能代表整个测评内容的全域，这样的测试必然带有偶然性，其信度不可能很高。要提高信度，一般来说，增加长度是一个有效的方法，但是测评长度须有一定限制，并非越长越好。

　　②测评难度。测评的难度和信度没有直接的关系。然而，如果测评对某团体来说过难或太易，则分数范围将缩小，信度也将降低。这表明，要使信度达到最高，能产生最广分数分布的难度水平方为合格。

　　（2）施测对象。施测对象由于应试动机不同，会影响其注意力、持久性和情绪状态，表现为不同的焦虑水平，从而影响其测评成绩，使信度受到影响。一般说来，恰当的动机、适度的焦虑会使人的兴奋度提高，注意力增强，反应速度提高，从而对测试成绩产生积极影响；动机过强、焦虑过高都会使工作能力降低，注意力分散，思维变得狭窄而刻板，从而对测评成绩产生消极的影响；动机过弱、焦虑太低，会导致施测对象对测评抱无所谓的态度，降低反应行为的效率。可见，适当的动机和焦虑水平是保证测评信度的必要条件，过强或过弱的动机和焦虑水平都不利于测评信度的提高。

（3）施测过程。测评的环境条件如通风、室温、采光等会影响测试的稳定性。室内燥热、考场周围嘈杂、座位拥挤、考试秩序混乱等都会导致测评信度下降。主试人员错误理解指导语，不按规定严格施测，或者故意制造紧张气氛等也会影响测评的信度。

➔ 10.1.2 信度的分类及估计方法

人员测评测试信度的类型均以信度估计方法和基本算式为主要内容，主要包括重测信度、复本信度、分半信度和评分者信度等。

1. 重测信度

（1）重测信度的含义。重测信度是对同一被测试者用同一测验进行前后两次测试，以所得两分数的相关系数作为信度指标的信度，通过计算两次相同测验分数的相关系数，验证测试对象的一致程度。重测要根据测评的性质和目的来确定时间间隔。如果要确保测评成绩能够预测较长时间的变化，那么间隔就长些；如果只想预测当年的变化情况，那间隔就短些。不过要注意：如果时间过短，被测者记忆犹新，则所测不能获得真相关，而只有假性高相关；如果间隔过长，则会因为被测者身心特质改变而使相关系数降低。重测信度的具体内容如表 10-1 所示。

表 10-1 重测信度的具体内容

概念	利用同一量表，让同一被试群体在不同时间两次施测之后的相关值
形式	施测—经过适当时间—再施测
举例	假设有一份人格测评表，先后两次施测于 10 位被测试者，时间间隔为半年，结果如下表所示，根据测评结果求该测试的重测信度
使用的前提条件	（1）所测量的心理特质必须是稳定的 （2）遗忘和练习的效果基本上互相抵消 （3）在两次施测的间隔期内，被测试者在所要测查的心理特质方面没有更多的学习和训练
优缺点	优点：能够提供有关测评结果是否随时间而变异的资料，可作为预测受测者将来行为表现的依据 缺点：易受练习和记忆的影响，前后两次施测间隔的长短必须适度
注意事项	（1）有些测评不宜采用重测法估计信度，如测量推理和创造力的测评。那些不易受重复使用影响的测评才能用重测法估计信度，如感觉运动测评、人格测评 （2）两次测评间隔的时间要适当，并注意提高被测试者的积极性 （3）测评手册中报告重测信度时应说明两次施测的间隔，以及在此期间内被测试者的有关经历 （4）时间间隔的把握：适宜时间间隔依照测评目的、性质及被试特点而定，可以是几分钟甚至几年。例如，对年幼儿童的间隔要小，对年长群体的间隔可大。

（2）重测信度估计方法。重测信度也叫稳定性系数。它主要采用重测法确定，也就是在不同时间对同一群体实施两次同一测评，此两次测评分数的相关系数，就是稳定性系数。实践中多采用积差相关系数。重测信度所考虑的误差来源是时间的不同所带来的随机影响，

也包括气候、偶然的噪声或其他干扰。从重测相关系数的高低可知测评结果在一段时间之后的稳定程度。重测信度再测法的模式是：施测—适当时距—再施测。其计算公式（皮尔逊积差相关公式的变式）为：

$$r_{xx} = \frac{\sum X_1 X_2 / N - \overline{X_1 X_2}}{S_1 S_2} \tag{10-1}$$

式中，X_1、X_2 为同一被测试者的两次测验分数，$\overline{X_1}$、$\overline{X_2}$ 为全体被测试者两次测验的平均数，S_1、S_2 为两次测验的标准差，N 为被测试者人数。

例 10-1　假设有一份人格测评调查表，先后两次施测于 10 位被测试者，时间间隔为半年，结果如表 10-2 所示，求该测验的重测信度（为了便于理解和计算，本章估计信度的例子都是小样组，实际应用时应采用大样组）。

表 10-2　某人格测评调查表的两次测试结果

测　验	被测试者									
	1	2	3	4	5	6	7	8	9	10
X_1	16	15	13	13	11	10	10	9	8	7
X_2	16	16	14	12	11	9	11	8	6	7

解：用计算器计算得出：

$$S_1 = 2.82, \quad S_2 = 3.38, \quad \overline{X_1} = 11.20, \quad \overline{X_2} = 11.00, \quad \sum X_1 X_2 = 1324$$

把以上数据代入式 10-1，可得：

$$r_{xx} = \frac{1324/10 - 11.20 \times 11.00}{2.82 \times 3.38} = 0.97$$

例 10-2　一次品德测评后，随机抽取了其中 10 名被测人员，分数分别是 74，71，80，85，76，77，77，68，74，74；再次测评后，10 名被测人员分数依次是 82，75，81，89，82，89，88，84，80，87。对这次品德测评结果的可靠性进行分析，代入式 10-1 得 $r=0.48$，则推断出该品德测评信度不高。

2．复本信度

（1）复本信度的含义。任何测验都只是所有可能题目中的一份取样，所以可编制许多平行的等值测验，叫作复本。复本等值要符合下列条件。

①各份测验测量的是同一种心理特性。

②各份测验具有相同的内容和形式。

③各份测验的题目不应重复。

④各份测验题目数量相等，难度和区分度大体相同。

⑤各份测验的分数分布（平均数和标准差）大致相等。

⑥复本编好后，应再测一次，以确保各份测验的等值。

复本信度是对同一被测试者用两个复本测验进行前后或连续的施测。复本信度的具体内容如表 10-3 所示。

表 10-3　复本信度的具体内容

概念	两个复本施测同一被试群体，求其相关系数
形式	复本 A—适当时间—复本 B
举例	学校期末考试，以 A/B 卷的形式进行考核
使用的前提条件	造出两份或两份以上真正平行的测验，被测试者要有条件接受两个测验
优缺点	优点：可以在一定程度上避免重测法的缺点 缺点：①只能减少而不能排除练习和记忆的影响 ②第二个测验只改变了测验的具体内容，已经掌握的解题原则容易迁移到同类问题中 ③对许多测验来说，建立复本十分困难

（2）复本信度估计方法。复本信度又称等值性系数。它是以两个等值但题目不同的测验（复本）来测量同一群体，然后求得被测试者在两个测验上得分的相关系数。复本信度也要考虑两个复本实施的时间间隔。如果两个复本几乎是在同一时间内施测的，相关系数反映的才是不同复本的关系，而不掺有时间的影响。如果两个复本的施测相隔一段时间，则称稳定与等值系数。计算方法与重测信度再测法是一样的。

复本信度的模式是：复本 A—最短时距—复本 B。

例 10-3　假设用 A、B 两型创造力复本测验对 10 位被试者施测。结果如表 10-4 所示。

表 10-4　某创造力复本测验测试结果

测　验	被试者									
	1	2	3	4	5	6	7	8	9	10
X_1	20	19	19	18	17	16	14	13	12	10
X_2	20	20	18	16	15	17	12	11	13	9

解：先用计算器计算得出以下值：

$\overline{X_1}=15.8$，　$\overline{X_2}=15.1$，　$S_1=3.22$，　$S_2=3.22$，　$\sum X_1 X_2 = 2494$

代入式 10-1，得：

$$r_{xx}=\frac{2494/10-15.8\times15.1}{3.22\times3.59}=0.94$$

3. 分半信度

（1）分半信度的含义。分半信度就是将测验题目分成等值的两半，分半求出量表题目的总分，再计算两部分总分的相关系数。分半法实际上是一种特殊的复本法，可以把对等的两半测验看成在最短的时间内施测的两个平行的测验。

在测验没有复本且只能实施一次的情况下，可将测验项目分成对等的两半，根据被测试者在这两半测验中所得的分数计算相关系数，即得分半信度。计算分半信度要先对测验分半。不同的分半法可能会得到不同的信度值。有时为了使两半基本等值，可将项目按由易到难的顺序排列编号，然后按奇数和偶数序号将项目分半。要注意使那些性质相同、联系紧密的项目分在相同的一半，否则会使信度值偏高。

（2）分半信度估计方法。分半信度的估计方法很多，常见的方法是把一个量表按题目编号分为两半，一半是奇数题，另一半是偶数题。求出每个人的奇数题的总得分和偶数题的总得分，然后求出奇数题总得分和偶数题总得分的相关系数，最后对相关系数进行校正。为什么要进行校正呢？因为分半以后，我们实际上计算的是测验的一般题目的信度，而非整个测验的信度，也就是说，我们把一个完整的测验分成了两个等值的复本，所计算的只是其中一个复本的信度，这就会造成对整个测验信度的低估，因为信度会随着测验长度的增加而提高。所以，要对求出的相关系数进行校正。校正公式有斯皮尔曼-布朗公式、弗朗那根公式和卢伦公式，如表 10-5 所示。

表 10-5　分半信度的校正公式

校正公式名称	公　式	解　释	应　用
斯皮尔曼-布朗公式	$r_{xx} = \dfrac{2r_{hh}}{1+r_{hh}}$　（式 10-2）	式中，r_{hh} 是两半测验分数的相关系数，r_{xx} 为整个测验的信度估计值	采用斯皮尔曼-布朗公式进行校正时，假定两半测验等值，即两半测验具有相同的平均数和标准差
弗朗那根公式	$r = 2\left(1 - \dfrac{S^2_a + S^2_b}{S^2_x}\right)$　（式 10-3）	式中，S^2_a、S^2_b 分别为两半测验分数的变异数，S^2_x 为测验总分的变异数，r 为信度值	假定两半测验等值，即两半测验具有相同的平均数和标准差。当假定不能满足时，可以采用本公式
卢伦公式	$r = 1 - \dfrac{S^2_d}{S^2_x}$　（式 10-4）	式中，S^2_d 为两半测验分数之差的变异数，S^2_x 为测验总分的变异数。r 为信度值	假定两半测验等值，即两半测验具有相同的平均数和标准差。当假定不能满足时，可以采用本公式

例 10-4　有一个由 100 道题构成的心理测评量表施测于 10 名即将毕业的学生。测验一次后，被测试者即毕业离校。现在怎样评价测验结果的信度？

解：因不能再次测验，只能求分半信度。计算出每个被测试者的奇数题总分 X_1 和偶数题总分 X_2，如表 10-6 所示。

表 10-6　被测试者的测验测试结果

得　分	被　试　者									
	1	2	3	4	5	6	7	8	9	10
X_1	38	37	38	41	40	36	38	39	40	35
X_2	37	37	36	39	39	34	38	39	39	36

用计算器求得（也可以用计算机做）：

$$\overline{X_1} = 38.2, \quad \overline{X_2} = 37.4, \quad S_1 = 1.78, \quad S_2 = 1.62, \quad S_x = 3.26, \quad S_d = 0.98$$

（1）斯皮尔曼-布朗公式（平均数和标准差差异显著性检验略）：

$$\sum X_1 X_2 = 14311$$

$$r_{hh} = \frac{14311/10 - 38.2 \times 37.4}{1.78 \times 1.62} = 0.84 \text{（} r_{hh} \text{ 可以通过计算机计算得到）}$$

$$r_{xx} = \frac{2 \times 0.84}{1 + 0.84} = 0.91$$

（2）弗朗那根公式：

$$r = 2\left(1 - \frac{S_a^2 + S_b^2}{S_x^2}\right)$$

$$= 2\left(1 - \frac{1.78^2 + 1.62^2}{3.26^2}\right) = 0.91$$

（3）卢伦公式：

$$r = 1 - \frac{S_d^2}{S_x^2}$$

$$= 1 - \frac{0.98^2}{3.26^2} = 0.91$$

4．评分者信度

（1）评分者信度的含义。评分者信度是指不同评分者对同一被测对象进行评定时的一致性。随机抽取部分试卷，由两个或多个评分者独立按评分标准打分，然后求其之间的相关系数，所得的数值即为评分者信度。

客观性测验不存在评分者之间不一致的情况，因此无须计算评分者信度，但在涉及主观性测验的题目中，评分者的不同会造成测验分数的差异，从而导致测验误差。此时，要计算评分者信度，如心理测量中的投射测验、教育测验中的作文考题、职业选拔中的面试等。例如，某公司对应聘销售岗位的人员进行面试，请 5 位面试人员为最终进入录入阶段的 6 名应试者评定等级，结果如表 10-7 所示，请计算其评分者信度。

表 10-7　面试评定等级结果

应试者 面试人员	A1	A2	A3	A4	A5	A6
A	3	4	4	3	3	5
B	4	3	4	3	4	3
C	2	3	3	2	5	3
D	4	4	5	3	4	4
E	3	2	4	3	3	3

（2）评分者信度估计方法。评分者信度最简单的估计方法就是随机抽取若干份答卷，由两个独立的评分者打分，再求每份答卷两个评判分数的相关系数。这种相关系数的计算可以采用积差相关方法，也可以采用斯皮尔曼等级相关方法。如果评分者人数在两人以上，而且采用等级记分，就需要用肯德尔和谐系数来求评分者信度。

①评分者为两个人时。若是连续变量的评分，且分布是正态，则计算皮尔逊积差相关系数（可用计算机直接计算），若是等级评定或虽是等距或等比的数据但分布非正态，则计算斯皮尔曼等级相关。

斯皮尔曼等级相关公式为：

$$r_R = 1 - \frac{6\sum D^2}{N(N^2 - 1)} \qquad (10\text{-}5)$$

式中，D 为各对偶等级之差，$\sum D^2$ 是各 D 平方之和，N 为等级数目。

当有相同的等级出现时，计算斯皮尔曼等级相关的公式为：

$$r_{RC} = \frac{\sum x^2 + \sum y^2 - \sum D^2}{2 \cdot \sqrt{\sum x^2 \cdot \sum y^2}}, \qquad (10\text{-}6)$$

$$\sum x^2 = \frac{N^3 - N}{12} - \sum C_x$$

$$\sum C_x = \sum \frac{n(n^2 - 1)}{12}$$

$$\sum y^2 = \frac{N^3 - N}{12} - \sum C_y$$

$$\sum C_y = \sum \frac{n(n^2 - 1)}{12}$$

式中，N 为成对数据数目，n 为相等等级数目。

例 10-5　甲、乙两位教师评阅 10 份笔试试卷，他们对每份试卷各自所评的分数如表 10-8 所示，问这两位教师评分的一致性如何。

表 10-8　试卷评阅结果

试　卷	得　分		名　次		等级之差	D^2
	甲评分	乙评分	甲评分	乙评分	（D）	
A	94	93	1	1	0	0
B	90	92	2	2.5	−0.5	0.25
C	86	92	3.5	2.5	1	1
D	86	70	3.5	7	−3.5	12.25
E	72	82	5	4	1	1
F	70	76	6	5.5	0.5	0.25
G	68	65	7	9	−2	4
H	66	76	8	5.5	2.5	6.25
I	64	68	9	8	1	1
J	61	60	10	10	0	0

解： $\sum C_x = \frac{2(2^2 - 1)}{12} = 0.5$，$\sum x^2 = \frac{10^3 - 10}{12} - 0.5 = 82$

$$\sum C_y = \frac{2(2^2 - 1)}{12} + \frac{2(2^2 - 1)}{12} = 1, \quad \sum y^2 = \frac{10^3 - 10}{12} - 1 = 81.5$$

$$\sum D^2 = 26$$

$$r_{RC} = \frac{82 + 81.5 - 26}{2 \times \sqrt{82 \times 81.5}} = 0.84$$

评分信度系数为 0.84，甲、乙两位老师的评分一致性尚可。如果是两个评分者，一般认为经过训练的成对评分者之间的一致性达 0.90 以上，评分才是客观的。

②评分者为多个时。评分者为多个时可采用肯德尔和谐系数来估计信度系数。

$$W = \frac{\sum R_i^2 - \dfrac{\left(\sum R_i\right)^2}{N}}{\dfrac{1}{12}K^2\left(N^3 - N\right)} \qquad (10\text{-}7)$$

式中，W 为和谐系数，K 为评分者人数，N 为被评对象人数，R_i 为每一对象被评的等级之和。出现相同等级时采用下面的公式：

$$W = \frac{\sum R_i^2 - \dfrac{\left(\sum R_i\right)^2}{N}}{\dfrac{1}{12}K^2\left(N^3 - N\right) - K\sum T}, \quad \sum T = \sum \frac{n^3 - n}{12} \qquad (10\text{-}8)$$

式中，W 为和谐系数，K 为评分者人数，N 为被评对象人数，R_i 为每一对象被评的等级之和，n 为相同等级数目。

例 10-6 六位面试官各自评阅相同的五篇情境模拟测试题，每位面试官给每份情境模拟测试题都评了等级（共五等），如表 10-9 所示。求六位面试官所评等级的一致性程度。

表 10-9 评阅评定等级结果

面试评分者	试卷编号（$N=5$）				
（$K=6$）	1	2	3	4	5
A	3	5	2	4	1
B	3	5	2	4	1
C	3	4	1	5	2
D	3	5	1	4	2
E	3	5	2	4	1
F	3	5	2	4	1
R_i	18	29	10	25	8

解： $K=6$，$N=5$，$\sum R_i = 90$，$\sum R_i^2 = 1954$

$$W = \frac{\sum R_i^2 - \dfrac{\left(\sum R_i\right)^2}{N}}{\dfrac{1}{12}K^2\left(N^3 - N\right)} = \frac{1954 - \dfrac{90^2}{5}}{\dfrac{1}{12} \times 6^2\left(5^3 - 5\right)} = 0.93$$

通过结果得出六位面试人员所评等级一致性程度很高。

③肯德尔和谐系数 W 的检验。当 $3 \leqslant N \leqslant 7$ 时，查心理与教育统计学的附表 10，肯德尔 W 系数显著性临界值表，用 $S = \sum R_i^2 - \dfrac{\left(\sum R_i\right)^2}{N}$ 值查表。

当 $N>7$，将所得 W 值代入下式：

$$\chi^2 = K\left(N-1\right)W \qquad (10\text{-}9)$$

$df = N - 1$，查卡方分布表。

以上介绍的各种估计信度的方法都是对测验的一致性进行估计，但由于误差来源不同，它们研究的侧重点各不相同，说明的是信度的不同方面。

- 重测信度：估计信度中跨时间的一致性。
- 复本信度：估计测验跨形式的一致性。
- 评分者信度：估计测验跨评分者的一致性。

各种方法具有不同的意义，每种信度系数都不能代替其他的信度系数，所以编制或使用测验时，应该尽可能收集各种信度证据。

⊃ 10.2　人员测评的效度分析

↗ 10.2.1　测评效度概述

1. 效度的含义

效度是指所测量到的结果反映所想考察内容的程度。测量结果和要考察的内容越吻合，则效度越高；反之，则效度越低。但信度高的测量工具未必具有高的效度。人员测评的测量效度是指一个测验或量表实际能测出所要测的心理特质的程度。

总之，人员测评的效度就是回答"测验测量什么"和"测验对测量目标的测量精确性和真实性有多大"等问题的概念和技术指标。但应指出，人员测评效度不是直接测量而来的，而是从已有的证据推理中算得的。

2. 效度和信度的关系

人员测评的信度与效度之间既有明显的区别，又存在某种相互联系、相互制约的关系。信度主要回答测量结果的一致性、稳定性和可靠性问题；效度主要回答测量结果的有效性和正确性问题。

信度为效度的必要而非充分条件。效度要求以信度为基础，有效的测量必须是可信的测量，不可信的测量必定是无效的。例如，我们用同一份问卷测量一个小团体的凝聚力程度，如果连接测量几次的结果都不同，测量无法保持大致的一致，那么用这份问卷测量的结果就是不可信任的。因为没有信度，也就谈不上测量结果是否有效的问题。只有当测量的结果基本保持一致，即具有一定的信度时，才谈得上进一步考察其效度的问题。但是，信度高只是测量所要达到的必要条件，还不是其充分条件。一个信度高的调查并不等于效度也高。信度只解释资料的真实可靠性，并不能解释这项资料与研究对象是否相关及相关的程度多大。例如，我们用一份问卷测量一个小团体的凝聚力程度，如果前后测量几次的结果相同，就说明它的信度高。但是，如果这份问卷中设计的问题都是与测量该小团体凝聚力程度不相干的问题，那么，即使测量的信度再高，其测量结果也不会有用。

↗ 10.2.2　效度的分类及估计方法

人才测评工具效度的类型多种多样，但在测量实践中最流行的类型有内容效度、构想效度和效标效度三大类。

1. 内容效度

（1）内容效度的含义。内容效度是指测验内容与预定要测的内容之间的一致性程度，也可以说是测验题目所涉及的内容对所要测验的全部内容的取样代表性程度。取样代表性是指测验题目能最大限度地代表欲测的内容范围。例如，学生毕业时要掌握 3000 个单词，教师开始编制 50 个字词测验，这 50 个字词能代表 3000 个单词的拼写能力，这个测验就具有较高效度。因此，一个测验要具有较高的内容效度，必须具备两个条件：是测验内容范围明确，即必须明确界定所要测验的内容范围；取样具有代表性，即测验题目对所有测验内容的覆盖面要大。

内容效度主要应用在成就测验上，测量被测试者掌握某种技能或学习某门课程所达到的程度。不适用于能力倾向测验和人格测验。

（2）内容效度估计方法。

①逻辑分析法。用逻辑分析法估计内容效度，主要是指依据教材内容、课程标准的范围及教学目标分析测验内容，检查测验内容究竟在体现教材内容和教学目标方面达到多大的程度。用逻辑分析法估计内容效度实际上是在进行定性分析，专家根据自己的知识经验对量表的有效性（逻辑性）做出判断，也称逻辑效度。为使内容效度的判断过程更客观，一般采用下列步骤：界定测验内容的总体范围；编制双向细目表；编制评定量表，从测验内容所测的技能、题目对所定义的范围的覆盖率、各种题目数量和分数的比例及题目形式的适当性等方面，对测验做出总的评价，如表 10-10 所示。该表是针对统计学的课程标准所编制的测验项目分配表。

表 10-10 统计学测验项目分配表

测验内容	测验目标				总计（%）
	知识	理解	应用	分析	
1. 统计方法的特点	5	3		2	10
2. 数据的整理	3	2	4	1	10
3. 集中度与离散度	2	2	4	2	10
4. 相关与回归	2	2	4	2	10
5. 概率与样本抽出	3	5	1	1	10
6. 概率分布	3	6		1	10
7. 估计		2	4	4	10
8. 假设检验		2	4	4	10
9. 方差分析	4	3	1	2	10
10. 非参数法	3	3	3	1	10
项目数总计	25	30	25	30	100

这种方法的缺点主要表现在：没有数量指标来描述教材内容、教学目标与测验试题的一致性程度；内容效度一般采用专家主观性评判，因而很难做到客观、准确，不同判断者的判断标准不同，可能导致批评结果的不一致。因此，在各位专家分析评判后，可由式 10-10 计算内容效度比来鉴定内容效度。

$$C = \frac{n_e - \dfrac{N}{2}}{\dfrac{N}{2}} \tag{10-10}$$

式中，n_e 为持肯定评判意见的人数，N 为评判总人数。C 值取 -1~1。当 C 为 -1 时，表示所有的专家都认为测评项目内容不当，此时内容效度最低；当 C 为 1 时，表示所有的专家都认为测评项目内容较好地表现了测量内容范畴，此时内容效度最高；C 的取值越高，说明内容效度越高。

②统计分析法。统计分析法主要是采取定量分析手段来描述测验的内容效度，其方法主要有以下几种。

• 克隆巴赫法。克隆巴赫曾提出估计内容效度可以从属于同一教学内容范围的总体中抽取两套独立的测验试题，用这两套测验试题对相同的被测试者分别进行测验，测验之后求得两次得分的相关系数，如果相关系数大，就可推论内容效度高；如果相关系数小，则说明这两套试题中至少有一套测验的内容效度比较低。

• 评分一致性考查法。要确定内容效度，也可以计算不同评分者之间评分的一致性程度，即考查评分者的信度。虽然它代表的是测验信度，但由于来自两个独立的评判者，因此符合程度越高，测验的内容效度也越高。

• 前后测比较法。这种方法是指先对一组被测试者进行前期测验，这组测试者对测验的内容知之甚少，然后对这组测试者进行有关内容的教学与训练，经过一段时间后，再对这组测试者进行后期测验，这样可以看出测验是否测出了课堂上进行的教学与训练的效果。

2．构想效度

（1）构想效度的含义。构想效度的概念是由美国心理学会等组织于 1954 年提出来的，也有人将其翻译成构思效度或结构效度。它主要涉及的是心理学的理论概念问题，是指测验能够测出理论上的构想或特质的程度，即测验的结果是否能证实或解释某一理论的假设、术语或构想，解释的程度如何。

研究和考察构想效度的宗旨是要回答下面的问题：一个测验测量什么心理构想？对这一构想测得有多好？测验分数中有多少比例的变异数是来自测验所欲测之构想？

欲建立构想效度，必须先从某一构想的理论出发，提出关于某一心理特质的假设，然后设计和编制测验并进行施测，最后对测验的结果采用相关或因素分析等方法进行分析，验证与理论假设的符合程度。

假设我们要检验一个适应行为测验的构想效度，首先要根据已有理论中受到广泛认可的"适应行为"定义提出一些假设。例如，随着年龄增长，适应行为得分应逐步提高；弱智儿童和正常儿童相比，前者的适应行为显著弱于后者；儿童的适应行为表现与其所处的社会经济、文化背景有关。

提出假设之后，就可以用实证的方法收集资料，对假设逐一加以验证。如果用来编制测验和提出假设的理论是正确的，那么，当这些假设都得到验证，就可以说这个测验具有高的构想效度；如果其中有些假设没有完全得到验证，则说明这个测验的结构效度不高。

（2）构想效度估计方法。构想效度估计方法主要有三大类：测验内方法、测验间方法和效标关联法。

①测验内方法。这类方法主要是通过研究测验内部构造（如测验的内容、对题目做出反应的过程、题目间或分测验间的关系）来分析测验的构想效度，测验内方法如表 10-11 所示。

表 10-11　构想效度测验内方法

测验内方法	解 释 说 明	举 例
测验的内容效度	内容效度可以作为检验结构效度的一个方面。如果通过分析证明一个测验具有较高的内容效度，也就是说，这个测验较好地测量了要测量的内容总体，较好地测量了要测量的心理特质，可作为构想效度的证据	如一名网站编辑人员写作方面的测验，通过内容效度分析，表明很好地测量了网站编辑人员的写作能力。我们知道，写作能力还受到网站编辑人员知识面的影响，如果编制得不好，除了测量到写作能力外，在较大程度上还反映了网站编辑人员的知识面，如果经过分析已经表明测验具有较高的内容效度，那么基本上可以排除测量网站编辑人员知识面这一可能性
分析被测试者解答测题时的反应过程	在施行个别测验时，要求被测试者边想边说，从而可以分析被测试者解题时的心理过程，以核实测验是否真正地测到了所要测量的心理构想	如人格测验中有这样一个题目："我喜欢在别人面前说另一个人的缺点。"一个被测试者回答"否"，问他是怎么考虑的，他说："一个人如果喜欢在别人面前说另一个人的缺点，那他就是个小人。"显然，从被测试者的回答中可以看出，这一测题还反映了被测试者的道德观念，受道德因素的制约，如果用这样的题目来测量人格，构想效度是不会高的
考察测验的同质性	这种方法是以测验的内在一致性系数（如 K-R20，K-R21 及 α 系数等）为指标，判断测验测的是单一特质还是多种特质，从而确定测验构想效度的高低。测验的一致性可以为构想效度提供证据	

②测验间方法。这一方法的特点是同时考虑几个测验间的相互关联，考察这些测验是否在测量同一心理结构，通过这种方式来确定测验的构想效度。测验间方法如表 10-12 所示。

表 10-12　构想效度测验间方法

测验间方法	解 释 说 明	举 例
相容效度	计算被测试者在新测验上的分数与原有的已知效度较高的同类测验上的分数之间的相关程度。假如相关系数高，说明这两个测验测量的是相同的特质。由于相关系数的平方代表两组测验分数所共有的变异数的比例，所以称此方法所确定的效度为相容效度	如斯坦福-比奈量表和韦氏量表是公认的效度较高的智力量表，后人编制的智力测验常计算与这些量表的测验分数的相关系数，以提供相容效度的证据。这里要指出一点，新编量表既然与原有的效度较高的量表测量的是同一种心理特质，那为什么还要花较大的人力、物力去编制量表呢？主要是考虑省时、使用方便等特点。如韦氏量表是个别智力测验，费时，效率低，因此要考虑编制一个团体智力测验，省时，方便，效率高，可以在较短时间内收集较多的材料
区分效度	一个有效的测验不仅应与其他测量同一构想的测验有关，而且必须与测量不同构想的测验无关。用此种方法确定的效度称为区分效度。当然一个新测验与不同测验的低相关可以证明新测验相对独立于某些无关因素，但并不保证它一定有效，高相关则表明这个测验的效度是可疑的	如一个新编制的智力测验与一个测量被试者人格的测验存在高相关，那这个测验的效度肯定存在问题
因素效度	通过对一组测验进行因素分析，找到影响测验分数的共同因素，每个测验在共同因素上的负荷量，即每个测验与共同因素的相关，称作测验的因素效度	

③效标关联法。测验分数与效标行为的一致性有助于证明测验确实测量了某种构想。

我们根据效标选取不同的被测试者，组成对照组，然后比较两组被测试者的测验成绩，看测验分数能否将他们区分开来。例如，找两组被测试者，一组是神经症被测试者，一组是正常人，对他们施行情绪顺应测验，发现这两组被测试者的得分存在显著差异，说明测验测量的是所想测量的构想。

测验对效标的预测能力，也可以提供构想效度的证据。例如，手指灵巧度测验能够预测需要精细动作的职业（如修理手表）的成功，证明这个测验具有较好的构想效度。

④实验操作法。通过控制某些实验条件，观察其对测验分数的影响，也可以获得构想效度的证据。例如，举行两场考试，使被测试者相信一场考试关系重大，另一场考试无关紧要，在考试前进行焦虑测验，看被测试者的焦虑测验分数是否存在显著的差异，分析原因，如有些被测试者可能无差异，是因为他们根本不存在考试焦虑，有些被试有显著的差异，并且发现这些被测试者的确是存在考试焦虑的被测试者，那就证明这个测验确实有构想效度。

3. 效标效度

（1）效标效度的含义。效标效度又称实证效度，反映的是测验预测个体在某种情境下行为表现的有效性程度。被预测的行为是检验效度的标准，简称效标。由于这种效度是看测验对效标预测得如何，所以称效标效度。这种效度需在实践中检验，所以又称实证效度。

（2）效标效度估计方法。效标效度一般可以通过统计分析得到一个数量指标，因此有人将它称为统计效度。常用的估计方法有相关法、分组法、预期表法、命中率法、功利率法等。

①相关法。相关法是确定效标关联效度最为普遍的方法。其基本思想是求得测验分数与效标分数之间的相关系数，所求得的相关系数称为效度系数。相关法既可以用积差相关公式求相关系数，也可以用积差/矩相关、（点）二列相关等公式来求其相关系数。

• 积差/矩相关法。当预测分和效标分都是连续变量时，可采用积差/矩相关系数的计算方法（见式 10-11）来求得测验的效度系数。

$$r_{xy} = \frac{\sum XY - (\sum X \sum Y)/n}{\sqrt{\sum X^2 - (\sum X)^2/n}\sqrt{\sum Y^2 - (\sum Y)^2/n}} \qquad (10\text{-}11)$$

例 10-7 假设有 10 名男性经职业兴趣测验而被选定作为推销员，其测验分数如表 10-13 "测验分" 行所示，而 "销售额" 行是经过若干年后他们某段时间内的销售金额总量 (以万元为单位)。现问该测验的预测效度如何。

表 10-13 推销员职业兴趣测验结果

	被测试者									
	1	2	3	4	5	6	7	8	9	10
测验分(x)	20	34	32	47	20	24	27	25	22	16
销售额(y)	2.5	3.8	3	4	0.7	1	2.2	3.5	2.8	1.2

解：该测验的预测效度可代入式 10-11，得出 $r_{xy}=0.75$。

•（点）二列相关法。当 X 与 Y 两个常态连续变量中有一个变量由于某些理由被人为地分为两个类别，如考试成绩的通过与失效、学校分为重点和非重点等，而另一变量为连续变量时，计算出的相关系数就叫二列相关系数，公式为：

$$r_b = \frac{\overline{X}_p - \overline{X}_q}{S_t} \cdot \frac{pq}{Y} \qquad (10\text{-}12)$$

式中　R_b——二列相关系数；

$\quad p$——人为地分为两个类别（通过和失败）的变量中，"通过"一项所占的比率；

$\quad q$——$1-p$，"失败"一项的比率；

$\quad \overline{X}_p$——p 部分的 X 数列平均值；

$\quad \overline{X}_q$——q 部分的 X 数列平均值；

$\quad S_t$——全部连续变量 X 的标准差；

$\quad Y$——p 的常态曲线下纵轴高度。

②分组法。分组法是先将效标分数按规定的分数进行分组，分成成功组和失败组，然后考查组间原测验分数的差异是否显著。

分组法的基本思想是根据被测试者的行为表现好坏，分为不同组别，再对两组被测试者在测验中的成绩用 t 值进行显著性差异的检验。如果经检验后，差异不显著，则可认为原测验的效度未达到要求；如果经检验后，差异显著，则可认为原测验的效度达到要求（或原测验预测效度较高）。t 检验公式如下：

$$t = \frac{\overline{X}_1 - \overline{X}_2}{S_{D_{\overline{x}}}} \qquad (10\text{-}13)$$

$$S_{D_{\overline{x}}} = \sqrt{\frac{(n_1-1)S_1^2 + (n_2-1)S_2^2}{n_1 + n_2 - 2}\left(\frac{1}{n_1} + \frac{1}{n_2}\right)} \qquad (10\text{-}14)$$

式中，成功组、失败组的均数用 $\overline{X}_1$ 和 $\overline{X}_2$ 表示，标准差用 $S_{D_{\overline{x}}}$ 表示，成功组、失败组的总人数用 n_1 和 n_2 表示。

例 10-8　某工厂通过测验录用了一批工人，一段时间后，根据工作成绩（如产品的数量、质量）将他们分成成功的和失败的两组，然后回过头来检查他们的测验分数。运用 t 检验看看两组在测验上的平均分数是否有显著性差异。设：成功组有 60 人，失败组有 40 人；成功组的平均数为 6.05，标准差为 2.02；失败组的平均数为 4.25，标准差为 1.3。

解：将成功组、失败组的均数、标准差、样本规模，代入独立样组的 t 检验公式得出：

工作成功组：$\overline{X}_1 = 6.05, S_1^2 = 3.31, n_1 = 60$

工作失败组：$\overline{X}_2 = 4.25, S_2^2 = 1.69, n_1 = 40$

代入公式可求得：$df = 98$ 时，$t = 5.40 > t_{0.01} = 2.626$

所以，两组分数有显著性差异，即该测验确实可以预测工作上的成败。

③预期表法。预期表是一种双向列联表——同一批被测试者，先后经过两次测验（原测验和效标测验），以计算预测效度。表的左侧栏是原测验分数，右侧栏是效标分数，这两种分数都以等级类别排列。表中的数字是相对数，即以原测验某等级学生总数除该等级学生在效标测验中所处的不同等级的人数所得的百分数。

例 10-9　240 人在学期初参加数学推理测验和在学期末参加的代数测验成绩所制成的预期表如表 10-14 所示。

表 10-14　预期表

数学推理测验成绩（等级）	代数测验成绩（等级）				
	E	D	C	B	A
优				40	60
良		10	30	40	20
中		20	50	25	5
差	20	30	40	10	

本例对角线上的数字比较大，可以直观判断效度系数比较大。我们可以这样确定对角线数字：

优（60）→A，良（40）→B，中（20+50）与 D、差（20）→E。因此效度系数为：

$$\frac{60+40+(20+50)+20}{240}=\frac{190}{240}=79\%$$

④命中率法。命中率法是当测验用来作为取舍的依据时，用其正确决定的比例作为效度指标的一种方法。使用命中率法，可将测验分数和效标资料分为两类。在测验分数方面是确定一个临界分数（分数线），高于临界分数者预测其成功，低于临界分数者预测其失败。在效标资料方面是根据实际的工作或学习成绩，确定一个合格标准，在标准之上者为成功，在标准之下者为失败。这样便会有四种情况：预测成功且实际也成功；预测成功但实际上失败；预测失败而实际上成功；预测失败且实际上也失败。我们称正确的预测（决定）为命中，不正确的预测（决定）为失误（见表 10-15）。

表 10-15　测验命中与失误的四种情况

测验预测 ＼ 效标成绩	失　败	成　功
成功(+)	（A）失误	（B）命中
失败(-)	（C）命中	（D）失误

$$\text{总命中率：}P_{CT}=\frac{\text{命中}}{\text{命中}+\text{失误}}=\frac{B+C}{A+B+C+D}=\frac{\text{命中}}{N} \tag{10-15}$$

$$\text{正命中率：}P_{CP}=\frac{B}{A+B}=\frac{\text{成功人数}}{\text{选择人数}} \tag{10-16}$$

式中，$N=A+B+C+D$。

例如，A、B、C、D 分别为 7、38、33、22，计算其总命中率和正命中率。可将数据代入式 10-15 和 10-16，得出：

总命中率=命中/（命中+失误）=（38+33）/（7+38+33+22）=0.71

正命中率=预测成功且事实成功的人数/预测成功人数=38/（7+38）=0.84

以上两种指标的值越大，说明测验越有效。

➲ 10.3 人员测评的项目分析

人员测评项目分析就是根据试测结果对组成测验的各个题目（项目）进行分析，从而评价题目好坏，对题目进行筛选。分析指标包括项目的适合度（难度）、项目区分度、项目独立性和项目选项质量。

➷ 10.3.1 项目难度

1．项目难度的含义

难度即测试题目的难易程度。一般在能力方面的测试中，它作为衡量测试题目质量的主要指标之一，是衡量试题质量的一个重要指标参数，它和区分度共同影响并决定试卷的鉴别性。难度的计算一般采用某题目的通过率或平均得分率。测试的难度水平多高才合适，这取决于测试的目的、项目的形式和测试的性质。

2．难度的计算

测验的记分方法不同，项目难度的计算方法也有所不同。难度的计算方法有两种：二分法计分项目的难度计算和非二分法计分项目的难度计算，如表 10-16 所示。

表 10-16　难度的计算方法

	计算方法	解　释	公　式	优　缺　点
二分法计分项目的难度计算（只有答对或答错两种情况）	通过率	用题目的通过率估计难度。被测试者正确回答或通过题目的人数与总数之比；主要用于客观题的难度计算	$P=R/N$（R 为通过人数，N 为总数）	优点：比较简单，适用于小规模测试　缺点：难度的指标是根据样本水平来确定参照点的，具有相对性；所反映的是项目的相对难度，而不是绝对难度；此 P 值易受到项目的编制技术及受测者经验的影响，不够可靠；不适用于人数较多的大规模测试
	两端分组法	当被试人数较多时，可将被试依照测验总分从高到低排列，分成三组，当测验总分分布符合正态分布时，高分组和低分组各占 27%；分布较平坦时，应高于 27%。一般介于27%~33%之间	$P=(P_H+P_L)/2$（P_H、P_L 分别为高、低分组通过率）	优点：适用于被试人数较多。　缺点：易受到高低分组的标准的影响
非二分法计分项目的难度	用被测试者得分平均数估计	对于简答题、论述题等题型，每个项目不只有答对和答错两种可能，是从 0 分至满分	$P=\overline{X}/X_{max}$（$\overline{X}$ 为所有被试者在该项目上的平均得分；X_{max} 为该项目的满分）	优点：按此公式计算难度时，可用随机抽样方法，以使样本具有代表性，也利于统计分析
	用难度的校对公式计算	在多项选择题中，由于有猜测的成分，被测试者的得分可能被夸大，不能反映测验的难度，为此，吉尔福德提出了一个难度矫正公式	$CP=(KP-1)/(K-1)$（CP 为矫正后的通过率，P 为实际得到的通过率，K 为选项的数目）	优点：当猜测成分占的比重较大，不能真实反映实际情况时，适用这个公式

10.3.2　项目区分度

1. 项目区分度的含义

项目区分度是指测试题目对所测试的属性的鉴别力，也就是测试的效度。区分度是衡量题目质量的主要指标之一，是筛选题目的依据。如果测试的区分度高，则该测试的信度必然理想，因此提高区分度是提高测试信度的方法。测题的区分度和难度关系也很密切。太难、太易的题目，区分度都不是很好。

2. 项目区分度的计算

区分度的常用指标为 D，取值 $-1 \sim 1$，值越大，区分度越好。测量学家伊贝尔认为，试题的区分度在 0.4 以上表明此题的区分度很好，$0.3 \sim 0.39$ 表明此题的区分度较好，$0.2 \sim 0.29$ 表明此题的区分度不太好，须修改；0.19 以下表明此题的区分度不好，应被淘汰。区分度的计算方法有两种：鉴别指数法和相关系数法。

（1）鉴别指数法。鉴别指数法是比较测验总分高和总分低的两组被测试者在项目通过率上的差别得来的，公式为：

$$D = PH - PL \tag{10-17}$$

式中，PH 为高分组（得分最高的 27%）被测试者在该题上的通过率，PL 为低分组（得分最低的 27%）被测试者在该题上的通过率。

（2）相关系数法。通过计算某一题目得分与测验总得分或效标分数的相关系数来判定区分度相关系数。相关越大，区分度越高。相关系数法在前文已经有所阐述，在此省略具体讲解步骤。

①积差相关法。当项目和试题总分都采用连续分数计分时，可用积差相关法来计算项目的区分度。用变量 X 表示学生在某项目上的得分，用变量 Y 表示学生的测验总分，其积差相关系数即可代表该项目的区分度值。

②点二列相关法。当项目以二分法计分、测验成绩以连续分数表示时，可用点二列相关公式计算区分度。

10.3.3　项目独立性

项目独立性是指项目之间的不相关或低相关性。在能力测评中，常常需要项目之间有一定的独立性。所谓独立性即非相关性或低相关性。独立性的分析一般采用项目间分数的相关系数揭示，根据实际得分分布是否均匀，可以分别采用 r_φ 系数法和 χ^2 检验法。

1. r_φ 系数法

r_φ 系数法的计算公式为：

$$r_\phi = \frac{bc - ad}{\sqrt{(a+b)(c+d)(a+c)(b+d)}} \tag{10-18}$$

式中，r_φ 为 φ 的相关系数，a、b、c、d 分别为四格表中的人次数。

例 10-10　某笔试测评题中设第 7 题与 10 题同时做对的有 15 人，同时做错的有 20 人，做对 7 题而做错 10 题的有 25 人，做对 10 题而做错 7 题的有 35 人，试分析这两题的相互独立性。

将两题作答情况分成四格表，如表 10-17 所示。

表 10-17 答题情况统计表

第7题 第10题	做 错	做 对	总 计
做错	15（a）	35（b）	50($a+b$)
做对	25（c）	20（d）	45($c+d$)
总计	40($a+c$)	55($b+d$)	95($a+b+c+d$)

将表中的数据代入公式（10-18）得出相关系数 r_φ=575/2225=0.26，经统计检验，r_φ 为低度相关，因此判定第 7 题与第 10 题具有较好的独立性。

2. χ^2 检验法

运用 χ^2 检验来分析项目之间的独立性，通常借助列联表，即用表格列出两变量各种类型在每一结合点上的次数。χ^2 检验法步骤如下所示。

（1）假设两个项目相互独立。

（2）计算理论次数 f_e 的值，求出 $\chi^2=\Sigma[(n_{ij}-n_in_j)/n\ldots]^2/(n_in_j/n\ldots)$。

（3）通过比较 χ^2 与 $\chi^2_a(df)$,判断是否接受假设。

例 10-11 设在测评指标 A 与测评指标 B 上得分的被测者人数分布如表 10-18 所示，试分析指标 A 与指标 B 相互间的独立性。

表 10-18 被测者人数分布表

A B	1分以下	2分	3分	4分以上	总 计
3分	6	10	0	2	18
2分	26	46	15	7	94
1分	13	17	6	5	41
总计	45	73	21	14	153

假设项目 A 和项目 B 相互独立，首先计算理论次数：

$(n_1 \times n_1) \div n$=(18×45)÷153=5.29

$(n_2 \times n_1) \div n$=(94×45)÷153=27.65

$(n_3 \times n_4) \div n$=(41×14)÷153=3.75

然后算出 χ^2 值：

$$\chi^2 = \sum \frac{(f_0 - f_e)^2}{f_e}$$

$$= \frac{(6-5.29)^2}{5.29} + \frac{(26-27.65)^2}{27.65} + \frac{(5-3.75)^2}{3.75}$$

$$= 4.488$$

✈ 10.3.4　项目选项质量

在能力测评中，大部分测评项目中都是选择题形式，选项中诱答或正答拟订得好坏直接决定整个测试的质量及其分数的可信性。对于诱答或正答质量的分析方法有两种。

1．诱惑力分析法

这种方法是采用表格形式，分别统计高分组与低分组中的被测者对同一项目各选项的选择次数。

2．"白智"试测法

这种方法是找一些对测验内容一无所知或十分陌生的人作为被测者进行测试，通过分析这些人对每个诱答选择的人次来分析选项的质量。

课后测试题

一、单项选择题

1．在心理测验中，效度是指一个心理测验的（　　）。

A．稳定性　　　　　B．准确性　　　　C．可信度　　　　D．区分性

2．（　　）指的是测验题目对有关内容或行为取样的适用性，从而确定测验是否是所想测量的行为领域的代表性取样。

A．内容效度　　　　B．构想效度　　　　C．效标效度　　　D．区分效度

3．（　　）是检验测验分数能否有效地区分由效标所定义的团体的一种方法。

A．相关法　　　　　B．区分法　　　　C．命中率法　　　D．失误法

4．鉴别指数 D 的计算公式为：$D=$（　　）。

A．PH+PL　　　　　B．PH-PL　　　　C．（PH+PL）/2　　D．（PH-PL）/2

5．下列公式中，（　　）是吉尔福特为了平衡机遇对难度的影响，提出的难度校正公式。

A．$P=\dfrac{R}{N}\times100\%$　　B．$P=\dfrac{P_H+P_L}{2}$　　C．$C_P=\dfrac{KP-1}{K-1}$　　D．$P=\dfrac{X}{X_{\max}}\times100\%$

6．关于项目区分度正确的是（　　）。

A．指测验项目对被测试的心理特性的区分能力

B．取值-2～+2

C．相关系数越大，区分度越小

D．相关系数越小，区分度越高

7．对一份试卷评价说"太偏了"或"太易了"等，这主要是针对试卷的（　　）说的。

A．信度　　　　　　B．效度　　　　　C．效标　　　　　D．区分度

8．衡量测验跨时间一致性的信度称为（　　）。

A．重测信度　　B．复本信度　　C．同质性信度　　D．评分者信度

9. 将测验对等分半后，两半测验得分的相关系数为 0.60，校正后该测验的分半信度是（ ）。

A. 0.70　　　　　　　B. 0.75　　　　C. 0.80　　　　D. 0.85

10. 以下公式中，可以用来计算同质性信度的是（ ）。

A. 斯皮尔曼-布朗公式　　　　　B. 卢纶公式

C. 克伦巴赫公式　　　　　　　　D. 弗朗那根公式

二、简答题

1. 什么是人员测评的信度和效度？两者之间有什么区别和关系？

2. 从内容效度、构想效度和效标类型三种类型分别叙述效度的评估方法。

3. 信度有哪些类型和估计方法？

4. 人员测评的项目分析指标有哪些？

三、案例分析题

1. 某公司对 10 名销售人员进行市场开拓能力测试，采用评定量表，由 12 个问题组成，将测评数据分成奇数偶数两半，分数如表 10-19 所示。请计算该测试信度有多高。

表 10-19　销售人员市场开拓能力测评结果

姓　　名	A	B	C	D	E	F	G	H	I	J
单项题目得分和（x）	5	6	4	6	3	6	4	5	3	4
双项题目得分和	6	6	5	4	4	5	6	5	4	5
测评总分	11	12	9	10	7	11	10	10	7	9

2. 假设用某种测验选拔员工 100 人，经过一段时间的工作检验，得到以下四组数据：正确接受为 42 人，正确拒绝为 34 人，错误接受为 10 人，错误拒绝为 14 人。请算出该次选拔的总命中率和正命中率。

3. 将一个标准化英语水平测验的两等值形式 A 和 B，向同一代表性被试组施测，所得数据如表 10-20 所示，试求测验信度系数。

表 10-20　标准化英语水平测验结果

被试者	1	2	3	4	5	6	7	8	9	10
形式 A	82	90	58	74	44	78	62	86	64	83
形式 B	79	93	64	78	50	82	67	83	70	80

第 11 章　人员测评结果的报告与运用

学习目标

一般掌握
- 人员测评报告的表述形式。
- 人员测评报告的技术。
- 人员测评报告运用的误区。

重点掌握
- 人员测评报告的基本内容、撰写原则。
- 撰写人员测评报告的注意事项。

学习导航

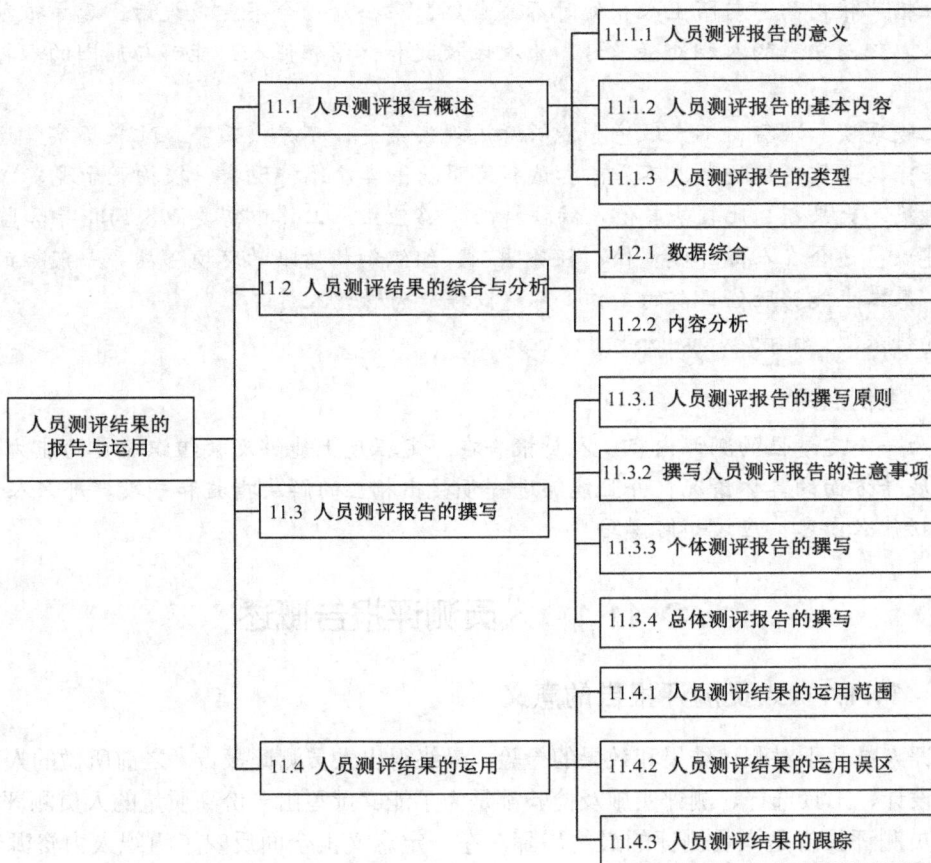

⊞ 导入案例

　　某国有控股集团由于外部竞争的加剧及对原有财务管理人员的不满，决定对集团总部及下属所有子公司的财务部经理和副经理等职位在企业内部公开竞聘，把业务水平高、品行端正的年轻员工提拔到管理层。测评的程序主要包括测评工具的选择，测评的实施，测评报告的生产、提交、解释及应用，测评结果的反馈和评价。下面是其中一位员工的测评报告。

测评报告

　　姓名：董星　　性别：女　　年龄：40　　测评日期：2017 年 9 月 24 日

　　测评项目：16 种人格因素问卷 CPI 企业财务经理能力测试　　职位：会计员

　　企业财务经理能力测试结果：加权平均分 76.4 分，不及格；财务管理知识平均分 88 分，及格；财务管理能力平均 72 分，不及格。除了综合知识和资金筹措能力较好以外，其他几项知识和能力都有待提高。

　　心理较健康，可以从事不甚艰巨的工作。安详、沉着，情绪较为稳定，基本上能够面对现实生活。较为乐观，心情比较愉快，不易为焦虑、烦恼所困扰。

　　胆子较小，不够自信，做事小心谨慎，顾虑较多，宁愿对事而不对人，不愿意招惹麻烦，遇事不会出头，与较为年轻或工作经验较少的员工一起工作得更好。

　　性格比较内向，与陌生人相处时不太自然，在公众场合不爱多说话，属于被动性交际的人。但与熟悉的人相处得很好，为人比较随和，信赖他人，能够与周围的人较好地相处。

　　比较现实和理智，不太敏感，能够考虑现实条件，不感情用事，比较务实。遵循常规，保守，尊重传统观念，不愿意尝试新鲜事物，喜欢维持现状，较拘泥于现实。

　　决策不太果断，比较依赖他人的扶持而不够独立，工作中需要他人的指导和监督。

　　建议：适合在人际环境宽松、任务明确、组织结构清晰的环境下从事一般性的技术工作，基本上能够胜任目前的工作，不建议提升为管理人员。

　　资料来源：http://www.ceping114.com.

　　⊞　**案例点评**

　　作为一个定量性的测评内容，人员报告在一定程度上能够反映组织人员的能力素质、绩效发展等方面的具体情况，并且能够进一步提出相应的解决措施和手段。那么人员测评报告包括什么内容？应该如何撰写？

⊃ 11.1　人员测评报告概述

➤ 11.1.1　人员测评报告的意义

　　测评人员基于对测评结果和效果的检验，最终得出人员测评报告。之前所做的人员测评的标准设计、工具选择、测评实施及检验都是为了能够撰写出一份高质量的人员测评报告。

　　人员测评报告是人员测评的最终步骤，在一定意义上全面反映了组织人力资源管理的内容和效果。撰写一份高质量的人员测评报告，会对组织人员的选拔、配置、培训、考核等起到关键的作用，并对企业发展和员工个人发展产生积极影响。

1．人员测评报告对组织的意义

（1）帮助组织更科学地制定人力资源规划。人才测评报告的数据能帮助组织了解内部现有人员的素质状况，为组织战略发展提前做出人才规划，对人才需要和供给进行预测，制定与之相应的策略，尽可能做合理的人才储备和使用。

（2）帮助组织更有效地建立各项人力资源管理制度。人才测评报告的数据能为人才的招聘选拔、开发培训、提拔晋升、薪酬激励等提供基础信息，为现代人力资源管理各种决策和各项制度的建立提供科学依据。诸如它可以辅助人力资源部门有效地进行人事决策，提高招聘效率和准确性，进而减轻雇佣风险和成本；通过人员测评报告记录和分析被测评者在团队中所扮演的角色和贡献，逐步优化团队建设；针对人员测评报告中反映的被测评者的能力及不足之处，进行有针对性的培训策划等。

2．人员测评报告对被测评者的意义

（1）使被测评者对自己的素质有更清楚的认识。虽然早在几千年前我国古人就强调"知人者智，自知者明，胜人者力，自胜者强"，"每日三省吾身"，鼓励人们认识自己、把握自我，但要真正认清自己并不容易。人才测评报告就能帮助被测评者更清楚地认识自己，明白自己的性格类型、能力倾向、职业兴趣等，勾画出自己的素质轮廓。

（2）做最适合自己的工作。人才测评报告能够揭示被测评者的长处与短处，使其明白自己蕴藏的潜能，从而为寻找适合自己的工作岗位提供依据，最终准确找到发展之路，实现事业成功。对于那些明确自己发展之路的被测评者，通过人才测评报告可以清楚地看到其与发展目标之间的差距，提高被测评者主动学习的积极性，缩小与发展目标之间的差距，早日实现人生目标。

➜ 11.1.2　人员测评报告的基本内容

一份标准的人员测评报告主要包括以下主要内容。

1．标题

标题一般由被测评者名称、测评内容及报告内容三部分组成。

2．总体说明

这是对每项测评项目的总体说明，特别是运用情况在本次测评中起到的作用等。

3．基本信息

人员测评报告的基本信息包括被测评者姓名、编号、申请职位或现任职位，以及对测评活动的说明。其中测评活动的说明包括测评的背景信息、测评目的、测评指标及测评方法等。

4．测评工具介绍

此部分介绍测评工具的名称、使用目的、使用方法、信度、效度等信息。

5. 测评结果及其分析

测评结果是描述被测评者对测评项目所做的相应反应，以及对这些反应的分析与描述，结果应当客观、实际，表述要清晰、易懂；分析解释要精确适当、客观完整。

这一部分是整个测评报告的主体，具体内容如图 11-1 所示。

图 11-1　测评结果及其分析的主要内容

（1）被测评者在每个测评中的表现及结果。这一部分的信息要体现量化指标与定性指标的结合，还可以将被测评者的成绩与其他被测评者进行比较。

（2）被测评者的关键维度表现。对被测评者的测评包含横向分析和纵向分析两个方面。对被测评者的表现及结果是横向分析，对被测评者关键维度的分析是纵向分析。纵向分析是以每个测评维度为主线，依据被测评者在每个测评项目中的表现进行独立操作，这部分主要说明被测评者每项素质的特点。通常从一般能力、个性品质或工作品质及工作风格三个方面分析被测评者的特点。

（3）胜任特征定量评价。为实现胜任特征定量评价的目的，企业通常会建立胜任特征体系与胜任特征模型，并根据此模型对被测评者每项素质维度的等级进行规定，同时使用具体的行为语言表述各项素质维度的等级。

（4）主要优缺点概括。测评者在这一环节主要针对被测评者的测评表现、关键维度表现，并结合岗位素质标准对被测评者的综合信息进行概括性分析。

∞ 特别提示

一般情况下，测评者通过一系列分析，将被测评者对其岗位而言的优缺点按照"重要——不重要"的顺序进行排序。

6. 总评和建议

总评是对此次测评过程各个环节的整体评价，主要包括项目设计的合理性评价，测评实施过程的严谨性和规则性评价，测评结果分析的科学性、客观性和准确性评价等。

建议可分为推荐建议和发展建议两种。推荐建议是指为被测评者推荐适合的岗位或为空缺岗位推荐适合的候选人或胜任者；发展建议是指出被测评者的优缺点或发展潜能，需要进行哪些方面的学习或训练，在哪些方面进行改进提高等。

7. 复核意见

测评报告需要经过测评专家的复核，以保证测评报告的权威性和测评结果的客观、公正、有效。

∽ 特别提示

复核的要点是：报告内容是否有遗漏；报告格式是否正确；测评结果是否真实有效；测评结果有无前后矛盾之处；解释是否恰当；评价是否是依据测评结果得出的。

8. 责任人信息

在测评报告的结尾处应注明报告撰写人和复核专家的姓名和日期，以及联系、咨询的方式，以便被测评者或委托组织对报告内容不明之处进行咨询和确认。

➔ 11.1.3　人员测评报告的类型

人员测评报告按形式不同，可分为分数报告、等级报告和评语报告。按内容不同，可分为专项报告和综合报告。

1. 分数报告、等级报告和评语报告

（1）分数报告。分数报告即以分数的形式反馈人员测评结果。

分数的基本形式有四种，具体如表 11-1 所示。

表 11-1　分数的四种基本形式

基 本 形 式	释　义
目标参照性分数	按照测评指标本身的要求而给出的分数
常模参照性分数	根据被测评者总体的一般水平而给出的相对分数
原始分数	从测评活动中直接得到的分数
导出分数	通过一定转换后得到的分数

上述分数形式存在交叉关系。事实上，目标参照性分数和常模参照性分数的得出本身就是一种分数转换的过程。

下面介绍几种常见的导出分数。

①名次。名次是一种原始分数的转换形式，即根据被测评者得分多少的顺序排位的一种自然分数形式。

在面对大量候选者的测评中，名次作为一种简单直观的分数发挥作用，决策者可以根据综合性总分的名次很方便地淘汰一定比率的候选者。但由于名次无法反映出相邻名次之间的差距，不同指标的名次分数之间、不同团体的名次分数之间很难进行综合比较，因此名次无法满足更加细致的人员测评的要求。

②百分位数。百分位数是一种标准分数，当两个被测评团体总体水平结构相当但个体总数不等时，其个体的百分位可以相互比较，名次则做不到这一点。如果将两个团体中的相同名次进行比较，可以通过下列公式转化为百分位数后进行比较，公式为：

$$P_R = 100 - \frac{100R - 50}{N}$$

式中，N 为被测团体中个体的总数；R 为名次数。

∞ **即时案例**

A 公司进行了一次全员人事测评。小李在企划部门 25 人中排名第 10 位，小张在行政部门 20 人中排名第 10 位。

则企划部门中小李的百分位为：

$$P_R = 100 - \frac{100 \times 10 - 50}{25} = 62$$

行政部门中小张的百分位为：

$$P_R = 100 - \frac{100 \times 10 - 50}{20} = 52.5$$

两个百分位数表明：小李位于企划部的 62% 职员之上，小张位于行政部门的 52.5% 的职员之上。由此看来，虽然两个人在各自的部门中排名相同，但水平存在差异，小李优于小张。

③Z 分数。Z 分数是一种标准分数，它是百分位数的一种转换分数，其转换公式为：

$$Z = \frac{x - \bar{x}}{S}$$

式中，x 为原始分数；$\bar{x}$ 为所有原始分数的算术平均数；S 为所有的原始分数的标准差，$S = \sqrt{\dfrac{\sum(x - \bar{x})^2}{N}}$，其中 N 为原始分数的个数。

这种分数的优点是意义明确。当 Z 分数在 0 左右时，即为中等水平，Z 分数在 2.5 以上时，即为优秀水平，Z 分数在 -2.5 以下时，即为低水平。

但这种 Z 分数带有负号和小数，在使用中不太方便，因此，常把它进一步转换为 T 分数。

④T 分数。T 分数也是一种标准分数，它是通过公式 $T = 10Z + 50$ 进行转换而得到的一种分数。经过转换后的 T 分数消除了 Z 分数的负号。若经过四舍五入，则 T 分数还可以消除 Z 分数的小数点。

∞ **特别提示**

T 分数进行四舍五入对原测评结果影响不大。如果直接对 Z 分数进行四舍五入，则会对原测评结果造成很大影响。因此，为保证结果的准确性，绝对不能直接对 Z 分数进行四舍五入。

T 分数与 Z 分数和百分位数一样，意义明确，可比性强。T 分数、Z 分数还能够进行加减乘除、开方、乘方等数学运算。

⑤标准九分。把整个测评的原始分数顺序排列划成九段，如表 11-2 所示。

表 11-2　标准九分分布表

分　数	1	2	3	4	5	6	7	8	9
分布比率	4%（最低）	7%	12%	17%	20%（中间）	17%	12%	7%	4%（最高）

标准九分是从最高分数开始逐个往下划段，取开头的 4%（最高分数段）分段为 9 分，其次的 7% 分段为 8 分，再次的 12% 分段为 7 分，接着的 17% 分段为 6 分，中间分段的 20% 为 5 分，之后 17% 为 4 分，再之后的 12% 为 3 分，接下去的 7% 为 2 分，最后最低分段的 4% 为 1 分。

⑥C 量表分数。这是一种类似于标准九分的分数，也是将分数从高到低排列，按原始分的分布比率来划分，但与标准九分分段不同。具体如表 11-3 所示。

表 11-3　C 量表分数分布表

分　数	0	1	2	3	4	5	6	7	8	9	10
分布比率	1%	3%	7%	12%	17%	20%	17%	12%	7%	3%	1%

⑦斯坦分数。首先把所有的原始测评分分为两半，与上述两种分数相比，没有中间分数，但按分布比率划段定分的做法与前面相同。具体如表 11-4 所示。

表 11-4　斯坦分数分布表

分　数	0	1	2	3	4	5	6	7	8	9
分布比率	2%	5%	9%	15%	19%	19%	15%	9%	5%	2%

某个具体指标上的分数可以直观地反映出不同被测评者在这一项素质上的差异。

（2）等级报告。大多数情况下，是直接根据测评的分数结果直接划分等级的。

等级报告虽然不像分数报告那样便于数学上的统计处理，但它往往更具有明确的意义，与管理措施直接联系起来。被测评者也许不能明确了解分数报告代表的意义，但等级报告能让他更清楚地知道自己的素质水平和相应的后果。

　　即时案例

甲公司对一项职业技能指标的结果，已经划分出标准九分。将 8~9 分划入"优秀"等级，用 S 表示；6~7 分划入"良好"等级，用 A 表示；4~5 分划入"有待改进"等级，用 B 表示；3 分及 3 分以下为"急需改进"等级，用 C 表示。不同等级可以直接与薪酬水平、晋升机会和培训需求联系起来。例如，最低的 C 等级必须接受业务培训；连续两年 C 等被视为不能胜任工作，将被换岗或辞退等。

（3）评语报告。人员测评不仅是择优录用或择劣淘汰的问题，它还考虑到职位的特点、发展的需要、人员的相互配合等问题。分数报告和等级报告虽然能够清晰地反映被测评者素质的差异，但它们并不能直接对人事决策做出指导。因此，仍需要在测评报告中以书面语言的形式来表达和解释测评的结果。这是一种最原始也最常用的测评报告形式。其优点是信息详细准确，但可比性较差，而且对测评报告人员的专业水平和经验要求很高。

2．分项报告和综合报告

（1）分项报告。所谓分项报告是按照主要测评指标逐项测评并直接报告，不再做进一步综合；或者是对被测评者参与的某项测评的分析说明，如领导力测评报告等。其特点是全面详细，但缺乏总体可比性，只能做出单项比较。

即时案例

一份高中生的职业发展测评报告中包括以下一段有关能力测评的结果。

言语能力：指对词及其含义的理解和使用能力，对词、句子、段落、篇章的理解能力，以及清楚而正确地表达自己的观念、向别人介绍信息的能力。你在此项得分为 6.1 分。

逻辑推理能力：……你在此项得分为 6.1 分。

数理运算能力：……你在此项得分为 4.1 分。

空间判断能力：……你在此项得分为 3.7 分。

察觉细节能力：……你在此项得分为 4.6 分。

运动协调能力：……你在此项得分为 3.9 分。

动手能力：……你在此项得分为 4.3 分。

社会交往能力：……你在此项得分为 7.2 分。

组织管理能力：……你在此项得分为 6.7 分。

职业匹配：根据你的能力特点，适合你选择的专业有管理、新闻、教育、中文、外国文学。

这是一段典型的分项报告，每个单项分数都罗列出来，并给出相应的专业选择建议。

（2）综合报告。综合报告即先分项测评，然后根据各测评指标的具体结果，报告一个总分数、总等级或总评价。其优点是总体上具有可比性，但看不出具体优缺点。

即时案例

高中生职业发展报告的末尾内容如下。

文理学科倾向：根据对你的个人素质结构与文理各专业最佳素质结构的匹配结果的综合统计，你的文科倾向得分为 72.4，理科倾向得分为 27.6。相比而言，你更适合学习文科专业。

分项报告和综合报告都是必要的。综合报告为人员测评结果的应用提供了直接参考；分项报告为综合报告提供了依据，帮助决策者进行更加细致的权衡。

牛刀小试

判断一下你常见的测评报告属于哪一类。

⊃ 11.2　人员测评结果的处理

不管采用何种测评方式，最终总会得到一个测评结果，其中就包括量化后的指标得到的未经处理的数据，需要对其进行分析和总结，所以在形成测评报告之前需要对所有的数据进行综合处理，同时对内容进行分析。这里简要介绍对测评结果进行综合和分析的技术。

✈ 11.2.1　数据综合

数据综合是指将零散的项目（指标）分数综合为一个总分数。它是人员测评报告撰写的基础。如图 11-2 所示为实际测算中常见的数据综合方法。

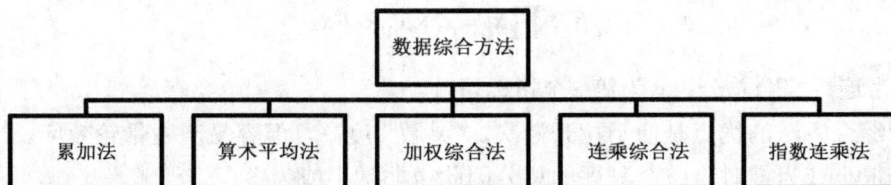

图 11-2　常见的数据综合方法

1. 累加法

累加法是将被测评者在各个指标上的得分直接相加，将总分作为被测评者的素质得分。其公式为：

$$S = \sum_{i=1}^{n} X_i = x_1 + x_2 + \cdots + x_n$$

式中，S 为总分；X_i 为第 i 个指标得分；n 为测评要素。

累加法要求各指标同质并单位大致相近，否则就要考虑采用加权综合法。

2. 算术平均法

算术平均法是将被测评者在不同测评方法中得到的实际得分进行算术平均，以此作为其素质得分。其计算公式如下：

$$\bar{X} = \frac{1}{n} \sum_{i=1}^{n} X_i$$

式中，$\bar{X}$ 为算术平均数；X_i 为第 i 个测评者的评分、被测评者在第 i 种方法中的得分或第 i 个要素上的得分；n 为测评者的人数、测评方法的种类或测评要素的个数。

算术平均数克服了偶然因素对测评结果的影响，避免了单一方法和人员对结果产生的误差，但是仍然没有考虑到测评要素的重要程度。

3. 加权综合法

加权综合法是将各测评要素的重要性纳入分析范围，将被测评者得分和相应的指标权重相乘，并进行累加的方法。其计算公式如下：

$$S = \sum_{i=1}^{n} a_i X_i = a_1 X_1 + a_2 X_2 + \cdots + a_n X_n$$

式中，S 为加权综合得分；a_i 为第 i 个要素的权重；X_i 为第 i 个要素上的得分；n 为要素的个数。

加权综合法是对累加法的一种改进，它不仅综合了被测评者在各项指标上的得分，而且体现了各个指标在整体中的重要程度，因而显得更加合理。但加权综合法也有不足，即不便于拉开档次。

4．连乘综合法

连乘综合法是直接相乘得到一个总分。其计算公式为：

$$S = \prod_{i=1}^{n} x_i = x_1 \times x_2 \times \cdots x_n$$

式中，S 为连乘综合总分；x_i 为第 i 个指标得分。

这种综合方法的优点是便于拉开档次，"灵敏"度高，但容易产生晕轮效应。当一个指标上得分很小或为零时，整个测评的总分因此也非常小或为零。

5．指数连乘法

指数连乘法是以各要素的实际得分为底数，以各个要素的概数为指数，再求这些幂指数的乘积。其计算公式为：

$$S = \prod_{i=1}^{n} (X_i)^{a_i} = (X_1)^{a_1} \times (X_2)^{a_2} \times \cdots (X_n)^{a_n}$$

式中，S 为指数连乘总分；a_i 为第 i 个测评要素的权重；X_i 为第 i 个要素上的得分；n 为要素个数。

将公式两边取对数，则有：

$$\ln S = \sum_{i=1}^{n} (a_i \ln X_i)$$

显然，指数连乘法是对加权综合法的改进，它考虑到了测评要素的重要程度，并有利于区分被测评者的分数档次。

✈ 11.2.2 内容分析

测评结束之后，所获得的结果仅仅是个体性的，要对测评对象整体的状况进行了解，还需要做整体分析。

测评结果的整体分析包括：整体分步分析、总体水平分析、差异情况分析等。

1．整体分步分析

整体分步分析是通过图表的形式来分析人员测评结果的一种方法。常见的有频数分布表分析和频数分布图分析。

（1）频数分布表。频数分布表也称次数分布表，常见的频数分布表有简单频数分布表、累积频数分布表、累积百分比分布表等不同形式，利用频数分布表可以使整个测评结果一目了然。

编制简单频数分布表的步骤如图 11-3 所示。

图 11-3　编制简单频数分布表的步骤

①求全距。全距 $R=A-B$。A 代表测评分数中的最大值；B 代表测评分数中的最小值。

②决定组数与组距。一般分为 10～15 组为宜。组数确定之后，则可以利用公式"组距＝全距/组数"求出组距。组距一般以 3、5、7 等奇数为好，也可以先确定组距，再确定组数。

③决定组限。组限就是每组的起止范围。每组的最低值为下限，最高值为上限，上下限的平均值为组中值。

④登记频数。分好组后，就可以将每个数据归入相应的组内，然后求出每组内的总数，这个总数就是频数或次数。

制作好简单频数分布表之后就可以在此基础上制作累计频数分布表了。此时只需要加上第五步：把表中的频数按由上向下或由下向上的次序逐个累加，并把所得结果填写在累积频数列中。在累积频数表完成后，将"累积频数"列中的各个数值除以总频数，将相应结果填入"累积百分比"列中，就得到了累积百分比表，如表 11-5 所示。

表 11-5　累积频数分布表与累积百分比分布表

人员测评得分	组 中 值	频　　数	累积频数	累积百分比
115	116.5	1	1	1.25
118	119.5	3	4	5.00
121	122.5	8	13	15.00
124	125.5	10	33	27.50
127	128.5	20	42	52.20
130	131.5	19	61	76.25
133	134.5	12	73	91.25
136	137.5	4	77	96.25
139	140.5	2	79	98.75
142	143.5	1	80	100.00
总和		80		100.00

（2）频数分布图分析。频数分布图也称为次数分布图，它是频数分布表的图形化。常见的有直方图和多边图两种。直方图是以面积来表示频数的分布，即用位于横轴上各组上下限之间的矩形面积表示各组频数分布的情形。多边图是以相应纵轴上的高度点来表示频数的分布情况的图形，它以各级的组中值为横坐标，以各级的频数为纵坐标，找出相应的代表点来，用直线段加以连接。

    ✍ **特别提示**

用 Excel 和 SPSS 等统计软件可以很方便地生成这类图表。

整体分步分析的目的在于通过频数分布表或分布图，了解在各分数段上的人数分布、最高分与最低分及其差距、偏态与峰态等情况，以使人们能够从直观上迅速地把握总体情况。

2．总体水平分析

总体水平分析是指通过众数、平均数或中位数的分析，来把握全部被测评者的一般水平。它反映的是测评数据向某点集中的情况。

众数是指频数最多的那个素质特征、分数或等级，它代表了整体水平结构群中最大的典型群水平。众数是用出现频次最高的部分结果代表了整体结果。

平均数是指所有测评结果在理论上的代表值。每个测评结果都会对测评的总体结果产生影响。平均数有算术平均数、几何平均数、调和平均数等形式，其中最常用的是算术平均数。

中位数是按一定顺序排列后处于中间位置的那个数。当项数为奇数时，中位数是位于中间的那个数；当项数为偶数时，中位数是中间两数的平均值。一般说来，在没有极端值存在的情况下，中位数问题能更好地反映数据的中心位置。

3．差异情况分析

差异情况反映的是一组测评数据的变异程度或离散程度。差异情况分析有两极差、平均差、方差、标准差与差异系数等不同形式。

（1）两极差。两极差反映了测评结果分布的范围，它的求法与全距的求法相同，即最大值与最小值之差。

（2）平均差。平均差是指每个测评对象的得分与整体平均水平的差的绝对值的平均数。它反映了所有被测评者得分与平均数的差异的一般情况。其计算公式为：

$$\bar{D} = \frac{\sum |x_i - \bar{x}|}{N}$$

式中， N 为所在测评的个数， $\bar{x}$ 为平均分数。

（3）方差。方差是指所有测评对象的得分与整体测评结果的平均值之差的平方与测评对象总个数之商，以符号 σ^2 表示，即

$$\sigma^2 = \frac{\sum (x_i - \bar{x})^2}{N}$$

（4）标准差。标准差 σ 是方差的算术平方根，即

$$\sigma = \sqrt{\frac{\sum (x_i - \bar{x})^2}{N}}$$

（5）差异系数。差异系数又称变异系数、变差系数，是标准差与平均数的比值，即

$$C_v = \frac{\sigma}{\bar{x}}$$

式中，C_v 为差异系数；σ 为标准差；$\bar{x}$ 为平均数。

标准差、方差、平均数和差异系数都反映了总体的平均差异情况，差异量数值越大，说明总体中个体素质差异性越大。

∽　特别提示

当比较对象单位不同时，仅用绝对差异量（标准差、方差）难以说明问题，要用相对差异量指标来比较。

∽　牛刀小试

王某在公司组织的人员测评中得了 80 分，他认为自己还不错。请用你所学过的知识来说明其判断是否正确。

⊃ 11.3　人员测评报告的撰写

↬ 11.3.1　人员测评报告的撰写原则

人员测评报告作为人员测评结果分析与总结的文件，是直接提供给组织做人力资源决策的依据，因此在撰写时应当依据一定的原则来进行。

人员测评报告的撰写原则如图 11-4 所示。

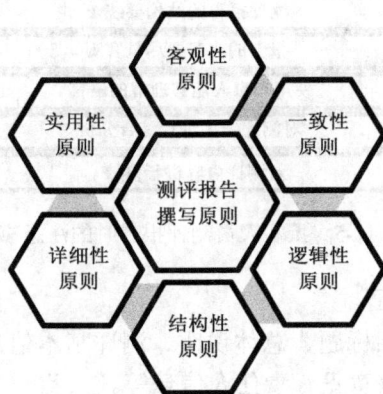

图 11-4　人员测评报告的撰写原则

1. 客观性原则

无论是项目设计、操作实施还是结果分析，都必须进行客观科学的描述。对于难以避免的主观性误差，测评机构应做出适当的处理和修正。

2. 一致性原则

人员测评报告的撰写应力求前后一致，左右贯通，务必做到不矛盾、不冲突，以保证测评报告的科学一致性。特别是多个测评项目组成的报告，更应提高警惕。

3. 逻辑性原则

逻辑性原则表现在两个方面：一是测评工具的使用上，要注意不同测评工具之间的关联与差别，做到有选择地使用；二是测评报告的内容的阐述应由浅入深，环环相扣。

4．结构性原则

撰写人员测评报告时应遵循一定的格式。

5．详细性原则

撰写人员测评报告时应做到"知无不言、言无不尽"，对每个类别、每个指标都应详细阐述。对测评结果的优缺点、适合与否、合理与否都要做详尽的分析。

6．实用性原则

撰写人员测评报告应切实保证测评报告的实用性和有效性。对于由电脑自动生成的测评报告，应由相关专家进行修正，必要时可与测评对象进行沟通。

∽ 特别提示

撰写测评报告时应防止以下倾向：宽容或严格倾向、极端化倾向或中心化倾向、以偏概全倾向、逻辑推断倾向和好恶倾向。

✈ 11.3.2　撰写人员测评报告的注意事项

撰写人员测评报告时的注意事项如图 11-5 所示。

| 测评报告的结构要统一 |
| 报告的内容要尽量客观 |
| 使用当事人能够理解的语言 |
| 对测评结果进行综合分析 |
| 对测评内容进行复核 |

图 11-5　撰写人员测评报告时的注意事项

1．测评报告的结构要统一

一份测评报告一般应包括标题、总体说明、测评基本信息、测评工具介绍、测评结果及其分析、总评和建议、复核意见、责任人信息等。

2．报告的内容要尽量客观

测评报告的客观性是对人才测评结果表述的最基本的要求。测评者应该客观分析、理解各素质的定义及行为指标，掌握各项素质的评价标准，保证测评结果的客观性。

3．使用当事人能够理解的语言

人员测评是一种专业性较强的活动，在测评结果中会涉及一些特定的专业词汇，如常模、标准差等。另外，测评中所使用的测评维度的含义与人们日常的理解也可能不同。在向被测评者报告测评结果时，应注意深入浅出，将专业化的词汇转化成通俗易懂的、容易理解的语言。

4．对测评结果进行综合分析

在制定测评方案时，通常需要通过两个或两个以上的测评工具测量某一素质，在分析测评结果时，应结合不同测评项目的结果对素质状况进行综合分析，这样可以大大提高测评结果的信度和效度。

5．对测评内容进行复核

测评报告完成后，应请相关的测评专家或复核小组进行复核，考查测评报告内容是否全面、客观、准确，分析与解释是否恰当，对不当之处提出修改意见。另外，还要检查报告撰写得是否流畅、规范，是否有语法、标点等方面的低级错误。

➷ 11.3.3　个体测评报告的撰写

一份良好的个体测评报告要体现结构性、逻辑性、详尽性、客观性四大特点，以便让测评结果的使用者能够充分理解和明白。标准的个体测评报告主要有以下基本要素。

1．测评归类信息

测评归类信息包括测评编号、委托单位、测评机构名称、测评日期等。测评编号是为了便于归类查找审核；标出测评机构既是对测评报告的负责，也有利于扩大测评机构的影响，起到宣传的作用。

➶　**即时示例**

测评编号：12345 委托

单位：华夏大地有限责任公司

测评机构名称：北京通厦人才测评有限公司

测评日期：2017 年 10 月 9 日

2．测评对象信息

测评对象信息包括被测评者的姓名、性别、出生日期、教育程度、婚姻状况、职业等。作为测评结果的侧面印证，这是测评报告必不可少的部分。

➶　**即时示例**

姓名：薛文华

性别：女

年龄：35 岁

教育程度：硕士研究生

婚姻状况：已婚

职位：华夏大地有限责任公司市场部经理

特长爱好：公文撰写、长跑等

3．测评项目

测评项目是测评报告的核心内容之一。测评机构可根据委托方的要求、岗位说明书、胜任特征模型等选择合适的测评项目。

∽ **即时示例**

测评工具：笔试、结构化访谈、公文筐测验、模拟工作会议、角色扮演
测评项目：管理资质测评，华夏大地有限责任公司市场部项目经理资质模型（见图11-6）

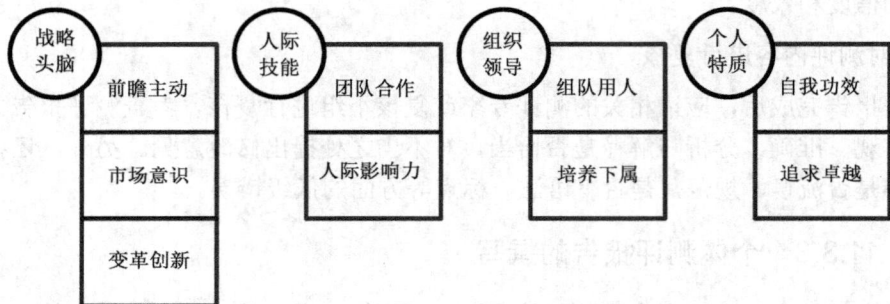

图 11-6　华夏大地有限责任公司市场部项目经理资质模型

4. 测评结果

测评结果包括对测评对象的总体概况和各个测评项目的结果描述，这一部分是测评报告中最重要的一环。总体概括一般采用文字描述，其他内容一般采用图形描述或图表描述，无论何种描述方式都要求结果一定要客观实际，表述一定要清楚完整。

∽ **即时示例**

1. 优势资质：自我功效、追求卓越

被测者在自我功效和追求卓越这两项资质的测评中表现出了突出的个人特质，在这两项资质上的得分达到了非常优秀的水平，即被测者对自己分内的工作充满了信心，并经常主动寻求高难度的工作，不断寻求挑战，甚至偏爱在充满挑战的环境中工作。在工作中对自己有严格的要求，力求完美，而这种自我要求往往要高于公司主管或社会环境对她的要求。被测者这两项资质的得分在所有候选人中显得比较突出。

2. 胜任资质：前瞻主动、市场意识、团队合作、组队用人、人际影响力

被测者在前瞻主动、市场意识、团队合作、组队用人和人际影响力这五个资质上得到了良好的分数，说明作为销售事业部的一名一线经理，其在工作中能够表现出良好的团队组织和沟通能力，其往往能有效协调下属团队中的各种矛盾，并积极为团队争取各种资源，整合团队内部及团队之间的力量，高效率地完成工作目标。在面对客户时，能够综合运用多重方法有效地说服对方，同时能为顾客着想，权衡利弊后尽量满足客户的要求，从而和客户之间保持良好的、有利的关系。

3. 有待发展的资质：变革创新、培养下属

被测者在变革创新、培养下属这两项资质上的水平都亟待发展。

在处理问题时，被测者不善于从多个角度进行思考，也缺乏探索解决问题新方法的意识和勇气，不愿意看到组织变革，也没有用不断创新来推动组织发展的意识。被测者无法在观念上不断地更新，无法在组织层面思考创新。在培养下属方面，被测者显得很没有耐心，也缺乏这方面的意义和方法。在应对任务和目标时，能较好地组织下属，领导团队，但是对下属的个人发展没有一个明确的规划，平时也缺乏对下属的鼓励和指导，对下属不

能及时做出恰当的反馈。

5. 结果分析

结果分析是对各个项目的书面解释，按测评的项目排列顺序，逐条进行解释。要求注意解释的准确性和适度性。

∽　**即时示例**

市场意识：重视客户需求，尽最大努力满足客户需求，对客户需求变化敏感；对调整商业模式以适应客户需求的变化有想法。薛女士表现出了较高的市场意识水平。

她能够对客户的要求做出及时反应，有服务意识。在公文筐测验（一）中，她表现出对客户投诉的极端重视，表示要第一时间派专业人员去解决客户的问题。

她对成本非常敏感。在商务会议模拟练习中，她校正了另一名小组成员在成本金额上的计算错误，并且先后两次询问："我们的预算还剩多少？"在结构化访谈中，她表示自己常常习惯地做成本收益分析。在公文筐测验（一）中，有一份材料中建议延长顾客的账单逾期未付的日子与推销员收账的日子之间的距离，她迅速意识到这样做可能会造成现金流问题。

她对市场机会、市场趋势敏感。在公文筐测验（二）中，她对营销活动的结果有不同版本（三种）的估计，并分别说明了推理的理由。在商务会议模拟练习中，她对广告目标受众的扩展表现出她对客户的潜在需求和潜在客户群比较敏感。

她注重包装、形式、仪式，在结构化访谈中，她认为形式和内容同等重要。

6. 总评

总评是对测评对象的优点、缺点和适合的发展方向提出明确而中肯的建议。总评最能体现测评机构的功底。

∽　**即时示例**

选拔/晋升、培训/发展建议：

根据各项测试及综合分析的结果可知，被测者是一个具有优秀的个人特质，并在组队用人和人际技能方面游刃有余的人才。但是，如果要成为一个优秀的部门经理，还需要大力提高变革创新及培养下属等资质的水平。建议暂缓将其提拔到中层管理岗位。在有针对性地发展被测者培养下属和变革创新等资质，并在被测者显现上述资质后，应考虑给予晋升的机会。

被测者是一个具有较大潜力的管理人才，经过一段时间的培养后完全有可能胜任部门经理的岗位。应该为被测者设计一个具有时间刻度的个人发展计划，针对被测者变革创新、培养下属这几项不足的资质提供适当形式的培训。

7. 复核意见

由复核人员进行复核后填写。

8. 责任人信息

注明撰写人、复核人的姓名和联系方式等，便于测评对象和委托测评组织在阅读测评报告产生疑问时，能得到及时解答。

➤ 11.3.4　总体测评报告的撰写

当有多个被测者参与测评时，除了要提供个体测评报告外，还应提供一份总体测评报告。

一份完整的总体测评报告一般包含测评需求分析、测评手段分析、总体测评结果描述、具体测评结果的描述、测评结果的分析与讨论及专家建议六大部分。

1．测评需求分析

总体测评报告的需求分析是指对委托单位测评需求的阐述，即委托单位组织此次测评所需要达到的目的。对需求的准确分析可以使测评的目的性更强，便于达到预期效果。

2．测评手段分析

报告中应对本次测评所使用的测评手段和工具进行清晰的阐述。

3．总体测评结果描述

总体结果描述是对本次测评结果的整体性介绍。其目的是使委托单位了解测评对象的整体状况。其中总体水平通常采用文字描述，分数的分布特点通常采用图表描述的方式。

4．具体测评结果的描述

具体测评结果描述是指具体分析测评对象在每项测评指标上的具体表现，通常综合运用文字、图表等方法呈现。

5．测评结果的分析与讨论

测评机构应在测评报告中对以上测评结果进行分析和讨论，以便于提出有价值的建议。

6．专家建议

在总体测评报告的最后，应附上专家建议，包括委托单位所测对象整体的优缺点及改进措施、发展建议等。

∽ 牛刀小试

利用迈尔斯布里格斯类型指标为自己做一次测评，分析电脑自动生成的测评报告是由哪些内容组成的？这份人员测评报告是否有必要进行修正？为什么？

➲ 11.4　人员测评结果的运用

➤ 11.4.1　人员测评结果的运用范围

在我国，人员测评总的来说还没有得到推广，而且在不同地区、不同企业发展不平衡，工作人员水平和测评工具质量参差不齐。

我国学者曾对江苏省 145 家不同性质的单位进行了有关"人才测评在人力资源管理中应用情况"的问卷调查。调查者将测评技术分为履历分析、面试、笔试、反馈 360°、心理测验、评价中心技术六种。结果显示，各单位使用人员测评最多的领域是员工招录，其次是人员选拔和晋升。

更大规模的一次调查是由中国人才测评网站在 2003 年进行的,并出具了《中国企业人才测评现状调查》报告。报告指出,绝大多数接受调查者都不同程度地了解人才测评,实施过人才测评的企业占调查企业的 36%,而实施过高端人才测评技术的企业更少,且绝大多数集中在民营企业和三资企业,国有企业在此方面工作明显较弱。在测评的运用范围方面,招聘与选拔、培训与发展及绩效考核是人才测评的最主要应用。

从以上调查结果来看,目前人员测评在我国已经被社会广泛了解,但尚未得到推广普及。在已经得到运用的单位里,最主要用于招聘录用和选拔晋升,其次是培训开发。

在西方国家,人员测评主要运用于招聘录用、职业生涯发展和培训开发,三方面的比例相当。随着我国企业对员工职业通道设计的完善和培训的加强,很可能也会逐渐走向三者并重的格局。

➤ 11.4.2　人员测评结果的运用误区

目前,人员测评在企事业单位的人力资源管理中得到了广泛的应用。但是,对人员测评结果和总结的运用也有一些误区。

目前国内公认的误区有素质测评无用论、以人员测评代替人事决策、对测评结果的准确性期望过高以及认为测评软件肯定是科学的测评工具,如图 11-7 所示。

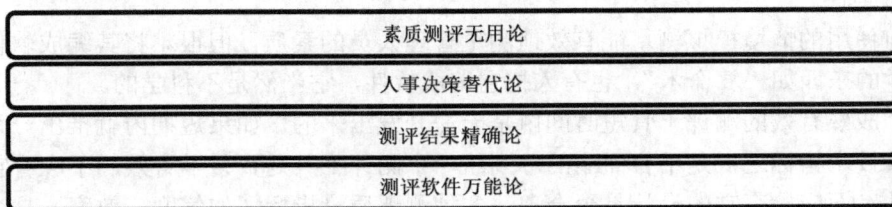

素质测评无用论

人事决策替代论

测评结果精确论

测评软件万能论

图 11-7　人员测评报告运用的误区

1．素质测评无用论

有些组织认为,现代人员测评方法并不比传统的选人用人办法更有效,不用现代测评技术照样能够很好地发展,因此在人员测评过程中并没使用现代人员测评手段。事实上,这种观点是错误的。

过去,社会经济总体发展水平比较低,市场竞争机制和人员竞争意识尚未成型。在这种情形下,没有现代人员测评技术和现代人力资源管理,组织确实也能正常发展。但是,面对日益激烈的市场竞争形势,组织若要科学合理地选用人才,充分发挥员工的积极作用,就必须采用现代人员测评技术,这对关键技术人员和高级管理人员的评价和保护也有积极的影响。否则,造成的损失将是无法挽回的。

2．人事决策替代论

人员测评可以为人事决策提供参考信息,使得决策的正确率更高。但在现实中有些人夸大了人员测评的影响作用,认为人员测评报告可直接用于人事决策。但是,被测评者是否被录用、在哪个岗位就职,不仅取决于人员测评报告中所体现的评价内容,还要考虑到被测评者的综合素质、岗位胜任力要求、企业文化等客观环境因素。因此,用人决策中还必须包含主观判断。人员测评报告只是降低了这种主观判断的失误率。因此，用人单位不应该要求测评机构和专家做出用人决策，测评咨询机构更不能为了测评的"价值"而在测评报告中提出用人决策。

3. 测评结果精确论

许多机构对人才测评的测量准确性期望过高，以至于把测评结果的每句话都当成真理，或者对测评要求过高，不能容忍测评的偏差。但事实上，尽管现代人员测评的结果在一定程度上比传统的选人用人办法准确得多，但人员测评的准确性仍然无法与物理测量相比，因为人的心理测量远比物理测量要复杂，期间受到的干扰也会更多。

因此，在人员测评的过程中，能够实现的情况是，科学运用现代人员测评技术，使得人事决策正确率不断提高，即使仅提高 5%，它也将带来巨大的经济效益。

4. 测评软件万能论

当前，许多人一提起测评软件就认为其一定是科学合理的，或者只要一提起人才测评，就要问是不是某种软件，仿佛只有编成软件的测评工具才是科学有效的。这其实是一种误解。人员测评软件固然有利于减少计算工作量，提高测评，但并不意味着它就是科学的。有些设计合理、测量效果好的测评工具虽然没有编成软件，但在实践中也能证明它的科学性。

目前使用的情境模拟测量能有效地测量管理人员的素质，但很难将其编成软件。而某些非科学的东西如"算命术"，也有人把它编成软件，它当然是不科学的。

一个成熟有效的测评工具短时间内是无法开发出来的。如果短期内就推出一系列测评工具，其技术指标之低是不言而喻的。判断一个测评工具是否科学有效，不应看它是不是一个软件，而应检查它的设计是否合理，各种测评质量指标（如信度、效度）是否达到，以及实际上是否有效果。

∽ 特别提示

针对这些误区，测评者在人员测评过程中应注意提高被测评者对人员测评的认识，正确对待人员测评结果，完善人员测评报告内容，以尽可能避免人员测评报告使用误区。

✈ 11.4.3 人员测评结果的跟踪

通过人员测评结果，做出相应的人力资源决策后，并不表明人员测评活动就完全结束了。决策是否有效？选择出的人是否正是需要的人才？测评结果对进行正确的选择起了多大的帮助作用？如果有决策失误的情况发生，是否是素质测评导致的？要解答这些问题，就要对测评结果进行跟踪分析。

1. 修改人才测评材料库

组织可以根据测评效果及实际需要，不断完善、开发适应自身的测评材料库，包括测评实施手册、测评工具、测评题库等。测评材料库是组织进行测评的基础资源，应与组织的运营实际紧密结合，并且是组织充分运用和积累的经验。

2. 建立与人员测评系统对接的绩效考评系统

在绩效考评中设置与测评项目相对应的素质指标，以检验测评的准确性。定期将测评结果与实际绩效进行对比，考察两者的差异情况。不断修订与完善测评指标体系与绩效考评系统，以指导未来的测评活动，提高人员测评的预测效度。

3. 完善人员测评工具和手段

在多次人员测评项目中可以尝试采用不同的测评工具，以比较其准确性。持续跟踪与实际绩效表现的差异，对准确性欠佳的测评工具和手段进行改进。

对测评的结果进行跟踪，检验测评系统运用的合理性及测评机构的水平，从而改进未来的测评工作与人力资源决策。作为人员测评的组织者与实施者，还要依据相关的跟踪分析提出服务的建议，或者提供相关的服务项目与工作，以保障人力资源与人才素质的有效发挥。

只有到了这一阶段，才真正完成了一个人员测评的完整过程。

◎ 牛刀小试

了解一下，你身边存在着哪些对人员测评理解的误区。

课后测试题

一、单项选择题

1. 下面（　　）是度量离散程度的常用指标。

A. 相关系数 　　　　B. 组距 　　　　C. 次数 　　　　D. 标准差

2. 所谓（　　），是相同人数最多的那个素质特征、分数或等级，它代表整体水平结构自然群中最大的典型群水平。

A. 众数 　　　　B. 平均数 　　　　C. 两极差 　　　　D. 平均差

3. 测评报告分析中常使用 Z 分数，它是一种百分制的转换分数，当 Z 分数在 0 左右时，表示测评者为（　　）。

A. 高水平 　　　　B. 中等水平 　　　　C. 低水平 　　　　D. 较差水平

4. 由测评活动中直接得到的分数是（　　）。

A. 原始分数 　　　B. 导出分数 　　　C. 目标参照性分数 　　　D. 常模参照性分数

5. 把所有的原始测评分分做两半，没有最中间分数，按分布比率划段定分的是（　　）。

A. 标准九分 　　　B. C 量表分数 　　　C. 斯坦分数 　　　D. Z 分数

6. 最原始也最常用的测评报告形式是（　　）。

A. 等级报告 　　　B. 分数报告 　　　C. 评语报告 　　　D. 综合报告

7. （　　）克服了偶然因素对测评结果的影响，避免了单一方法和人员对结果产生的误差，但是仍然没有考虑到测评要素的重要程度。

A. 加权综合法 　　　B. 算术平均数 　　　C. 连乘综合法 　　　D. 指数连乘法

8. （　　）是对累加法的一种改进，它不仅综合了被测评者在各项指标上的得分，而且体现了各个指标在整体中的重要程度，因而显得更加合理。

    A．指数连乘法   B．算术平均数   C．连乘综合法   D．加权综合法

    9．撰写人员测评报告时应做到"知无不言、言无不尽"。这体现了人员测评报告撰写的（   ）原则。

    A．详细性   B．结构性   C．客观性   D．一致性

    10．（   ）便于拉开档次，"灵敏"度高，但容易产生晕轮效应。

    A．指数连乘法   B．算术平均数   C．连乘综合法   D．加权综合法

二、简答题

1．试述名次、百分位、Z 分数、T 分数、标准九分、C 量表分数和斯坦分数的计算方法。

2．试说明对人员测评报告分数进行综合和分析时，可以用到哪些技术。

3．一份完整的人员测评报告应该包括哪些内容？

4．常见的人员测评报告运用误区有哪些？

三、案例分析题

    小李是某大学中文系大四的学生，他学习成绩优秀，社会工作能力比较强，在系里担任学生会主席，也得到了广大学生和教师的好评。马上要毕业了，为了自己的将来，他也和其他同学一样开始了奔忙。有很多单位都在招人，面对各个招聘单位提供的各种工作，他不禁困惑："我到底应该去哪个公司呢？好像我干什么都可以，但是到底干什么最能发挥我的特长呢？我究竟适合什么样的工作呢？"

    不仅小李有这样的困惑，很多和他一起面临毕业找工作的同学也有这种烦恼。他们虽然在大学学习了 4 年，但对自己、对社会的了解都不多，在这人生的十字路口，难免会迷失。为此，小李找到了职业介绍中心的指导老师赵老师。赵老师听完了小李的述说，便建议他接受心理测试，通过测量来全面了解自己各方面的素质，以便有针对性地找工作。

    小李一听让他做心理测验，不禁兴奋了起来："好呀！我早就听说心理测验可以帮助人了解自己，找到适合自己的工作，我马上就做。"看到小李高兴的样子，赵老师很快就安排他做了"一般职业能力测验"、"求职者多项人格测验"、"职业兴趣六边形测验"。几天之后小李拿到了一份这样的测评报告。

测评报告

1．职业能力

    智力水平较高，在同等年龄人群中处于 1.5 个标准差以上。文字表达能力较强，思考问题有逻辑，决断力强。

2．人格特征

    （1）责任感很强，能按时完成分内的工作，在工作中积极主动，懂得激励自己，并愿意监督他人工作。

    （2）情绪的稳定性较好，大部分情境下，心平气和，待人平易。能够很好地自控，保持冷静，但在巨大的压力之下，容易焦虑。

    （3）乐群，喜欢与人交往。看重与他人建立和保持融洽、和睦的关系。在处理人际问

题时，表现出耐心、容忍、不急躁，希望给人留下良好的印象，但有时显得自以为是，不能很好地接纳他人的意见。在团队中愿意充当领导者。

3．职业兴趣

兴趣以社会型、企业型和艺术型为主。

看完了这个测评报告，小李不由得又是一头雾水。这都是什么呀？对自己每个方面都有些描述，但是大部分描述自己都看不太懂。什么叫"在同等年龄人群中处于 1.5 个标准差以上"？"社会型、企业型和艺术型"又是什么呢？这样的结果对自己找工作又有什么样的帮助呢？难道心理测验最终给人的就是一团雾水吗？

案例讨论

1．为什么小李看了测评报告感觉一头雾水呢？

2．小李的测评报告存在什么问题？

3．这个案例给了你什么启示？

四、技能操作题

请你为本章课后测试题的案例分析题中的小李重新写一份测评报告。

参考文献

[1]　〔美〕杜安·舒尔茨. 工业与组织心理学（第 8 版）[M]. 时勘，等译. 北京：中国轻工业出版社，2004.

[2]　蔡圣刚，潘国雄. 现代人员素质测评[M]. 北京：科学出版社，2017.

[3]　董栗序. 决战中层——中层经理的十堂课[M]. 西安：西安交通大学出版社，2010.

[4]　高日光，郭英. 人员测评理论与技术[M]. 上海：复旦大学出版社，2014.

[5]　侯典牧. 人员测评原理与方法（第 2 版）[M]. 北京：中国人民大学出版社，2014.

[6]　凌文辁. 人员测评——理论、技术与应用[M]. 北京：科学出版社，2017.

[7]　刘葵，蔡圣刚. 人员测评技术（第 3 版）[M]. 长春：东北财经大学出版社，2015.

[8]　宋成奇，龙健. 现代人员测评理论与实务[M]. 成都：四川大学出版社，2015.

[9]　苏永华. 人才测评操作实务（第 2 版）[M]. 北京：中国人民大学出版社，2016.

[10]　苏永华. 人才测评概论（第 2 版）[M]. 北京：中国人民大学出版社，2016.

[11]　孙宗虎，庄俊岩. 人员测评实务手册（第 3 版）[M]. 北京：人民邮电出版社，2012.

[12]　唐丽颖. 素质测评方法与工具[M]. 北京：中国劳动社会保障出版社，2013.

[13]　唐宁玉. 人事测评理论与方法（第 4 版）[M]. 大连：东北财经大学出版社，2016.

[14]　田辉. 人员素质测评实训教程[M]. 北京：北京交通大学出版社，2011.

[15]　王淑红. 人员素质测评[M]. 北京：北京大学出版社，2012.

[16]　王文成. 人员素质与能力测评[M]. 北京：中国电力出版社，2014.

[17]　吴春华. 人员素质测评理论与方法[M]. 天津：天津教育出版社，2011.

[18]　萧鸣政，（英）库克. 人员素质测评（第 3 版）[M]. 北京：高等教育出版社，2013.

[19]　萧鸣政. 人员测评与选拔（第 3 版）[M]. 上海：复旦大学出版社，2015.

[20]　萧鸣政. 人员素质测评理论与方法（第 2 版）[M]. 北京：北京大学出版社，2016.

[21]　杨东涛、朱武全. 人才测评在人力资源管理中的运用研究[M]. 南京社会科学. 2003 年第 5 期.

[22]　赵琛徽. 人员素质测评[M]. 武汉：武汉大学出版社，2010.

反侵权盗版声明